NARRATORI DELLA FENICE

In copertina: immagine © Ramona Nordal
Grafica e progetto grafico: *the*World*of*DOT

Per essere informato sulle novità
del Gruppo editoriale Mauri Spagnol visita:
www.illibraio.it

ISBN 978-88-235-3369-1

Gruppo editoriale Mauri Spagnol
www.guanda.it

Folta la nuvola bianca delle falene impazzite
turbina intorno agli scialbi fanali e sulle spallette,
stende a terra una coltre su cui scricchia
come su zucchero il piede; l'estate imminente sprigiona
ora il gelo notturno che capiva
nelle cave segrete della stagione morta...

EUGENIO MONTALE, *La primavera hitleriana*

PROLOGO

In sogno

Una volta ho sognato di arrivare la mattina, sotto l'ombra dei platani del viale. Nel sogno era primavera, forse maggio, perché l'ombra era verde, e densa e scura; scendevo dal tram, toccava a me aprire il negozio. Il viale quasi deserto, come sempre a quell'ora. I portinai lavano i marciapiedi con la canna dell'acqua, qualcuno compra il giornale, due o tre cani al guinzaglio di silenziosi domestici filippini, e persino nel sogno la domanda: chissà a che cosa pensano, mentre camminano insieme.

La serratura della saracinesca era arrugginita come se il negozio fosse rimasto chiuso per un tempo lunghissimo. Anche la tenda esterna a cupoletta – *Joséphine* scritto a grandi lettere nere con l'accento vezzoso che ci sembrava segno di gran distinzione – era chiazzata qua e là sulla cerata bianca che Marie-France ci faceva lavare tre volte a settimana con acqua e sapone; piccole isole di muschio, verdi, collose. Infilavo la chiave ma qualcosa da dentro faceva resistenza; allora guardavo negli interstizi della clèr, oltre la vetrina appannata. Le piante avevano preso possesso del negozio: i due ficus nei vasi di plastica lucida rosso lacca dietro alla cassa, e le clivie, e la yucca che stava accanto ai camerini erano esplosi in una foresta di foglie mastodontiche, di rami elastici, liane spesse quanto un braccio che si attorcigliavano ai tendaggi, alle grucce, agli scaffali su cui avevamo impilato maglioncini e T-shirt. Dei tre manichini ancora in vetrina, che le piante avevano avviluppato come per strangolarli, uno era riverso a terra, con le caviglie nude e sottili e i piedi inarcati per calzare scarpe col tacco che dovevano essersi sfilate nella caduta: le gambe di celluloide spuntavano dal groviglio erboso. E proprio mentre guardavo dalla strada deserta, la foresta riprese a crescere, e crescendo faceva un rumore, come un frusciare insistente, da insetto: inghiottì i piedi arcuati del manichino, si addensò contro il vetro, e premeva, premeva per uscire; dalla serratura spuntarono tre, quattro, cinque virgulti verdissimi, sinuosi come serpi, e divorarono la mia povera chiave. Al che mi resi conto che dovevo scappare.

Per quanto ne sapevo, il negozio poteva essere davvero ridotto a una giungla. Non ci passavo da quando con Marie-France avevo perso i contatti. L'ultima volta che l'avevo aiutata a riordinare la vetrina, i tre manichini erano quattro ed erano perfettamente allineati; li avevo vestiti io. Avevano scarpe da flamenco, con il cinturino alla caviglia e un tacco largo, perché secondo Marie-France erano quelle le scarpe che le ragazze avrebbero voluto portare, anche se poi mettevano tutte le Superga. Le piante le avevamo annaffiate. Ricordo le caramelle, finti spicchi di arancia e di limone incartati in involucri croccanti, nella ciotola di cristallo smerigliato accanto al telefono che aveva smesso di suonare.

Marie-France, solo pochi giorni prima, aveva impiegato un pomeriggio a strofinare con l'acqua saponata la stella con cui nella notte erano tornati a imbrattare il muro accanto all'ingresso del negozio. Fumava una sigaretta con la testa inclinata, per valutare il risultato: la vernice era sbiadita, ma il segno bruno sull'intonaco si vedeva ancora.

«Andiamo, *minou*» mi aveva detto, e aveva abbassato la serranda con tristezza; allora mi ero incamminata, e forse avrei dovuto abbracciarla prima di andare, ma fra di noi non c'erano mai state smancerie. Mi ero voltata per salutarla con la mano e l'avevo sorpresa ancora lì, davanti al negozio, alla saracinesca abbassata e alla stella cancellata; immobile, come perduta. Non l'ho più vista dopo la fine di quella storia. Ho cambiato casa, cambiato quartiere, naturalmente pure cambiato lavoro. Evitavo con cura di avere notizie del negozio e di quel che ne era stato di loro: Marie-France, ma anche Marta, Micol e Giosuè; sapevo che avevano cercato di rintracciarmi, mi ero trincerata in un silenzio inespugnabile ripetendomi che era per il mio bene.

La notte che feci quel sogno seguiva una lunga giornata luminosa, era autunno; era passato molto tempo e io ormai ero convinta di essere riuscita a indurmi un'amnesia selettiva, un intorpidimento locale che impedisse ai ricordi di fluire almeno fino a quando non sarebbero scoloriti abbastanza da essere per lo più indolori – si trattava, come sempre, di lasciare che sbiadisse il senso di colpa, il più tenace e insinuante fra i sentimenti che conosco. Cantavo vittoria troppo presto.

Cosa succede prima di un terremoto?
Niente, proprio niente.
Dicono che si senta uno strano silenzio.

1

Una rivista

Ho una collezione di riviste da fare invidia a un'emeroteca. Non c'è da stupirsi: per chi ha vissuto quel che ho vissuto io, conservare le tracce è il minimo.

Le tengo nei ripiani bassi della libreria, sdraiate, di taglio. Per la maggior parte, si tratta di riviste uscite in un unico anno.

L'anno è il 1983. Ci sono numeri di *Grazia*, e di *Amica*, e persino *Vogue* e *Harper's Bazaar*, gennaio e febbraio. Delle annate successive ho ancora qualcosa; ma niente di posteriore al 1989.

Solo un'eccezione: un numero di *Oggi* del settembre 1999.

Lo tengo per un articolo pubblicato su due pagine, 36 e 37. IL RAID ANTISEMITA CONTRO LA BOUTIQUE DELLE RAGAZZE.

L'occhiello è ambiguo come sanno esserlo gli occhielli: *L'ombra della tratta delle bianche nella rabbia del quartiere contro i gestori.*

Sottotitolo: *Nel 1983 un pogrom spontaneo fu lanciato dagli abitanti del quartiere Parioli, nel cuore della Capitale, contro la boutique della socialite francese Marie-France Carlier, recentemente scomparsa. Ma nel quartiere, oggi, nessuno ricorda niente.*

Sotto c'è una fotografia in cui compaio anch'io, fra

Giosuè, Marta e Marie-France. Lei, al centro, ha in mano le forbici per tagliare il nastro. Era il giorno dell'inaugurazione della nuova linea per teen-ager, e infatti sul nastro chiaro si legge, stampigliato a ripetizione in lettere maiuscole, LE RAGAZZINE – LE RAGAZZINE – LE RAGAZZINE. Sorridiamo tutti; il che fa un effetto un po' macabro, a pensare a quel che sarebbe successo dopo. Nella pagina accanto, in bianco e nero, Marie-France sola, tubino scuro e stola di volpe, sigaretta sottile (fumata con il bocchino, ci scommetterei, solo per posare nel ritratto: non l'ho mai vista in vita mia ingegnarsi con quegli strumenti da *gente pretenziosa*). È uno scatto della sua giovinezza; non mi stupirebbe se il tubino fosse la creazione di qualche sarto per cui ha sfilato quando sognava il cinema e lavorava come mannequin.

Mi sembra di sentirla, dalla fotografia, la cadenza cinguettante che mandava in deliquio le clienti del negozio, convinte di avere a che fare con il non plus ultra dello chic; il che, poi, era perfettamente vero: *Eh, tesoro mio, a quel tempo avevo il mio bel personalino, sai? Non ci crederesti, a vedermi ora...*

Invece ci credevamo eccome. L'ammiravamo come non abbiamo ammirato nessun altro in vita nostra. Anche per questo mi spiace che siano stati tanto villani da scrivere, nella didascalia della foto, la sua data di nascita, addirittura la data reale: 10 luglio 1930, Besançon. Accanto c'è quella della sua scomparsa, ma – sarà pur strano – mi offende di meno.

È che il segreto della sua età, lei l'aveva difeso con le unghie e coi denti; e poi arriva un redattore qualsiasi e lo spiattella ai quattro venti. Fortuna che non l'ha visto accadere.

A spulciare nella montagna di riviste si trova anche dell'altro. *Amica*, 12 aprile '83: un servizio su COME VESTONO LE RAGAZZE. Marie-France, intervistata, parla con ammirazione del gusto delle giovinette in fiore per la moda, della loro inventiva. Dice proprio, nell'articolo, *giovinette in fiore*. Di tanto in tanto, il suo italiano prendeva vezzi bizzarri, come se avesse imparato la lingua leggendo romanzi del primo Novecento; mi chiedevo qualche volta se non fosse andata proprio così. Ma ai tempi non ne abbiamo mai parlato, e ora è tardi per rimediare. Da queste piccole cose ti rendi conto dell'irreversibile. Comunque, ecco, nell'articolo (intervista a doppia pagina), lei sostiene che le adolescenti hanno finalmente scoperto il piacere di vestirsi *da ragazze*, cioè non da bambine e nemmeno da piccole donne, a imitazione delle loro madri. Che si sono inventate uno stile e che lei è felice di assecondarlo perché i tempi cambiano e le novità sono linfa vitale.

Aveva ragione: era stata, a modo suo, abbastanza visionaria da intuire il cambiamento imminente e cavalcarlo. Per quel che ne so, con il nostro negozio fu davvero una pioniera del settore: collezioni *solo per ragazze*. Fino al giorno prima venivano con la mamma a scegliere il vestitino per i diciott'anni della cugina al circolo canottieri, il giorno dopo erano lì da sole, alla spicciolata, a gruppetti, a saltare nei camerini come ranocchie. Si divertivano un mondo. Marie-France l'aveva previsto, e d'altra parte in Francia accadeva da tempo. Che le ragazze si inventassero il loro gusto e non si camuffassero da donnine, che avessero negozi dove sentirsi libere. Nell'articolo elogia la freschezza del loro istinto, delle loro scelte. Sostiene che abbiano tanto da insegnarci. Già. Il bello è che so che era sincera. Lo pensava sul serio; del resto la menzogna non era il suo forte, malgrado la sua abilità di *vendeuse*. Le ragazzine le stavano a cuore, e le stava a cuore la boutique.

Se solo avesse saputo... Nella fotografia ha i capelli chiari trattenuti da un cerchietto e somiglia a Catherine Deneuve. Il giorno che era uscita la rivista, Giosuè era arrivato di corsa brandendo la copia fresca di rotative che si era aggiudicato a edicola appena aperta, durante la sua corsetta mattutina (*mi sono portato i soldi nella scarpa, una cosa tremenda, ma dovevo comprarlo prima di tutti! Era una questione di principio*); ci eravamo tuffati sulla pagina, eccitati come fringuelli, tutti a elogiare quella somiglianza pazientemente ricercata.

Lei era felicissima. Si schermiva, ma gli occhi le ridevano.

Me la ricordo come se l'avessi davanti a me, adesso. La luce del mattino, il negozio ancora vuoto, nell'aria la calma che precede le tempeste: sapevamo che l'articolo le avrebbe fatte accorrere a frotte, e noi eravamo pronte per riceverle. Ma allora, a boutique chiusa e scuole aperte, eravamo solo noi, ci godevamo il momento di celebrità e ripetevamo quanto somigliasse a Catherine Deneuve, Marie-France, nella foto. E lei rideva e ci diceva di smetterla, che la stavamo imbarazzando, che dovevamo correre ai nostri posti, metterci al lavoro, prepararci alla giornata, piantarla con quelle stupidaggini, *allez, allez*, era già tardi. Ma rideva. Felice come una bambina, e invece il mondo stava per caderle addosso.

2

Marie-France

Esistono persone che vivono per lavorare, altre che lavorano per vivere; per me, all'epoca, non valeva né l'una né l'altra opzione. Io vivacchiavo e lavoricchiavo, e come l'ago smagnetizzato di una bussola avevo difficoltà a puntare in una qualsiasi direzione, per cui mi affannavo a cambiare orientamento di continuo. Non trovando pace mi ero creata un equilibrio instabile, che mi illudesse di darmi da fare per qualcosa.

Mi stancavo da morire senza sapere come. Perdevo tempo in ogni maniera possibile; da qualche parte dentro di me forse era il modo per convincermi che ero giovane, che avevo tutta la vita davanti. E certo, l'avevo; ed ero pronta a sprecarla tutta quanta.

Quando Marie-France mi assunse in negozio, avevo idee confuse e un problema da risolvere; anzi, più di uno. Ero in ritardo con l'affitto, tanto che mi costringevo a contorsioni imbarazzanti pur di non incontrare sul pianerottolo la mia padrona di casa, che stava al piano di sopra e giorno dopo giorno perdeva i modi gentili che mi erano parsi incantevoli quando, appena arrivata a Roma, piena di belle speranze e buoni propositi e soprattutto smisuratamente innamorata, mi ero fatta consegnare le chiavi dell'alloggio. Ora quelle stesse chiavi cercavo solo di non farle tintinnare al momento di infilarle nella toppa, per evitare che mi sentisse. Un ulteriore problema, poi, riguardava l'università: mancavano solo due capitoli alla fine della tesi, ma la mia mania di procrastinare la rimandava a un futuro indefinito.

Avevo paura di fallire, ma soprattutto avevo paura della relatrice che mi ero scelta: inavvicinabile, idolatrata da noi studentesse. La notte la sua voce mi rimproverava per il ritardo nella consegna; in sogno inventavo delle scuse, da sveglia aggravavo il problema posponendolo.

Mi ostinavo a non chiudere l'eterna stesura del tomo, intitolato *Körper e Leib nella fenomenologia di Edmund Husserl*. Il fatto è che *Körper* e *Leib* vogliono dire, alla fin fine, la stessa cosa. Corpo. Mi proponevo di conciliare le differenze fra un'idea di corpo come luogo dell'esperienza, e il corpo come concetto. Ci sarei riuscita? Chissà. Qualche volta ho pensato di riprendere il lavoro e laurearmi attempata, come quegli eccentrici pensionati che negli emicicli dell'università intervengono di continuo perché non temono più nessun giudizio: sono vecchi, non devono far colpo su nessuno. Ma, a parte il fatto che non ho intenzione di passare per vecchia, preferisco non interrompere il lungo ciclo della procrastinazione. Del resto, sui corpi e l'esperienza che li trasforma e talvolta li annienta, nella boutique di Marie-France avrei imparato una lezione molto più decisiva di quelle che mi potevano offrire tutti i libri del mondo.

Avevo un solo paio di stivali, a cui ero attaccatissima, ma che mi impensierivano non poco perché le suole si stavano consumando proprio al centro della pianta, e i tacchi avevano perso il loro rivestimento di gomma e lasciavano impronte sferiche nel terreno molle; e su quello duro, sull'asfalto dei marciapiedi o sui sampietrini le cui fughe stavo ben attenta a evitare, facevano un sinistro rumore metallico che mi annunciava, passo dopo passo, l'inesorabile emergere della loro anima d'acciaio.

Oltretutto soffrivo per amore, per lo stesso amore che mi aveva portata in città (non sapendo che proprio il mio arrivo avrebbe rotto le uova nel paniere). Sul momento avevo mascherato la scelta di buttarmi all'inseguimento di Marcello – un ragazzo incontrato in campeggio alle Tremiti, quando ancora ero ben lontana dall'imbarcarmi nell'impresa della tesi – come una strategia accademica: dovevo assolutamente frequentare gli ultimi due anni a Villa Mirafiori, mi ero impuntata in famiglia. Solo che la mia era una famiglia di professionisti, in cui tutti gli uomini erano notai, o avvocati, o dottori, e le donne insegnavano al liceo da generazioni, con pionieristica dedizione alla disciplina la cui più algida praticante mi sarei poi presa come relatrice. Per cui, se già la scelta di laurearmi in storia e filosofia anziché in lettere antiche, o – pioniera anch'io, dal lato femminile della famiglia! – in medicina, era stata accolta con una certa freddezza, il capriccio di cambiare addirittura città suscitò reazioni scandalizzate, e allora per orgoglio avanzai l'idea che mi sarei mantenuta da sola. Non volevo dipendere da nessuno – figurarsi!

La mia nonna materna, che amava Roma perché ci aveva passato la luna di miele, mi girava sottobanco una minuscola rendita mensile che mi vergognavo di accettare. Perlomeno, fra quella, il mio lavoro di baby-sitter e un'ingegnosa architettura di economie, riuscivo bene o male a tirare la fine del mese. A meno che gli stivali mi giocassero brutti scherzi.

Come se non avessi avuto crucci a sufficienza, c'era

un'altra questione a preoccuparmi. Una faccenda insorta a causa di una relazione che non aveva legami con la storia che mi faceva soffrire, se non quello di essere nata dal vano tentativo di consolarmi del fallimento della prima. Il ragazzo che avevo inseguito fino a Roma mi aveva spiegato che non era pronto, dopo due anni insieme, a scegliere di stare con me per sempre, e che anzi le parole *per sempre* gli davano i brividi, e io mi ero ritrovata sola in una città in cui avevo pochi amici, una professoressa che mi terrorizzava, un affitto che stentavo a pagare, una tesi che non riuscivo a finire e un impiego pomeridiano con i giorni contati: badare a due mostriciattoli che mi facevano dannare, la cui madre stava per darmi il benservito. Chi potrebbe biasimarmi per aver cercato un po' di conforto, una distrazione?

Insomma, da qualche tempo, in aggiunta ai miei guai pregressi, una donna mi perseguitava, per un intreccio banale di uomini e orgoglio. Niente di troppo grave, ma nemmeno uno scherzo. Io non la conoscevo; lei, a quanto pareva, conosceva me. Conosceva il mio indirizzo e si divertiva a farmelo sapere. La mattina del colloquio in negozio, uscendo di casa avevo trovato un batuffolo di cotone premuto nello spioncino, perché mi fosse cieco il pianerottolo; il vaso di terracotta dell'aspidistra era in mille pezzi, come se qualcuno l'avesse preso a colpi di martello – e non era un'ipotesi oziosa: era chiaro che qualcuno l'aveva *davvero* preso a colpi di martello. Non era la prima volta che mi imbattevo in simili rappresaglie: mi era capitato di vedere sfregiato il mio nome sul campanello (abitavo al pianterreno, in una sorta di ex garage), ma mi sentivo tutto sommato tranquilla, la mia unica finestra aveva le inferriate.

Sapevo che era lei. Mi indisponeva, eppure in una certa maniera la sentivo vicina. Forse era anche quello il problema. Sta di fatto che, nonostante l'ineleganza dei suoi metodi, lei aveva vinto da un pezzo; mi chiedevo solo se ne fosse al corrente, o se qualcuno non stesse approfittando della sua ingenuità per proteggere nuovi tradimenti: si accaniva contro di me proprio quando non ne aveva più ragione.

Non sapevo chi mi avesse sostituita nella vita di suo marito. Per me era stato un flirt, nemmeno così esaltante, relegato al breve periodo in cui avevo cercato senza successo di riprendermi dalla più grossa delusione della mia vita sentimentale fino ad allora. Secondo una parte di me ancora molto naïf e molto giovane, infatti, Marcello era la mia anima gemella: certezza straziante che mi impediva di dimenticarlo e, soprattutto, di rassegnarmi al fatto che lui non pensasse a me negli stessi termini. Probabilmente, anzi, a me lui non pensava affatto: non c'era niente di reciproco in quella situazione tormentosa, angusta e potenzialmente interminabile come tutti gli amori non corrisposti. Per di più, ormai l'avventura con cui avevo cercato di distrarmi (o di rassicurarmi di essere ancora in grado di far conquiste, come se l'orgoglio risanato potesse risarcirmi delle illusioni perdute) era bella che finita. L'unico strascico era lei che si impuntava a ingigantire un'avventura triste che non mi aveva lasciato niente.

Così avevo finito per reagire nell'unica maniera che conoscessi: accanendomi sulle apparenze.

Se Marcello non mi voleva, non potevo semplicemente ammettere che pure con gli uomini, come in ogni altro campo della mia esistenza, ero catastrofica. Non sapendo nemmeno io cosa volessi, cercavo sempre nella direzione sbagliata, come un goffo salmone che non riesce a risalire la corrente. Ma mi convincevo che il problema fosse un altro, e che fosse tutto estetico: non ero bella abbastanza. Tanto valeva, quindi, che mi lasciassi scivolare nell'abbrutimento e nell'imbruttimento che mi richiamavano come un gorgo.

Ero in effetti, in quel periodo, conciata da far pietà. Per fortuna avevo ancora un metabolismo da ragazza e non conoscevo le oscillazioni del temutissimo effetto yo-yo che, avrei presto scoperto, a partire da una certa età (vera o presunta) atterriva le clienti della boutique. Ma il mio gusto nel vestire, sono costretta ad ammettere riguardando le fotografie di allora, era immaturo, a essere generosi; obbrobrioso, a essere del tutto franchi. Non avevo ancora imparato che quando si soffre per amore, quando ci si sente rifiutate, quando ci si ritrova la sera in un bugigattolo in affitto a fare calcoli in colonna su un quadernino per quadrare con le spese; quando si è sole così, un'illusione ottica si impadronisce del nostro sguardo e lo rende strabico e cattivo perché pensiamo di doverci guardare con gli occhi di chi ci ha respinte. Ci troviamo un mucchio di difetti, ci disprezziamo, ci deprezziamo con una crudeltà che nessun altro ci riserverebbe – chi ci rifiuta ci ignora, non si prende mica la briga di esaminarci palmo a palmo. Ma, finché ero innamorata, avevo bisogno di credermi più repellente che indifferente.

Non mi rendevo conto, in tutta quella confusione del cuore e della testa, che la soluzione non poteva consistere nel vestirmi come una brigatista o una supplente di religione.

Il mio armadio somigliava a uno sconsolato paesaggio di palude: tessuti pesanti, stazzonati, fustagni stropicciati, lane bouclé, maglioncini infeltriti. E io non mi vestivo, mi infagottavo; mi bardavo, mi nascondevo in bozzoli informi.

Ma non sapevo che quella fase stava per finire.

Non potevo sapere che avrei incontrato, di lì a poco, una pigmaliona che parlava l'italiano cantandolo come il francese, capace di trasformare la goffaggine di un fagotto palustre in una silhouette impeccabile dalle linee pulite. Nessuno mi aveva mai detto *sei pura materia da Saint Laurent, tesoro*; e quando, la mattina stessa, mi sentii rivolgere per la prima volta queste precise parole, mi fecero l'effetto del gergo che avevo colto il primo giorno in facoltà, quando avevo sbagliato aula e mi ero ritrovata nel bel mezzo di una lezione sul post-strutturalismo anziché al seminario sul *Fedone* a cui ero diretta; e siccome mi sembrava scortese alzarmi ero rimasta lì seduta come niente fosse, a perdermi in una foresta di parole incomprensibili mentre nell'altro emiciclo Socrate moriva di cicuta e cattiveria, confortando i suoi amici che piangevano per lui. Non mi ero più presentata a quel corso, per cui non so se poi la costanza dell'impegno, l'abitudine, lo studio avrebbero sortito un qualche effetto chiarificatore; forse, se avessi insistito, avrei imparato a esprimermi anch'io come Derrida.

Lì alla boutique, invece, le lezioni le avrei frequentate fino in fondo. In un certo senso, se l'esperienza contasse da diploma, sarei arrivata oltre la laurea, fino al dottorato... ma naturalmente l'esperienza conta solo per noi che la viviamo, non c'è nulla che attesti quanto abbiamo sofferto, quanto abbiamo amato, quante paia di stivali abbiamo fatto risuolare.

Marie-France vedendomi entrare non perse il suo

aplomb. Mi fece sedere e si avvicinò senza nascondere l'intenzione di studiarmi nei dettagli. Non sapevo ancora che lo faceva con tutte, e le clienti del negozio erano elettrizzate dall'esattezza di quello sguardo, che per qualche ragione nessuna trovava invadente. Prevaleva, sempre, il desiderio di passare l'esame, di lasciarsi trasformare, di compiacerla. Ma era solo la seconda volta che la vedevo, e il nostro primo incontro, in casa della signora ai cui bambini facevo da baby-sitter, era stato talmente fugace da non meritarsi forse nemmeno il nome di incontro; era bastato appena perché la madre delle due infernali creature, sentendosi in colpa nei miei confronti per l'imminente trasferimento della famigliola a Milano, che mi avrebbe lasciata disoccupata (il padre era stato assunto come autore in una televisione privata), mi segnalasse alla sua amica Marie-France. Lodò in me doti di indefessa lavoratrice di cui in realtà, lo sapevamo benissimo entrambe, non avevo mai dato prova nell'occuparmi dei suoi giovani vandali. Ma il senso di colpa può parecchio: la indusse, in quel caso, a tracciare un ritratto così lusinghiero che Marie-France, la quale in effetti stava cercando una commessa, mi invitò ad andare a trovarla in negozio per un piccolo colloquio.

Presentandomi dunque da lei quella mattina in dolcevita color senape infeltrito alle maniche e pantaloni di vellutino a coste verde oliva, avvolta in un cappottone maròn che pareva la pelliccia di un orsacchiotto premio al tirassegno del luna park, rimasi stupita dall'impudicizia con cui mi si accostò e dal tono suadente e padronale con cui mi chiedeva di sollevare un poco il mento, di mostrarle le mani e l'attaccatura dei capelli. Per fortuna non fece commenti né sull'infima qualità dei miei vestiti né sulla mia assoluta carenza di senso dello stile.

L'unica nota di biasimo – talmente lieve e ironica da risultare quasi impercettibile – avrei forse potuto coglierla nel buffetto che mi allungò di sfuggita, come per antica consuetudine, anche se ci eravamo appena conosciute, e nel sorriso con cui l'accompagnò.

« Lavoreremo anche sui colori, lo so che non ti sembra un granché il tuo castano, ma tesoro, un castano così non ce l'ha più nessuna, nessuna! Non possiamo sprecarlo, è così naturale! »

Naturale lo era, fuor di ogni dubbio, dato che non mi ero mai sognata di tingermi i capelli, a differenza di lei, dovevo supporre dall'accecante radiosità del suo biondo.

« Fa così ragazza, così parigina, *ma biche*, che dobbiamo assolutamente dargli il risalto che merita! »

Aveva un modo di fare sottilmente imperioso e, in qualche maniera, quasi materno; nonostante la pinguedine era elegantissima, si muoveva con passi felpati. La sua voce trillava di un'allegria che pareva autentica, rassicurante; eppure, nel fondo, mi sembrò di avvertire una dissonanza scura, quasi tetra, mentre commentava ad alta voce la qualità del mio incarnato.

« Ma hai degli zigomi incredibili. Non capisco come ti venga in mente di nasconderli in questo modo! » e mi scostava la frangia, dietro la cui crescita rigogliosa mi affannavo da tempo a nascondermi, per l'appunto, il più possibile.

« Il bello è che sei matta come un cavallo, tesoro. » Sorrise da sopra il braccio sollevato, mentre soppesava contro il mio viso una serie di camicette di seta impalpabile. Forse si era accorta che ero indecisa se offendermi o ridere.

D'altra parte, non avevo mai incontrato nessuno come lei, e non sapevo ancora orientarmi fra le sue parole. «Intendo, *ma biche*: chi, sano di mente, con i tuoi capelli e la tua carnagione, penserebbe di vestirsi di marrone o peggio ancora di giallo ocra? A meno di non voler sembrare – pardon – malata di ittero all'ultimo stadio...»

Selezionò una blusa di seta leggera di Saint Laurent, con il collo a fiocco – *si chiama pussy bow, ma lo imparerai* –, stampata in una fantasia di foglioline verdissime, e un paio di pantaloni a sigaretta, neri, quasi severi. «Per le scarpe ci arrangeremo» mi disse con un piccolo sospiro, depositandomi il malloppo sulle braccia tese.

Ma prima di spedirmi in camerino – *intanto vediamo come stai con questi, tesoro, cominciamo con qualcosa di semplice. È sempre la via più sicura, hai visto Carolina di Monaco?* – con la destrezza di un uccelletto che salta di palo in frasca passò a tessere una sua teoria, tanto spietata quanto esatta, sul potere della struttura ossea di determinare con precisione inappellabile il livello di piacevolezza estetica di ogni individuo; e mi parve che pronunciasse con un gusto particolare proprio quelle due parole – *struttura ossea* – che mi costringevano a pensare a un teschio, a uno scheletro. Ma non la conoscevo, e non potevo ancora immaginare la tenacia con cui nutriva le sue due ossessioni.

Che erano la bellezza, e la morte.

3

Daiquiri

Non ero mai stata a una festa che somigliasse anche solo lontanamente a quella a cui Marie-France mi invitò pochi giorni dopo avermi ispezionata e assunta. A dire il vero, che mi avesse assunta lo seppi solo diverse settimane dopo, dato che aveva scelto di mantenere in proposito un certo riserbo: mi ero convinta dunque di essere sempre in prova. Per cui mi ero impegnata il doppio, rimanendo pure un poco delusa dalla naturalezza con cui mi fu poi consegnata, alla fine del mese, la mia prima busta paga: avrei preferito qualcosa di più solenne. Ma tant'è, Marie-France era una di quelle persone che non si comportano mai come ti aspetteresti, con il dubbio vantaggio di metterti di fronte alla labilità, all'incostanza, al capriccio e talvolta persino alla stupidità delle tue speranze. Questo, però, ancora dovevo impararlo.

Per il momento, frastornata dalla rapidità con cui la mia vita stava cambiando, mi ritrovai alla festa. E dire che ero stata avvertita: *preparati, bella, stasera si fanno le ore piccole*, aveva bisbigliato Giosuè, una frase che pronunciata da un altro uomo avrebbe potuto mettermi sul chi vive; ma me l'aveva porta in un modo così tenero, così partecipe, che non ne fui affatto turbata.

Anche Marta aveva detto qualcosa che, col senno di poi, poteva intendersi come un suggerimento utile:

«Le feste di Marie-France sono le più pazze di Roma. Questa è cresciuta in Francia, dove di certo non hanno il problema di non saper far baldoria, ha ballato per tutta la Riviera, e oltretutto si è perfezionata a via Veneto. Non aspettarti una cosa tranquilla». Era corsa a casa a cambiarsi. Io allora abitavo talmente lontano dal negozio, e dal ristorante con giardino in cui Marie-France aveva fissato il ricevimento, da non aver previsto di rientrare. La divisa faceva la sua figura, era un completo palazzo di Gai Mattiolo, bianco e nero; mi ero portata, per provvidenziale ispirazione, un bel rossetto carminio. Dopo il lavoro entrai nel bar di fronte alla boutique e ordinai un bicchiere d'acqua – avrei voluto un crodino, ma stavo cauta sulle spese, tanto più che non ero affatto sicura di avere un lavoro – al solo scopo di potermi servire dello specchio del bagno per darmi una passata di rosso sulle labbra: non avevo osato chiedere di usare la toilette nel retro del negozio.

Come mi aveva insegnato Marie-France proprio il giorno prima, dopo essersi accorta che non avevo tracciato con sufficiente cura il contorno inferiore della bocca, premetti la punta del rossetto lungo il bordo, poi tamponai con un quadratino di carta igienica. *Ricordati, tesoro, prendi un pezzetto di carta, lo pieghi, e ci appoggi le labbra. Fino a quando non lo ritrovi pulito... altrimenti, l'eccesso di rossetto ti finisce dritto sui denti, e noi questo non lo vogliamo, no?*

Mi diedi un'occhiata e mi sentivo a posto, persino carina. Fascinosa no, mi mancava il mistero che nasce dalla sicurezza. Cos'avrei dato per avere in me un briciolo del savoir-vivre di Marie-France, o della fermezza che indovinavo in Marta!

Mi avviai. *Una cosa alla buona, tesoro, non darti pensiero, mi fa piacere che tu ci sia, ma non devi preoccuparti di nulla!* aveva cinguettato Marie-France il pomeriggio precedente, porgendomi il cartoncino dell'invito. R.S.V.P.

Proprio il cartoncino, fossi stata più scaltra, avrebbe dovuto mettermi sull'avviso: nessuno dei miei amici stampava mai biglietti con il *répondez s'il vous plaît* per annunciare le proprie feste.

Infatti, quando arrivai, mi ritrovai in un altro mondo. Non era un ristorante con giardino, come avevo creduto, ma un esclusivo circolo sportivo. Nessuna delle signore era in pantaloni; tutte in abito da sera, compresa Marta che arrivò scintillante di paillettes. Compresi immediatamente che il vestito era un prestito di Marie-France.

« Sei uno schianto! »

« Grazie, tesoro. Ma tu non sei passata da casa? Devi andare a cambiarti? Aspetta, vedo se il bagno è lib... »

« No, ecco... io non ho niente per cambiarmi. Sono venuta così. Non avevo capito che era una cosa elegante, che stupida... »

« Ma tesoro! Ma quanto carattere, ma quanto sei originale! Che ragazze, che ho, non è vero? Lei è la mia ultima conquista. » Marie-France ci era piombata addosso come un'aquila torna al nido dai suoi aquilotti, mi abbracciava con una mano e con l'altra mi rifilava un bicchiere pieno. « Daiquiri, tesoro, non dirmi che non l'hai mai bevuto. Oh! Deliziosa, assolutamente deliziosa, non trovi, André? Pensa che è il drink preferito di Hemingway, cioè, lo era... Ma voi non vi conoscete, che sciocca. »

E mi diede un affettuoso spintone in avanti, tanto che per poco non atterrai sulle punte delle scarpe di questo André. Lui mi tese la mano con un sorrisino asciutto.

« Andrea. »

« Barbara, piacere... non volevo... »

Troppo tardi. Gli avevo versato un dito di cocktail sul revever della giacca, prima ancora di avere il tempo di assaggiarlo. Lui per fortuna rise.

Marie-France, tutt'altro che imbarazzata dal piccolo incidente, continuò a tessere le mie lodi. Andrea approvava con gentilezza. Io dovevo essere rossa fino alla punta dei capelli. Mi tuffai nel provvidenziale daiquiri, che finii in un lampo. Andrea si offrì di andarmene a prendere un altro, iniziativa che Marie-France salutò con giubilo.

« Tesoro » mi disse appena si fu allontanato di due passi. « Lui, lascialo perdere. È tanto caro, sai, ma, come dire? Non proprio affidabile, ecco. Oltre al fatto che per te è un vecchietto! Sei talmente giovane! Invece proprio poco fa mi dicevo che ti devo presentare Piergiorgio, sai? Un ragazzo eccezionale, bello, simpatico... è il figlio di una mia cara amica che, poverina, non c'è più... anche lei era di una bellezza, ma di una bellezza, da giovane, l'avessi vista... »

Tornò Andrea con i bicchieri. Io gli sorrisi per ringraziarlo, lui rispose con una specie di piccola riverenza, girò sui tacchi e se ne andò.

« Lo conosci da molto tempo? »

« Chi, tesoro? Piergiorgio? Oh sì, gli voglio un bene, ma un bene, l'ho visto nascere... non riesco a guardarlo senza vedere la sua povera mamma, sai? A proposito, dovrebbe essere già qui, non capisco com'è che è in ritardo... »

« No, intendevo Andrea. »

« Già. Sì. Un vecchio amico, ma non mi è mai piaciuto un granché. »

Le avrei voluto fare mille altre domande. Esiste qualcosa che renda attraente una persona quanto la raccomandazione di non frequentarla?

Purtroppo fummo costrette a cambiare discorso, come succede alle feste. Con la mia solita fortuna, era arrivato il famoso Piergiorgio. Corse incontro a Marie-France e l'abbracciò con trasporto. Aveva un bel sorriso timido, la pelle molto chiara, quasi trasparente; un neo sulla guancia sinistra gli dava un aspetto malinconico da Pierrot. Mi porse una mano molle e tiepida, una stretta così diversa da quella di Andrea che mi aveva fatto schioccare tutte le dita come rametti secchi. Piergiorgio aveva gesti misuratissimi, manierati, quasi leziosi.

Dentro di me, segretamente, ero seccata che Marie-France avesse pensato di sistemarmi con lui.

« Stai tranquilla... Ho l'impressione che non sia interessato all'articolo. Non corri nessun rischio! » sghignazzò Marta che avevo incontrato in bagno, mentre ci ritoccavamo il rossetto davanti allo specchio. « È una vecchia mania di Marie-France, che pure le cose le capisce, eh, non credere... ma pensa che sia tutto un capriccio e che, se adeguatamente instradato, diciamo, il buon Pier possa fare ritorno all'ovile, se capisci cosa intendo. Lei ha la fissa di trovargli una brava ragazza, ha provato a sbolognarlo anche a me, sai? Lo fa per la sua amica, a quanto pare era tanto preoccupata di questo figlio che gliel'ha affidato e lei cerca di piazzarlo. Ma non ci crede davvero, fa solo un tentativo, lascia perdere... »

« E invece di quell'Andrea cosa sai? »

« Solo che fa il giornalista, dopo esser passato per una

marea di lavori, anche faccende politiche... è socialista, mi pare. E per un periodo stava nello spettacolo, produttore, impresario, roba così. Poi ha aperto un ristorante, ha perso tutto alle carte con Giosuè, e ora ha ricominciato daccapo con il giornale, pare che scriva pure bene. Mai letto una riga! Ma è un tipo interessante, no? Non proprio il mio ideale, è pelato e ha la pancia, ma certo non... »

« E c'è qualcosa fra lui e Marie-France? »

« Me lo sono sempre chiesta anch'io. Sinceramente, non saprei. Sì, sono amici, e da un bel pezzo... ed è molto molto strano, però, che lei non voglia mai parlare di lui. Così poco da lei! »

Quella sera appresi parecchie cose interessanti, malgrado le manovre di Marie-France che tentava di appiopparmi Piergiorgio come cavalier servente – un ruolo a cui lui pareva essersi rassegnato con una docilità non proprio seducente. Avevo il bicchiere vuoto? Lei spuntava da un capannello di invitati e gli ingiungeva di correre a riempirmelo. E non appena iniziavo ad ambientarmi, a vincere la timidezza e infilare una o due parole nelle molte conversazioni che si intrecciavano intorno al buffet, ecco che lui mi si avvicinava, si piantava al mio fianco. Non avevo bisogno di sollevare gli occhi per accorgermi del sorriso sornione con cui Marie-France ci sorvegliava di lontano; intanto mi confondevo e perdevo il filo delle chiacchiere, così ero costretta a parlare con lui.

Con la coda dell'occhio vedevo Andrea che rideva accanto a una signora con una profonda scollatura sulla schiena, poi lo ritrovavo dieci passi più in là, in una mano una coppa di champagne e nell'altra una sigaretta senza filtro, e un tizio allampanato ghignava mentre lui gli diceva qualcosa che non potevo sentire. Perché sentivo solo il chiacchiericcio di Piergiorgio. Piergiorgio faceva lo scultore, anzi, più precisamente, il restauratore di statue; statue settecentesche. Un mestiere che mi sarebbe parso interessante, se solo lui non avesse ritenuto suo dovere snocciolarmi una quantità di informazioni sulla porosità delle pietre che avrebbe tramortito pure un'appassionata di sculture rococò quale, in ogni caso, io non ero. Ma nonostante tentasse di pedinarmi ovunque, probabilmente ringalluzzito dagli incoraggiamenti di Marie-France – convinta di sistemarci entrambi in un colpo solo, consegnandoci a un destino di felice condivisione di aneddoti statuari e galanterie – di tanto in tanto riuscivo a svincolarmi.

Scoprii dunque, innanzitutto, che Marie-France nutriva un'autentica passione per il daiquiri e ne reggeva quantità industriali. Che Giosuè aveva delle sue mosse molto studiate per il twist. Che si irritava enormemente ogni volta che Marie-France gli presentava qualcuno dei suoi amici, specialmente se si trattava di ragazzi giovani, che lui chiamava giovanottini: *che me ne faccio dei nomi di tutti questi giovanottini?* Lui era lì per ballare, e ballava, difatti, con le signore, alcune delle quali, elegantissime, splendevano di gioielli e denti candidi e ridevano, e gli davano buffetti sulle guance mentre lui le faceva volteggiare. Solo un paio di volte, allontanandomi un poco dal cuore della festa con la scusa che dovevo andare in bagno (in realtà per seminare Piergiorgio), sentii parole sommesse, quasi soffocate, vicino alla siepe di pitosforo. Una voce era quella, bassa e scartavetrata dalle Nazionali, di Giosuè, che imparavo a conoscere. La sagoma della persona con cui parlava mi parve coincidere con quella di uno dei giovanotti che era tanto riottoso a conoscere. Ma era buio e forse mi sbagliavo.

Venni a sapere, nel corso di quella stessa sera, che Marie-France era una campionessa di bridge e che giocare con lei significava perdere; l'unico a tenerle testa era Giosuè, e tutti commentavano che infatti si capiva, fin da prima che aprissero *Joséphine*, che quei due avrebbero fatto grandi affari insieme. Che le feste di Marie-France erano una lunghissima tradizione, che lei spendeva un patrimonio per organizzarle e non gliene importava niente, perché sosteneva che si vive una volta sola e che vale sempre la pena festeggiare. Quest'ultima informazione sulle spese di cui si faceva carico per organizzare i suoi celebri party mi fu elargita dallo stesso Andrea, che mi diede un inaspettato passaggio a casa, quando ormai la festa volgeva al termine e Marie-France, arrochita dal liquore, faceva resistenza a Giosuè che con delicatezza da gentiluomo le apriva la portiera del taxi. Gli fui incredibilmente grata. Era tardissimo, ma io, non sapendo guidare, non avendo né una bicicletta né un motorino, né soldi a sufficienza per un taxi, aspettavo e aspettavo, con il timore crescente che a riaccompagnarmi sarebbe stato il Piergiorgio. Quand'ecco che Andrea, approfittando di un attimo in cui ero sola e mi guardavo intorno in cerca di una via di fuga, mi venne incontro tintinnando in una mano le chiavi dell'auto. Con l'altra, senza una parola, mi afferrò il braccio. La presa era salda; mi avrebbe infastidita, credo, la mano di un altro intorno al polso, invece mi sentivo sollevata senza sapere perché. O forse lo sapevo benissimo.

«Ti porto via prima che ti accalappi di nuovo quel bietolone» mi disse a voce bassa, aprendomi la portiera dell'Alfa Romeo verde bottiglia. Per farmi sedere dovette spostare una pila di giornali alta mezzo metro. Li prese e li scaraventò sul sedile di dietro. C'era odore di fiori secchi, o forse di paglia, e di tabacco stantio. Raramente avevo visto un'automobile così abitata. Giornali, atlanti, mappe, stradari. Un cappello infilato sotto il parabrezza. Caramelle, un paio di guanti traforati da guidatore, bastoncini di liquirizia grezza e persino un mazzolino arcaico di lavanda – chi glielo aveva regalato? C'era un'armonica a bocca e dal cassetto del cruscotto usciva un lembo di quella che mi pareva una calza di nylon, ma giudicai più prudente, e più cortese, non approfondire. Il guscio di un'ostrica, accanto al freno a mano, fungeva da posacenere. Lui pareva non curarsi del disordine. Si scusò solo per i giornali, di gran lunga la componente meno bizzarra dell'arredo dell'auto. Sarebbe stato logico che mi sentissi a disagio, sola con uno sconosciuto nel cuore della notte nell'abitacolo di una Giulietta che pareva una garçonnière, e non delle più pulite.

Invece stavo benissimo – com'era possibile?

Lui guidava con le mani libere; controllava il volante col ginocchio che teneva sollevato. Non avevo mai visto nessuno portare la macchina così. Il pantalone era risalito per la posizione, notai che calzava scarpe inglesi – un dettaglio che prima di conoscere Marie-France mi sarebbe sfuggito, ne ero certa. E dire che solo da pochi giorni era entrata nella mia vita.

«Le scarpe, *ma biche*, soprattutto le scarpe degli uomini, possono dirti tantissimo. E non è questione di usura, sai? Né di quanto sono lucide o rovinate. È questione di fattura... » Me l'aveva fatto osservare proprio il giorno prima. Su tre clienti uomini, due portavano scarpe di artigianato fine, e avevano lasciato in negozio una piccola fortuna in foulard e altre costosissime amenità.

Si accorse che lo guardavo con un certo stupore.

« Ah! Io sto comodo solo così, a guidare. A che serve tenere due mani fisse sul volante? La guida è roba da arti inferiori, ci avevi mai pensato? Così hai le mani libere, puoi fumarti una sigaretta o anche fare un origami, tranne quando devi cambiare marcia, ovvio. Tu come guidi? »

Gli confessai che non sapevo guidare. Ero stata bocciata all'esame – evitai di rivelare che ero recidiva. Avevo fallito già cinque tentativi.

« Allora è il momento che io rinunci proprio a usare le mani! Su, aiutami a mettere le marce, almeno fai un po' di pratica. »

Si accese una sigaretta, dal finestrino aperto entrava l'aria fresca della notte. E fino a casa mia: *ora scaliamo in seconda! Terza, terza, terza!*, e io con un'ansia tremenda di sbagliare, ingranavo. Ridevamo, io all'inizio per nervosismo, poi perché avevamo guidato insieme e la macchina non si era spenta mai.

« Vedi che sei capace? La prossima volta ti faccio provare anche coi piedi! » mi disse allegramente frenando sotto casa mia. E io sperai che quella prossima volta non tardasse. Anche se era un uomo tutto sommato brutto, anche se Marie-France mi aveva ammonita a stargli lontana, c'era qualcosa, in lui, che mi faceva sentire al sicuro. Come se fossimo in un film. Non avevamo fatto grandi discorsi. Mi aveva raccontato solo delle spese folli di Marie-France, e di Giosuè che a carte aveva vinto un'isola: un'isola, proprio così, insomma, uno scoglio un po' più grosso del normale, al largo della costa francese, non lontano da Cannes. E di come sull'isola fosse impossibile attraccare; quindi lui la possedeva, ma non gli serviva a nulla. Non era ancora riuscito a visitarla; eppure avevano organizzato una gita da quelle parti, l'estate in cui se l'era aggiudicata da un vecchio inglese che viveva delle rendite di una fabbrica di merletti nel Nottinghamshire: pizzi tanto pregiati che, a quanto raccontava lui, la sua famiglia era da cent'anni l'unico fornitore ufficiale della Corona. Un onore che non gli aveva impedito di giocarsi l'isola intera, baie e faro compresi, nella notte di Monaco; erano tutti a Saint-Tropez quell'anno, un amico di Marie-France aveva un catamarano e tronfi della conquista erano andati a vedersi l'isola di cui Giosuè aveva firmato l'atto di proprietà. Solo che, appunto, l'attracco era escluso: lo scafo della barca ne sarebbe uscito malconcio. Ci voleva un gommone ma ormai era tardi.

L'inutilità di avere un'isola. Prima o poi, disse, sicuro come l'oro, se la sarebbe rigiocata con qualche altro gonzo. Probabilmente passava di proprietà in quella maniera da secoli.

Ci fu un momento di silenzio. Un po' più lungo del necessario, un po' più denso. Mi diede un buffetto sulla guancia che mi fece sentire una bambina.

« Marie-France ha fatto un ottimo affare, con te. » Perché mi trattava come una nipotina? Ero una donna e non lo vedeva. « Mi piaci. » O forse sì. « Ci vediamo presto! Buonanotte, tesoro. »

Aprii la portiera, scesi. Mi scottavano le guance, sapevo

che dovevano aver preso la tinta mattone dell'imbarazzo. Ringraziai con la voce un po' secca.

Andai a dormire alticcia, quindi non ci potrei giurare, ma sono abbastanza sicura di averlo sognato, quella notte, e nel sogno non mi teneva a distanza come aveva fatto in macchina poco prima.

4

Una francese a Roma

Marie-France viveva in Italia da anni, difficile dire quanti: aveva l'abitudine di inserire, in qualsiasi discorso sfiorasse il tema della sua età, qualche elemento di imprecisione per confondere le acque e impedire a chi l'ascoltava di fare i calcoli del caso e arrivare, tramite addizioni o sottrazioni, a una stima troppo accurata. In ragione di questa aritmetica approssimativa, la collocazione del trasferimento a Roma oscillava: qualche volta era arrivata nei primi anni Cinquanta, qualche altra nel giugno del '66 – una data precisa, quindi credibile, che però cozzava poi con una serie di altri aneddoti. Il suo apprendistato come *couturière* dalle Sorelle Fontana, ad esempio, doveva essere durato almeno un paio d'anni; poi c'era stata l'avventura del cinema, due o tre particine non accreditate, dopo che, a quanto pareva, l'aveva notata Monicelli, o era Pietro Germi? Forse nessuno dei due, ma come sapevo bene da studentessa di filosofia, *tertium non datur*, non solo nella logica aristotelica, ma anche in un certo tipo di racconti che tendono a fare della realtà quello che un forno fa di un soufflé: darle volume, respiro, renderla soffice, spumeggiante e indimenticabile. Insomma, un regista imprecisato ma di sicuro famosissimo si era accorto di lei, in qualche bella sera di tarda estate a via Veneto, e anche quella fase, la sua fase *cinéma*, doveva averla impegnata per qualche mese almeno; infine era arrivato il negozio, che era aperto da quasi quindici anni, per la precisione dal 30 settembre del '68, come attestava il ritaglio del *Messaggero* che Marie-France aveva fatto incorniciare. *Sai chi l'ha scattata, questa? Secchiaroli, nientemeno. Ma come, chi è? Il Re dei paparazzi! Quello che si è inventato la dolce vita, praticamente...*

« Oh perbacco » mormorava fra i denti, sconsolata, « queste ragazze non sanno niente, assolutamente niente! Ma dove avete vissuto finora, sulla montagna del sapone? »

Questa della montagna del sapone era un'espressione che pronunciava con particolare voluttà; chiaramente le dava la sensazione, per il suo colore vernacolare di frase idiomatica, di padroneggiare alla perfezione l'italiano. Era un modo disinvolto per compensare la tenacia un poco affettata con cui preservava il suo accento, nonostante il francese da trent'anni non avesse più tante occasioni di parlarlo. Forse lo parlava con quella sua figlia che avevo sentito nominare ogni tanto, e che se avevo inteso bene doveva chiamarsi Corinna; ma, essendo un'adolescente, dunque – in base a quanto ricordavo della mia, di adolescenza – incline a rifiutare tutto quel che veniva dalla madre, lei doveva risponderle in italiano.

Non era difficile, in ogni caso, risalire all'origine della montagna del sapone e altre espressioni dello stesso tenore: la responsabile era la giornalista Isa Cacioni, grande amica di Marie-France. Giornalista in pensione, a voler essere precisi, perché, malgrado gli imponenti sforzi che metteva in atto anche lei per non rivelare quanti anni avesse, malgrado la civettuola esagerazione che frapponeva, come uno specchietto per le allodole, tra sé e l'interlocutore (*ho cent'anni per gamba, cosa credete, cocche*), era chiaro che avesse un'età, se non iperbolica come per gioco lamentava lei, comunque incompatibile con il lavoro. Ma *giornalista lo rimani per sempre*, ripeteva Isa a ogni piè sospinto, quindi sarebbe stato impensabile che si dichiarasse *ex*; anzi nutriva, per queste due lettere che inchiodano il passato al passato, un'antipatia che confinava con l'odio. Non voleva sentir parlare di ex, nemmeno nell'accezione di ex mariti o fidanzati; *il passato non si cancella*, sosteneva; *si cambia idea, ma rimane tutto vivo*. Non avevano avuto questa fortuna i suoi cinque mariti, ma era un dettaglio. Cinque volte vedova, si riferiva loro con l'ordinale corrispondente e la qualifica professionale, nonostante fossero sottoterra già da un pezzo e dunque impossibilitati a svolgere qualsivoglia professione. *Il mio primo marito, l'ingegnere*, diceva; e via così, passando per l'attore, il proprietario del night – *quella canaglia* –, lo scrittore che aveva *sderenato* perché incapace di sostenere la competizione con lei; fino all'ultimo, il miliardario, che a rigore non sarebbe un mestiere, ma Isa Cacioni in pochi secondi sapeva convincerti che era molto di più: un'attitudine, un modo di vivere, e comunque non le andava di usare per lui i suoi titoli, né quello di marchese né quello di professore, perché esclusivamente in veste di miliardario aveva deciso di sposarlo. Mossa rivelatasi, a posteriori, azzeccata.

Ogni volta che i cinque facevano capolino – a turno, chiaramente – nei suoi racconti, saltava fuori per associazione la leggendaria montagna del sapone che riaffiorava di tanto in tanto anche nell'idioletto di Marie-France; poiché erano stati, tutti quanti, degli ingenuotti, e anche se Isa non rinnegava le unioni che avevano scandito le ere della sua età adulta, poteva riconoscere, ormai, di aver sposato cinque bietoloni. Inevitabile, per una donna intelligente che non voglia rimanere zitella. *Un uomo vale l'altro, dopotutto, e non lo dico io, l'ha detto per prima Virginia Woolf*, sospirava. *Ma qualsiasi donna sa quanto sia vero.*

La Isa Cacioni disponeva di un immenso arsenale di aneddoti da sparare sull'interlocutore; una gragnola di *faits divers*, come amava definirli lei. Questi suoi aneddoti lasciavano supporre che fosse stata in attività negli stessi anni in cui fiorivano le nostre nonne. Giovanissima – forse dichiarandosi nei suoi racconti ancora più giovane di quanto non fosse stata in effetti, per imbrogliare le carte e impedire, proprio come Marie-France, il calcolo della sua età attuale – era stata a *formarsi* a New York, nella redazione di *Harper's Bazaar*, *il giornale più bello del mondo.* Unica italiana, aveva vissuto nel leggendario Barbizon Hotel, l'albergo da cui gli uomini erano banditi, dove venivano spedite tutte le ragazze serie in cerca di fortuna nella città risplendente di devianze e tentazioni; aveva conosciuto Diana Vreeland che, sosteneva, passava a trovarla ogni volta che scendeva in Italia. Aveva scritto per decenni su *Paese Sera* e su un mucchio di altri quotidiani, si era occupata di costume anche se aveva una naturale passione per la nera: per questo, le bastava un nonnulla per capire chiunque. *Quando conosci il lusso e i delitti, cocca mia, non c'è scampo per chi vuol mantenere un segreto!* Un nonnulla le bastava anche per chiamarti *cocca mia*: probabilmente perché non si ricordava il tuo nome, ma non voleva precludersi la possibilità di suonare affettuosa. Per sciorinarti la sua collezione di storielle non si faceva certo pregare. Una di queste coinvolgeva Jacqueline Kennedy – *una snob tremenda, uhh!* – che lei chiamava Kennedy e non Onassis per via di quella sua tesi della persistenza del passato; un'altra, il colore rosa, che aborriva perché, diceva, aveva dovuto scriverci su un intero servizio per il *Bazaar* e da allora non lo poteva più vedere, *sono come un toro, vedo il rosa e perdo il mio temper!* Aveva il vezzo di infilare in una frase su due un anglismo, contorta strategia per costringere gli interlocutori a chiederle della sua giovinezza americana.

Inseparabile da Isa Cacioni, e altrettanto assidua nell'impiegare espressioni idiomatiche che, proprio come accadeva sulla bocca di Marie-France, assumevano un'inflessione forestiera (nel suo caso, tedesca) con risultati surreali, era poi l'Annelore. Le tre si erano conosciute, mi raccontò Giosuè un giorno che era in vena di confidenze, a un corso di ballo da sala, nientemeno, un sacco di tempo prima: *saranno almeno quindici anni, anche se Marie-France non lo ammetterà mai*. La precisione sulle date era contraria ai suoi più profondi principi, ma anche immaginarla a un corso di ballo da sala mi riusciva un po' difficile. Compresi però dalle parole di Giosuè che doveva essere successo in un momento della sua vita in cui si sentiva un po' sperduta. E comunque, non era più tornata al corso: se era lì per conoscere qualcuno di divertente, le erano bastati pochi minuti. Alla fine della lezione si ritrovarono tutte e tre a brindare con il crodino al bar accanto alla sala, lamentandosi del mal di piedi e giurando che era la prima e l'ultima volta; e da quel momento lei ebbe due nuove amiche, balzane come – avrei scoperto nel tempo – doveva essere chiunque avesse la pretesa di interessarla davvero: Isa Cacioni, che era venuta a intervistare le coppie di ballerini, e l'amica che l'aveva accompagnata, perché le scocciava andare sola; l'Annelore, per l'appunto.

Detta Lorelei *in onore di una ballata del Goethe*, come amava ripeterci, lei che davanti a tutti i nomi propri, e pure ai cognomi, fossero maschili o femminili, non ometteva mai l'articolo determinativo, con il risultato di conferire un'inspiegabile sfumatura lombarda al suo eloquio.

Scrittrice, in gioventù aveva vissuto un precoce momento di fama, ma erano vent'anni che *non combinava più niente* e viveva delle royalties dei suoi primi romanzi. Come Isa, aveva un aspetto compatto, di donnino volitivo. Ma laddove la Cacioni, eccentrica diva da fumetto, si bardava di orpelli, di turbanti, di occhialoni da sole e orecchini giganteschi in resine colorate, di caftani esotici e di sari, di sete e velluti e kimoni, la Lorelei avvolgeva la propria figura, altrettanto densa, in capi dalle linee severe, pulite, essenziali. *Puro Claude Montana*, diceva Marie-France; e poi con un sospiro, posando gli occhi su Isa: *lei invece è Westwood dalla testa ai piedi*, e stava a me cercare di interpretare dove andasse la sua preferenza. Mi ci vollero dei mesi per capire.

Con il suo immenso rispetto per la moda, e per quello che la moda era per ciascuna delle sue clienti e amiche – un rito, un gergo, un sogno, un segreto che poteva rivelarsi solo a occhi comprensivi come i suoi –, ogni interpretazione dell'atto del vestirsi le appariva in potenza interessante, come a una vera studiosa. Eppure non approvava appieno altro stile che il proprio. Era forse una sua debolezza o il segno della sua dedizione alla ricerca che l'aveva portata a costruire, pezzo dopo pezzo, come un'opera d'arte, la propria persona di bionda giunonica e risplendente, identica a sé stessa negli anni e nelle stagioni, a suggerire una maturità perenne senza albe né tramonti. L'unico problema

– nonché la sfida che rendeva l'impresa tanto interessante – era un'irreversibile sovrapposizione di ruoli: lei era l'artista, ma anche la restauratrice di quella sua opera esposta all'erosione del tempo. Era, oltretutto, l'opera stessa, il che le imponeva un tale sforzo costante di cautela, vigilanza, pazienza e parsimonia delle sue risorse che, penso, sarebbe impazzita se per allentare la tensione non si fosse potuta occupare anche delle altre.

Lorelei, col suo stile asettico, qualche volta imprevedibilmente si concedeva un guizzo, una stravaganza, un capriccio: una piuma di struzzo sul cappellino a cloche, una spilla di zirconi a forma di scimmia su una giacchetta bleu, una stola stazzonata di volpe bianca. *Sembri ancora più zitella*, le diceva allora Isa, ma la Lorelei non se la prendeva; si accendeva un'altra sigaretta. Fumava come un turco: *le persone senza vizi a me fanno ribrezzo*, diceva, e inalava i suoi quattro pacchetti al giorno.

Questi colpi di testa stilistici facevano impazzire Marie-France, non riuscivo a capire se di divertimento o di fastidio – forse di una strana commistura dei due. Le voleva bene, certo, e voleva bene a Isa: ma come in tutte le amicizie a tre, l'equilibrio oscillava in alleanze mutevoli, e qualche volta il polo più debole era Lorelei, qualche volta proprio Marie-France. Mai Isa, troppo prepotente e troppo solida per rinunciare al suo ruolo di leader. Mi accorgevo da impercettibili indizi che la mia principale un pochino ne soffriva, e pensavo che quelle tre donne non più giovani, che ne avevano viste di tutti i colori, che avevano cambiato paesi, uomini, mestieri, che avevano lavorato e vissuto e sofferto, non erano poi diverse dalle ragazzine.

Marie-France si lagnava della nostra ignoranza, ma si vedeva che era contenta di essere lei a insegnarci qualcosa.

E per non farci sentire troppo in difetto era disposta a riconoscere generose attenuanti alla nostra insipienza; a venirci incontro. Era vero, diceva: via Veneto come l'aveva conosciuta lei non esisteva più. Erano tutti morti, o moribondi, o avevano troppi soldi e non sentivano più quella voglia di far festa la sera, la notte, quando si andava al night e non in discoteca come oggi (*che parola orribile, ma mie!*), e ai tavolini del Café de Paris, dell'Harry's Bar, di tutti i locali della strada, splendevano i flash dei fotografi, perché chi non era famoso poteva diventarlo il giorno dopo, e c'erano le attrici e gli attori di Hollywood attorniati da nugoli di ragazze che volevano essere come loro, volevano essere loro, e poi spogliarelliste e sceneggiatori, giornalisti e scrittori, tutti mescolati, tutti a gozzovigliare senza pensare al lavoro di domani.

Ora è una via triste, capisco che non riusciate a immaginarla com'era: tanto bella, con quei ristorantini, coi proprietari con le facce da galera e i modi da principi. Era divertente, Roma, era così viva! Ora ci sono rimasti solo gli americani, chissà fino a quando, ma non succede più niente, è tutto un Carnevale... è così brutto invecchiare, vedi finire il tuo mondo, un giorno toccherà vederlo anche a voi, tesori miei. Ma è più brutto ancora per chi ha avuto la fortuna che ho avuto io, di vedere Roma quand'era la città più bella del mondo...

Nel bianco e nero che ingialliva, le fotografie esposte dietro la cassa mostravano la prima vetrina del negozio, la tenda a cupola rimasta tale e quale, l'insegna allora fiammante di neon, e una folla di gente che premeva per entrare, dato che l'inaugurazione era stata una festa a cui nessuno voleva mancare – *è così che deve essere una festa*, mi diceva ogni volta che passava sotto la foto, e sospirava. Accanto a quella erano appese altre due grandi foto della stessa sera: in una c'era lei, abbagliante in un tubino ricoperto di strass, coppa di champagne e sigaretta accesa, gli occhi spalancati al flash; nella seconda invece li teneva bassi, si portava la coppa alle labbra e un uomo le parlava, molto vicino; sapevamo chi era, anche se non lo si nominava mai. Era stato l'amico di Marie-France nei suoi primi anni in Italia; ed era stato lui a insistere perché aprisse il negozio.

Secondo Marta le aveva dato anche un importante aiuto economico, che per lei era stato determinante almeno quanto il suo incoraggiamento, e il reciso rifiuto di lasciare la moglie; in ogni caso era morto da anni, non molto tempo dopo l'inaugurazione. *È morto male, ma biche*, mi disse una volta lei senza che avessi fatto domande – mi aveva semplicemente colta a fissare la fotografia. Mi ero stupita a sentire quella precisazione: era morto *male*, come se morire non fosse già abbastanza. Ma anche se la conoscevo ancora poco, iniziavo a capire quanto in profondità fosse radicato in Marie-France il pensiero della morte, e quanto, specularmente, quell'assillo nutrisse il suo gusto per la moda, per la bellezza e il glamour, antidoto perfetto al dolore, alla paura, all'angoscia di scomparire, che la riempiva di sgomento.

Molta gente pensa che la moda sia una faccenda frivola, roba per donnicciole superficiali e arriviste; vi assicuro che se aveste conosciuto Marie-France vi sareste ricreduti in un batter d'occhio. Per lei era una questione cruciale, una missione a cui aveva votato ogni sua energia, ogni pensiero, ogni ansia; e ne aveva, di energie, pensieri e ansie. Ne aveva a bizzeffe.

Mi ero fatta l'idea che la data precisa – giugno '66 – a cui faceva risalire, almeno secondo una delle versioni della storia, il suo arrivo in Italia, fosse in realtà la data di un ritorno. Da dove tornasse non lo sapevo; sospettavo però che il rientro avesse una qualche relazione con l'uomo coi baffi che qualche anno dopo sarebbe *morto male*, e con un bambino che aspettava da lui, e lui non aveva voluto. Il bambino era nato comunque, a Besançon, come lei, che per qualche mese era tornata dai genitori. Per qualche mese era stata di nuovo la ragazza di provincia che doveva essere prima delle Sorelle Fontana, prima del cinema e delle sere d'estate a via Veneto; una ragazza di provincia sedotta da un signore coi baffi che non voleva saperne di lasciare la legittima signora. Ma non aveva resistito a lungo, aveva preso armi, bagagli e bebè e l'aveva riportato in Italia piccolissimo, anzi piccolissima, perché era una bambina.

Al tempo in cui conobbi Marie-France sua figlia doveva avere, secondo i miei calcoli approssimativi, sedici o diciassette anni. La ragazzina non si vedeva mai; studiava in un convitto, mi parve di capire, doveva ricevere la migliore educazione possibile. La immaginavo risplendente, una creatura luminosa, bella come e più della madre. Un giorno però, mentre vestivo un manichino con una gonna di suède rosso lacca di Gucci e una blusa sottile di seta rosa pallido, e Marie-France era nel retro, di pessimo umore, a fare dei calcoli, Giosuè mi era venuto vicino e mi aveva detto una cosa che proprio non mi aspettavo.

« Non si dà pace per Corinna, sai. » Corinna, era la figlia. « Fra di loro è sempre stato così; sempre litigi, screzi, disaccordi... E lei si sente in colpa. Ma la verità è che non le ha mai perdonato di essere nata brutta! »

E se ne andò, come faceva ogni volta che buttava lì uno di quelli che Marie-France chiamava *i semi della zizzania*; sfarfallando le mani nell'aria, borbottando a mezza voce, in attesa che lo inseguissi per fargli altre domande. Ci rimasi di stucco – poteva mai essere *brutta*, la figlia di Marie-France? Poteva essere che non la facesse venire in negozio perché se ne vergognava?

5

Joséphine

Non esistono donne brutte, solo donne pigre, diceva Marie-France guardando le clienti uscire dal negozio ringalluzzite dalle spese, dai complimenti e dai sorrisi che lei aveva dispensato trasfigurando coscione cellulitiche, sovrabbondanti come buccellati, in voluttà di forme – amava ripetere – *burrose*, seni piatti in sicuri indizi di sofisticata eleganza, capelli spenti in algidi biondi freddi; citava non so più quale dei suoi idoli, forse Coco Chanel, forse Flaubert, faceva poca differenza. Adorava infilare nei discorsi quelle frasi rubacchiate ai libri, rimestare fra massime e arguzie che distribuiva come caramelle – aveva citazioni adatte a ogni circostanza, ne faceva un tratto di civetteria. Anche per questo la frase di Giosuè a proposito di Corinna mi aveva lasciata perplessa: possibile che fosse davvero brutta e non semplicemente pigra? Forse doveva solo crescere; forse si trovava incagliata nelle trappole estetiche dell'età ingrata – pelle grassa, bollicine, un naso cresciuto in fretta rispetto al resto del viso, gambe lunghe tre quarti della figura che lasciano posto solo per un busto tracagnotto. Tutto poteva essere, mi dicevo; ma nonostante il gusto un poco invelenito di Giosuè per le battute salaci e la sua mania di lanciare semi di zizzania, mi straniva il tono aspro con cui aveva parlato. Come se la cosa lo esasperasse – lui che aveva sempre tanta pazienza. Come se, per qualche motivo, proprio quella faccenda gli facesse perdere le staffe.

Il suo fastidio doveva avere una relazione con la storia passata di Marie-France e con le vicende che l'avevano portata ad aprire il negozio assumendolo, nominalmente come commesso, anche se sapevamo tutti che Giosuè era in pratica un socio a tutti gli effetti. Dopo il ritorno di Marie-France in Italia, l'amico ancora lontano – benché non lontanissimo – dal giorno in cui sarebbe *morto male*, l'aveva riaccolta con commozione profonda per lei e per la bambina minuscola, di qualche mese appena, con cui era rientrata, ma comprensibilmente senza grande trasporto, dato che lui di bambini ne aveva già tre, da un'altra signora che firmava col suo stesso cognome avendolo sposato con tutti i crismi in una bella chiesa oltre vent'anni prima (quando Marie-France, a seconda delle versioni, poteva essere una ragazzina con le gambe lunghe o un bebè poco più grande di quanto fosse a quel punto Corinna). L'amico però aveva parecchie risorse, e fra queste risorse c'era il denaro. Cosicché, conoscendo l'inclinazione di Marie-France per la moda, la sua infaticabile energia, l'istintiva sicurezza che comunicava e che lo faceva sentire tanto bene quando la portava fuori e passavano lunghe serate ai tavolini dei night a ridere e scherzare con gli amici scapoli che non avrebbero detto nulla alla legittima consorte, si era potuto permettere di metterle in piedi una boutique tutta sua.

Con questo sistema lei non avrebbe avuto ragione di dire che lui non l'aveva aiutata; inoltre si sarebbe tenuta occupata, non avrebbe avuto tempo di piantare musi o di piangere accanto al telefono se per qualche giorno lui non si faceva vivo. Fra gli amici gaudenti che uscivano con loro nelle sere tiepide di via Veneto, uno, Mario Spizzichino, le aveva mostrato sempre una simpatia che sconfinava nella tenerezza. Le accendeva la sigaretta quando lei non trovava il fiammifero, la lasciava vincere a bridge. Quando una notte capitò che cedessero alla moda di organizzare una seduta spiritica, cavallerescamente, accorgendosi che era turbata, l'accompagnò in terrazza e le accese una Merit sotto la luce della luna – da dentro la stanza l'amico di Marie-France seguì la scena e provò il sollievo di sentirsi geloso, ma solo appena appena. Forse, si disse, aveva trovato una soluzione a quello che con l'andar del tempo poteva diventare un problema; era sempre stato un uomo fortunato, del resto, e sulla fortuna aveva sempre fatto affidamento – non sapeva ancora con che parole, un giorno, la sua amante avrebbe commentato la sua morte. In ogni caso pensò che sarebbe stato sciocco ostacolare l'avvicinarsi di quei due; Spizzichino era un solitario incallito, ma di una donna iniziava ad avere bisogno anche lui, perbacco! Non poteva andare avanti a farsi recapitare a casa i pranzi dalle trattorie, a giocare a carte fino a notte fonda, a portarsi dietro quella trasandata stanchezza da scapolo in ogni angolo della persona. E lei, lei aveva bisogno di aver vicino qualcuno – poteva mai continuare a vivere in un residence, con un armadio microscopico, la bambina che strillava e quella specie di balia a giornata che andava a darle una mano, per il momento, ma fino a quando?

L'amico si fece da parte. Addirittura, non senza una certa astuzia libertina, lasciò cadere nell'orecchio dell'uno e dell'altra qualche sottile insinuazione quasi impercettibile, che bastasse però a stuzzicare una parvenza di curiosità, a lusingare, a risvegliare la tentazione della civetteria. Io queste cose le seppi molto tempo dopo, e non da Marie-France ma da Giosuè; che di Mario era il fratello, anzi addirittura il gemello. E se ora lavorava con noi, era per esito delle manovre shakespeariane dell'amico, che non era riuscito a sospingere i due oltre un breve flirt poco convinto, ma a indurli a mettersi in affari insieme, invece, ce l'aveva fatta eccome.

Così era nata la boutique. *Joséphine*: come la moglie di Napoleone, sorrideva Marie-France. *Quel diavolo di donna, lei sì che sapeva tenersi un uomo*, aggiungeva con uno sguardo svagato; *vedessi che lettere le scriveva, il piccoletto...* E sospirava, e tornava a quel che stava facendo. *È nata per questo lavoro*, diceva Giosuè, e se lei stava ascoltando continuava, serissimo: *dato che il ruolo di regina non era più disponibile*. Lei rideva come si ride quando si ha la sensazione che qualcuno stia dicendo una cosa vera di noi: una bella sensazione, rara. Come di sentirsi amati, o quantomeno visti. Non capita tutti i giorni, e Marie-France lo sapeva bene. Lei guardava tanto, guardava tutti; per paura che nessuno la vedesse, cercava di compensare, di prevenire gli imprevisti. Chissà se Mario era stato il suo ultimo amore? Chissà se dopo di lui si era sentita davvero invisibile, come lasciava intuire qualche volta, da frasi apparentemente noncuranti – *oh, io, tesoro, chi vuoi che faccia caso a me? È passato il mio tempo, ora piuttosto pensiamo a te, non vorrai mica rimanerci zitella?*

Chissà perché, avevo l'impressione che fosse una posa. Che fosse perfettamente consapevole del suo carisma e avesse solo paura di ammetterlo; o forse, di restare ferita come le era successo in passato.

Ci sono persone che cicatrizzano con difficoltà.

La boutique l'aveva potuta aprire grazie al suo amico che ci aveva messo la gran parte della somma; ma decisivo era stato l'ulteriore investimento di capitale con cui aveva partecipato Spizzichino, che doveva essersi accorto della sua vocazione (non quella regale, l'altra); doveva, insomma, anche se per un intervallo breve, averla compresa. Poi era partito per l'Argentina a inseguire altri affari, faccende di cavalli, e chi s'è visto s'è visto; mandava ogni tanto un telegramma, quando tornava qualche giorno, per invitare Marie-France a pranzo.

Giosuè, il gemello spiantato, reduce da un'avventura da manager di un gruppo musicale in cui aveva perso tutti i soldi che aveva, finì dietro al banco. Si vociferava che gli piacessero gli uomini, ma nessuno sapeva niente, in realtà, delle sue relazioni; una volta Marie-France mi confidò che secondo lei era tutta una recita. Da quel giorno lo guardai con occhi diversi, perché effettivamente poteva anche essere come diceva lei. Giosuè era un uomo molto bello, allampanato, elegante; aveva due modi ben distinti di comportarsi, e passava dall'uno all'altro con inquietante disinvoltura. Da un lato c'era la versione dispettosa da negozio, tutta mossette e sospiri, semi di zizzania e risate sommesse, messa in scena con grande spasso delle clienti che lo adoravano e di fronte a lui si sentivano incoraggiate a raccontare disillusioni e tristezze, a lamentarsi di pretesi difetti fisici molto più labili di quelli reali; ma quando eravamo fra di noi, quando pranzavamo al tavolino pieghevole nel patio o facevamo l'inventario, Giosuè cambiava, assumeva un fare rassicurante, silenzioso, quasi paterno, con occasionali scoppi di quel suo umore flamboyant, ma brevi e imprevedibili.

« Lo fa per noi » mi disse quella volta Marie-France « e un po' anche perché si annoia, sai, fra tutte quante gli facciamo una testa così. »

Qualche volta perdeva la pazienza e si metteva a gridare. Succedeva quando il nostro cicaleccio lo deconcentrava dalle incombenze più delicate: rivedere i conti, compito che affrontava di malavoglia e solo perché Marie-France, che pure era un asso della matematica, di tanto in tanto si distraeva e combinava pasticci. *Andrà a finire che ci portano via in manette*, bofonchiava lui prima di aprire i libri contabili, seduto al tavolino sul retro, un po' curvo perché era troppo alto per quei mobili vezzosi che al suo cospetto parevano arredi di una casa delle bambole. Gli saltavano i nervi anche se qualcuna di noi lo sorprendeva impegnato in interminabili telefonate dal ricevitore color crema che usava praticamente solo lui.

Una volta, per errore – o forse per una curiosità che da errore aveva deciso di mascherarsi – avevo sollevato l'altra cornetta, quella accanto alla cassa, con l'intenzione di chiamare non so più se la tavola calda per ordinare il pranzo o qualche cliente che doveva ritirare un vestito tornato dalla sartoria con le modifiche richieste; avevo sentito, dall'altro lato, una voce maschile, profonda e leggermente nasale, il che le conferiva un tono lamentoso. Avevo riagganciato subito.

Dopo quelle telefonate, o dopo un'oretta di concentrazione sui quaderni ricoperti dei numeri sottili tracciati da Marie-France nella sua calligrafia da scolara svagata, capitava che Giosuè si arrabbiasse con noi se ci sentiva ridacchiare, o anche semplicemente chiacchierare: *siete oche da cortile*, diceva. Allora gli si allargavano le narici come a un cavallo che imbizzarrisce. Buttava la testa all'indietro e cominciava a sbraitare: *ma insomma! Non si può avere un po' di silenzio?*

In quei momenti non aveva proprio niente di etereo: gli veniva un vocione basso e ruvido, e sapevamo che era arrabbiato davvero. O meglio, che quello era il massimo di collera che avrebbe mai espresso in nostra presenza.

In realtà, più che arrabbiarsi, perdeva le staffe; durava sempre poco. A volte mi chiedevo quale fosse il vero Giosuè: quello paziente, che si rivelava a serranda abbassata? Quello pettegolo e spumeggiante che deliziava le clienti, o l'iracondo che urlava per mezzo minuto, finché Marie-France non smontava il suo malumore sempre con le stesse parole? *Ecco, è arrivato il castigamatti!*, gli diceva, e lui allora si calmava e senza dir niente tornava premuroso, più sollecito di prima, come se volesse farsi perdonare.

Ma noi l'avevamo già perdonato. A dirla tutta non aveva bisogno di farsi perdonare proprio niente. *Quest'uomo è un santo*, diceva Marie-France quando gli passava accanto, e accompagnava le parole con una pressione lieve contro il braccio di lui. *A volte mi chiedo come faccia a sopportarci... certo, anche per noi sopportare lui è un lavoro, no?* E con un buffetto sulla prima guancia che le capitava a tiro – qualche volta era la mia – sorrideva e si dimenticava tutta la scena.

In negozio erano in tre, fino a quando Marie-France non decise di assumermi. O meglio, in quattro, perché un signore di origine filippina e di età indefinibile tirava a lucido la boutique ogni sera: *senza di lui, ma biche, non potremmo resistere un giorno*, mi informò Marie-France, che a lui solo, di tutti i suoi dipendenti, tributava oltre al rispetto anche qualcosa di simile a un timore reverenziale. Era terrorizzata, mi confidò una volta, che *ci abbandonasse*. Che trovasse, altrove, un impiego migliore, un posto più vantaggioso. Che glielo portassero via: chi, come, o perché non era chiaro, ma la sua angoscia era sincera. Per questo cercava di essere la datrice di lavoro più accomodante, più amabile, più dolce possibile.

Gli affari andavano benissimo: talmente bene che, lei lo sentiva, era arrivato il momento di allargare il giro. Chissà cosa la spinse a decidere di aprire proprio alla moda per ragazzine – mi sono anche chiesta se non c'entrasse Corinna. Il fatto che fosse bruttina, intendo, come si vociferava; era un modo per compensare, per aiutarla? In ogni caso, quando ci annunciò l'idea di iniziare a vendere una linea per ragazze, cosa che in Francia si faceva da vent'anni e solo in Italia sembrava una follia – in Italia le adolescenti venivano ancora equipaggiate e vestite dalle madri, ma non poteva durare... il mondo cambiava finalmente, le ragazze volevano essere carine –, Corinna io non l'avevo mai vista e prestavo fede, quindi, pur con qualche dubbio, alle parole di Giosuè.

In negozio le incombenze che non richiedevano particolare perizia imprenditoriale o diplomatica ce le dividevamo Marta e io. Marta lavorava lì già da due anni; aveva la mia età, eravamo due ventenni acerbe e probabilmente anche per questo Marie-France ci aveva scelte: per formarci, per trasformarci. Marta per il resto non mi somigliava: bionda quanto io ero bruna, sosteneva di sapere quello che voleva dalla vita – un uomo che si occupasse di lei, un paio di bambini, *almeno in prime nozze, no?* – ma faceva di tutto per impedire alla traiettoria dei suoi giorni di imboccare la direzione che a parole auspicava. A dire il vero, lei era molto meno acerba di quanto potessi apparire io. Da quando aveva quindici anni gliene davano trenta; *finalmente mi avvicino alla mia età apparente*, mi diceva, anche se mancava ancora un buon lustro. *E quando ci arrivo, intendo rimanerci un bel pezzo*, e contava sulle dita: *almeno il tempo di contrarre due dei miei tre matrimoni, l'ultimo sarà quello risolutivo*. Benché pragmatica e straordinariamente concreta, un giorno sì e l'altro pure arrivava al lavoro con gli occhi gonfi, di sonno o di lacrime, alternativa da cui poi dipendeva il suo umore nel resto della giornata; si truccava nello sgabuzzino, per uscirne con palpebre bistrate di nero e i capelli tesi in uno chignon altissimo da ballerina, e stoicamente, con un senso quasi tragico del dovere e della necessità di mostrare a ogni costo un barlume di efficienza, si buttava nel lavoro.

Non avevo mai incontrato nessuno che le somigliasse. Lei non faceva una piega di fronte a nulla. Era capace di snocciolarti in faccia, con un'espressione perfettamente innocente, una gragnola di sarcasmi che avrebbero annichilito il più consumato viveur.

Ma dai, dimmi di più!, diceva quando un discorso non le interessava, o la infastidiva o, peggio, le faceva perdere tempo; poi ti voltava le spalle e se ne andava mentre stavi ancora parlando, e ti faceva sentire idiota, eppure, per qualche ragione, incapace di prendertela con lei. Due ore o due giorni dopo, lasciava cadere un'osservazione da cui appariva chiaramente non solo che aveva ascoltato il discorso che lei stessa non si era peritata di troncare, ma che lo ricordava tutto, parola per parola. Perché allora fosse stata scorbutica, rimaneva un mistero.

Era brusca, scostante, però a ogni compleanno e onomastico arrivava con un bignè alla fragola. Gli uomini le guardavano il sedere e lei senza voltarsi alzava il dito medio. L'aveva visto fare in non so quale film, mi spiegò, e le era piaciuto. *Nessuno può ribattere*, diceva; *soprattutto se non ti volti*. Perciò adorava mostrare il dito medio mentre ancheggiava per la strada. Aveva quello che lei chiamava un didietro oneroso, anche se era sempre a dieta. Marie-France le diceva che era bellissima, e lo era, ma quelle sue curve la esasperavano. *È arrivata la nostra Venere callipigia*, la canzonava Giosuè. E lei rideva per non mostrare che si era offesa.

«Perché te la prendi? È un complimento» osai dirle un giorno.

Lei alzò le spalle. «A me, *belle chiappe* non me lo dice nessuno.»

«Ma nessuno te l'ha detto!»

«E cosa pensi che voglia dire, *callipigia*?»

In effetti non lo sapevo. Non me l'ero mai chiesto. Lei, invece, aveva chiesto a Isa Cacioni.

Che un giorno mi spiegò la sua teoria su Marta: era dovuta crescere in fretta, perché molto in fretta le era toccato imparare a difendersi. Dagli uomini che avevano incominciato a metterle gli occhi addosso quando era ancora una bambina; dalle donne che la rimbeccavano per la disinvoltura precoce. Dai dispiaceri, anche; era orfana di madre, non me ne parlò lei ma ci pensò Marie-France, che di sua madre era stata amica.

«Ah, sapessi, tesoro, questa ragazza ha due sorelle minori, si è ritrovata a sedici anni a gestire tutto lei... è un miracolo che sia riuscita a finire le scuole! Ho cercato per anni di aiutarla, ma niente. Troppo orgogliosa. Finché un bel giorno non mi ha detto, chiaro e tondo: *Marie-France, io lo so che lo fai per bontà, ma gradirei che la smettessi di starmi col fiato sul collo*... be', per la verità lo disse in una maniera un poco più colorita, via... insomma il succo era che invece di sorvegliarla e cercare di aiutarla per carità, dovevo lasciare che mi mostrasse quanto valeva. E voilà! Le sue sorelline ora stanno col padre, che si è risposato con una megera, ma una megera... si sono trasferiti nel paese di lei, in Abruzzo, o nelle Marche, non ricordo. Marta non ha mai accettato la cosa, e la posso capire, *ma mie*, le sorelle sono più piccine, e anche più docili, ma lei in casa con quella strega, me lo disse subito, non ci avrebbe passato nemmeno un pomeriggio... e dunque, eccoci qui.»

Contava di farne la sua erede. Marta aveva buon occhio per la moda e soprattutto per gli affari. Avere a che fare con lei significava, alternativamente, spesso nel corso di una stessa giornata, trovarsi in presenza di una bella ragazza, di un cowboy solitario, e di uno spietato uomo d'affari. Quando comparivano il cowboy o l'uomo d'affari, cambiava postura e smetteva istantaneamente di scherzare. Pragmatico e risoluto, l'uomo d'affari rimediava a qualsiasi casino io combinassi in negozio, cosa che nei primi tempi accadeva un po' troppo spesso; il cowboy invece aveva nello sguardo una punta di malinconia quasi romantica, e non si lasciava scoraggiare dalla difficoltà di nessuna impresa. E faceva bene: oltre a queste notevoli peculiarità, aveva la prerogativa di avere sempre ragione, o quantomeno di saperti indurre a crederlo.

Tra due mali preferisco sempre quello che non ho ancora

provato, diceva ogni mattina al momento di spartirci i compiti per la giornata, anche se le incombenze di una boutique non bastavano affatto, a un animo inquieto come il suo. Sul comodino, avrei scoperto più tardi, teneva una vecchia biografia di Charlotte Brontë che era stata a suo tempo della madre, e se la leggeva la sera, per addormentarsi, quando non era fuori a folleggiare.

Ci rimbeccavamo di continuo, e il più delle volte, per quanto mi impuntassi, sapevo che era colpa mia: facevo troppa confusione, non avevo metodo e non abbastanza abnegazione, o sadismo, per dedicarmi a quel mestiere. A lei, invece, non faceva difetto né una dote né l'altra; non era materna come Marie-France, ma altrettanto spietata e infallibile nell'individuare complessi e debolezze delle clienti, su cui sapeva far leva con un piglio militaresco che la rendeva un'ottima venditrice, quando non mi inseguiva sbraitando perché non ricordavo più dove avevo posato la scatola delle cinture o avevo piegato al contrario i carré di Hermès che costituivano, su solida base statistica, il più tipico regalo dei mariti alle mogli tradite. Marta questo lo sapeva bene: la maggior parte delle sue relazioni, in verità piuttosto dolorose per lei (anche se mai e poi mai lo avrebbe ammesso), avevano per controparte quell'esatta specie di uomini che ricoprivano le mogli di foulard e le amanti come lei, finché erano in carica, di *lingerie* costosissima e licenziosa, cosa che la lusingava e insieme la offendeva, infliggendole un piacevole e snervante senso di degradazione di cui mi parlava nelle pause del lavoro – perché durante le pause eravamo amiche.

Bastava qualche ora in boutique per cancellare dalla

sua memoria le tracce delle lacrime della mattina presto; da mezzogiorno in poi cinguettava con allegro cinismo che gli uomini servono a cambiare le lampadine ma che comunque lei aveva imparato a farlo da sola, e mi parlava di quelle sue storie mentre vestivamo i manichini della vetrina esattamente come si vestivano le mogli degli uomini che le regalavano biancheria osé. Una volta glielo feci notare; avevo in mano un busto con un paio di seni appuntiti e quasi triangolari che sparavano all'infuori, piuttosto minacciosi. Per un attimo il corpo di celluloide del manichino ci fece spavento, come se fosse stata davvero una di quelle donne che, senza conoscerle, avevamo ferito, anzi, che avevamo concesso ai loro mariti di ferire; come se si potesse vendicare su di noi.

6

Il tubino color pesca

Nel mondo di Marie-France, negli aneddoti che ci raccontava mentre sistemavamo le grucce prima di aprire, o pranzavamo al tavolino nel patio, con i piatti buonissimi che in piccole teglie di alluminio ci consegnava la rosticceria dietro l'angolo a mezzogiorno e quaranta, dieci minuti esatti dopo che avevamo abbassato la serranda, la morte era sempre in agguato; era una morte cattiva, perché nel suo mondo non solo si moriva, si moriva sempre *male*. Ma nelle storie che ci raccontava – quando non vendeva, cioè quando non stava cercando di convincere qualcuno a trasformarsi – oltre alla morte aleggiava un'altra minaccia, una spada di Damocle che pesava su chiunque, però infieriva più crudelmente sulle donne: l'età, che portava con sé il temutissimo declino verso la bruttezza.

Era una legge inesorabile, a sentire lei. Di ogni singola donna che nominava, Marie-France segnalava, con impietosa concisione, a che punto fosse di quel lungo cammino di decadimento. Di solito diceva: *sai, ora vedendola non lo penseresti, ma la signora Tal de' Tali da giovane era bellissima*, e indulgeva a ricordare i successi che quella bellezza aveva saputo riscattare – un marito miliardario, un ammiratore disposto ad abbandonare tutto pur di averla, una breve carriera da attrice o mannequin. Ma aggiungeva infallibilmente: *e poi si è rovinata*. Le ragioni della rovina, che era sempre spettacolare, irreversibile, gravissima – una caduta e una sconfitta, una débâcle –, potevano essere le più varie. In genere avevano a che fare con una sorta di amarezza del vivere che si manifestava alle soglie dei quarant'anni, come una strega cattiva che bussa alla porta di un'ignara principessa e sotto spoglie ingannevoli, magari lusingandola, la distrugge: la sventurata poteva aver perso l'uomo che l'amava, per malattia, infarto o tradimento; poteva essersi messo in mezzo un rovescio di fortuna, un dispiacere, un colpo di testa. Qualche volta era semplicemente colpa di una crisi interiore dovuta all'irreversibile consumarsi di vite pigre e perfette che correvano, senza saperlo, verso un abisso invisibile, un buco nero: un figlio che non voleva saperne di arrivare oppure un bambino arrivato senza essere stato desiderato, con i chili di troppo della gravidanza inattesa. Capitava che qualche dolore acutissimo che richiedeva come antidoto l'ottundimento, oppure gli eccessi di notti insonni, di barbiturici e di litio, di sigarette, di angosce e cioccolatini, di vini liquorosi e distillati secchi, finissero per scarabocchiare su quei corpi levigati dalla nullafacenza un secondo corpo deforme, metamorfosi infelice del primo. Pappagorge e gozzi spuntavano come fiori di piante carnivore su colli un tempo sinuosi; le ginocchia si insaccavano, i seni cascavano, le braccia pendevano come ali di pipistrello; e nessuna di queste trasformazioni sfuggiva all'occhio di Marie-France. Ma non dovete pensare che ci fosse nelle sue constatazioni lo spettro di una soddisfazione maligna. Non c'era nemmeno commiserazione; solo una stanchezza rassegnata. L'imbruttimento, era il sottinteso costante ai suoi racconti, è il destino di tutte le belle; e lei bella lo era stata, e pure molto, raccontavano a chiunque entrasse nella boutique le grandi fotografie dietro la cassa, anche se non tirava mai in ballo la bellezza sua. Si mostrava al cospetto di quella sua versione snella e splendente con le rughe dei suoi anni imprecisati, con l'ispessirsi della vita un tempo sottile, ed era il suo modo di sfidare la propria riottosità ad accettare la legge crudele che valeva per tutte; coraggiosamente sfoggiava le ferite che persino lei, nonostante il gusto squisito, nonostante lo stile sofisticato e rassicurante, aveva riportato in quella battaglia impari.

Mi chiedevo se le fosse mai occorso il pensiero di quanto la bellezza, in sé, sia inutile; ma credo che non avesse mai considerato questo aspetto della questione.

A due o tre settimane dalla festa, finalmente aveva smesso di insistere e di tramare perché *dessi una chance* al povero Piergiorgio. Lui mi aveva mandato un paio di bouquet di rose rosse, scelta che la stessa Marie-France doveva aver considerato impersonale, banalotta, perché alla fine della giornata in cui era arrivato il primo mazzo, visto che né l'omaggio né il bigliettino avevano acceso i miei entusiasmi, l'avevo beccata a riciclare i fiori regalandoli alla portiera, *per la sua guardiola, così carina*. Una volta me lo passò al telefono – mi ero avvicinata alla cornetta tutta emozionata, quando mi avevano detto che c'era una chiamata per me: irrazionalmente, senza nemmeno osar formulare un pensiero compiuto, speravo che potesse essere Andrea – e mi toccò uscire con lui per un aperitivo. Mi annoiai talmente che, per sopravvivere alle sue chiacchiere sugli intagli e la conservazione del tufo, mi scolai un'intera bottiglia di champagne. Parlava, parlava e io continuavo a versarmi da bere. Quando arrivai in fondo, ebbi pure l'arroganza di infilare il collo della bottiglia rovesciata nel secchiello del ghiaccio. Andai a dormire completamente ebbra, lui per fortuna fu abbastanza gentiluomo, o abbastanza poco interessato, da evitare approcci irreversibili. Mi lasciò sul pianerottolo che ridevo perché la chiave non entrava; il giorno dopo mi presentai al lavoro con una faccia tale che Marie-France mi diede un Optalidon senza chiedermi niente. Per lei, ne sono certa, fu difficile soprassedere alla curiosità: sapeva che eravamo usciti insieme, io sapevo che moriva dalla voglia di sapere. Invece, non una parola; e non tirò fuori mai più il nome di Piergiorgio. Credo che mi abbia persino coperta, all'occasione, dicendogli al telefono che ero partita o qualcosa del genere.

I giorni passavano, e io imparavo a essere una brava commessa. O almeno così credevo, fino all'incidente del tubino.

La signora Sollima, moglie di un importante psichiatra, era una donna alta, segaligna, asciutta come un fiammifero, perennemente reduce da qualche crisi nervosa, come ci rivelava Marie-France a mezza voce ogni volta che la signora tornava a farsi rivedere. Curiosamente, nei periodi in cui non veniva in negozio ci capitava di servire suo marito, il professore; che passava a prendere qualche piccolo regalo, un négligé, una blusetta di seta, ed era molto sicuro di sé anche nel chiedere la taglia: una 44, diceva, ma la signora era una 40, e noi lo sapevamo bene. La piega dei capelli schiariti a venerdì alterni dal coiffeur era fissata con tanta lacca che tutti i suoi lineamenti sembravano tendere verso l'alto. Abbronzata in ogni stagione, la sua persona emanava un'impressione di legna secca e schioccante. Aveva una fissazione per le diete, comprava per corrispondenza beveroni di fabbricazione americana che chiamava *i miei frappè*, di cui non mancava mai di decantare le meravigliose proprietà dimagranti. *Devi solo buttare tutto nel minipimer, con mezzo litro di acqua del rubinetto*, spiegava a Marie-France che le misurava addosso gonne a cui bisognava sempre aggiungere una pince in vita. Marie-France ascoltava, si complimentava per la sua taglia da adolescente, e dopo che la signora era uscita ci spiegava che quindici anni prima era stata di una bellezza abbagliante.

Poi si è rovinata, ma biche, e con un sospiro andava ad aggiornare i registri in cui segnava le vendite.

La signora venne un giorno in negozio con la figlia; doveva essere l'inizio della primavera, l'aria cominciava a essere tiepida. La ragazza scompariva in un cappotto troppo pesante.

« Inizia la stagione delle feste... le feste dei diciott'anni, già ci siamo. » La madre sorrise scoprendo lunghi denti rapaci.

« Cinzia, su, togliti quel cappotto » e le tirò con leggerezza la manica, ma la ragazza si strinse nella lana grigia come in un bozzolo da cui non volesse uscire. « È talmente dif-fi-ci-le! » cinguettava la signora a Marie-France, che con squisita condiscendenza si teneva pronta con la litania dei doverosi complimenti a Cinzia. La madre continuava imperterrita: « Cinzia, datti un po' una mossa, ora Marie-France ci consiglia e vedrai che troviamo qualcosa di carino anche per te... »

Cinzia, torva, aveva fatto sparire il mento nel bavero del cappotto.

« A questa ragazza non importa niente dei vestiti, non

le importa neppure dei ragazzi, io non la capisco!» continuava la madre, rivolgendosi un po' a noi, un po' a Marie-France, come se la figlia non fosse presente.

«Noi alla sua età non pensavamo ad altro, no? È così strana, questa figlia mia... così sfuggente! Se ne starebbe tutto il giorno in camera sua, sdraiata sul letto a sentire quella musica tremenda. Neanche le persiane ci fa aprire! Io mi sgolo a ripetere a Concepción di aprire, aprire tutto, arieggiare, poi questa mi torna da scuola e chiude la finestra, si tappa lì dentro e chi s'è visto s'è visto.»

Cinzia in silenzio, la testa incassata fra le spalle, dava davvero l'impressione di non essere presente nello spazio che occupava. «E poi le sfigura tutto, ma come si fa? Eppure l'abbiamo mandata a giocare a tennis al circolo da quando era alta così! Speravo che sviluppasse un po' le spalle, per equilibrare la figura, sa, per avere un poco di armonia, di grazia... è importante in una ragazza, no? Ai nostri tempi lo era...»

Marie-France con gentilezza si avvicinò a Cinzia, e delicatamente la spinse verso le grucce su cui avevamo appena finito di esporre la nuova collezione, primavera-estate '83.

«C'è qualcosa che ti piace, qui?» le chiese con un tono talmente dolce che la ragazzina dovette tirar fuori la testa da quel suo cappottaccio e guardarla negli occhi. Sembrava sperduta; pensai che forse, con quella madre che concionava di continuo per un pubblico invisibile, non era abituata ad avere qualcuno che le facesse una domanda per ascoltare la risposta. Forse, nemmeno Marie-France voleva davvero ascoltare le risposte di Cinzia, dato che, fondamentalmente, stava cercando di venderle (anzi, di vendere a sua madre) un abito da cocktail; però, quando si trattava di capire i desideri delle clienti, lei era talmente attenta e sollecita che sapeva farti sentire, solo con lo sguardo, solo con la maniera in cui scuoteva la testa, capita, accolta, finalmente meno sola. E poi sua figlia doveva avere l'età di Cinzia Sollima, forse poco meno.

C'era, fra i vestiti che avevo appena finito di appendere, un tubino di crêpe di seta rosa pesca. Era molto semplice, smanicato, corto poco sopra il ginocchio. Cinzia tese una mano e lo indicò; sembrava ancora più persa nel suo enorme cappotto, mentre guardava Marie-France aspettando di essere rimproverata per quella scelta.

« Ma un tubino, con le tue braccia? Siamo sicure? Cosa ne pensa, Marie-France? » si intromise la madre alle loro spalle.

« Ma certo, ora lo proviamo; è un Valentino, perché no? Veste benissimo, vedrete. »

Marie-France mi fece segno di andare nel retro a prenderlo. E fu lì che commisi un grosso errore. Del resto non avevo ancora (né avrei mai avuto davvero) l'occhio infallibile di Marie-France, di Giosuè ma anche di Marta, nell'indovinare la taglia di una cliente senza bisogno di chiederla, perché non sono domande che si fanno: chi ne è orgogliosa – come la signora Sollima, ad esempio – la dichiara senza che le venga chiesta, in tutti gli altri casi, meglio tacere e indovinare.

Nel retrobottega stavamo facendo l'inventario degli accessori arrivati con la collezione nuova; c'era un gran disordine, come sempre quando ricevevamo consegne importanti. Ma neanche questo basta a scusarmi. Avevo una vaga idea di dove stessero i tubini – arrivati pure quelli la mattina, ancora imbustati nelle *housses* in cui ce li consegnavano dalla manifattura di Empoli. Iniziai ad aprire le spesse custodie di tela, sapevo che dovevano esserci tutte le taglie fino alla 50, avevamo clienti matronali che non per questo rinunciavano a un vezzoso abituccio rosa, sicure che i molti gioielli avrebbero scongiurato il rischio di somigliare a porcellini. Aprii una prima fodera, una seconda, una terza – possibile che ci avessero consegnato solo le 42? No, non era possibile, come mi avrebbe fatto notare Marie-France poco più tardi, rifilandomi una bella lavata di capo; non era possibile, e difatti, se avessi letto bene le etichette, o anche solo osservato meglio le dimensioni di quei benedetti tubini, avrei facilmente trovato la misura giusta. Invece nella confusione non vedevo che 42; ne arraffai uno e corsi di là, Marie-France si era già affacciata due volte, come faceva quando eravamo lente, con un cipiglio che ci imponeva di darci una mossa.

Arrivai di volata brandendo il vestito, la ragazza era già in camerino. La madre stazionava sulla porta, una mano sulla tenda, pronta a scostarla per controllare l'andamento delle operazioni, nonostante Marie-France cercasse di distrarla.

Facendomi largo con tutta la mia goffaggine fra la spalla della signora e il muro, riuscii a passare la gruccia a Cinzia attraverso lo spiraglio aperto della tenda.

La radio era accesa e suonava *99 Luftballons*, canzone che Marie-France non sopportava ma che a Giosuè piaceva da matti – doveva essere stato di nuovo lui a scegliere la stazione, cosa che la mandava su tutte le furie. Lui però lo faceva sempre, di nascosto, con l'aria di niente. Aveva la particolare abilità di far passare inosservati i suoi gesti; quando non voleva che si notassero, beninteso. Se invece ci teneva, sapeva essere plateale, come il giorno che per pranzo dalla rosticceria ci consegnarono un vassoio di uova sode alla maionese. Marie-France era estasiata davanti alla specialità francese. «Le mangiavo da bambina, a casa mia! E oh, quando mi portavano a Parigi dai nonni, andavamo a pranzo in una brasserie dove erano la specialità... *œufs mayonnaise*! Un'amica della mia nonna ne andava ghiotta al punto che avevano dovuto far giurare al pizzicagnolo di non vendergliene più di tre la settimana, sapete, per via del colesterolo...» Non si era accorta dello sguardo di Giosuè, che si era fatto duro. Aveva preso il vassoietto e imboccato la porta.

«Ma che fai?» aveva chiesto Marta. Lei le adorava, le uova.

«Riporto tutto là, non si mangiano queste cose. Io non le mangio e non tollererò che voi le mangiate davanti a me. Non oggi.»

Era scomparso oltre la porta, come se trasportasse qualcosa di pericoloso, un esplosivo innescato per scoppiare da un momento all'altro.

«*Ma mie*, non preoccuparti» mi aveva bisbigliato Marie-France. Doveva essersi accorta del mio smarrimento. Che gli avevano fatto di male, quelle povere uova sode? «Colpa mia» aveva spiegato Marie-France. «Non ci ho pensato, ho visto ieri che le avevano e le ho ordinate per oggi, perché pensavo alla mia infanzia, a quella brasserie... ma vedi, dovevo pensare a lui. È per via della sua religione, sai, tesoro. Loro mangiano uova, lenticchie, insomma cibi tondi quando muore qualcuno. E lui... ecco, lui è un poco superstizioso. Sai, ha sempre giocato, alle carte, ai cavalli... certo la sua religione gli vieterebbe anche questo ma è uno strappo alla regola... ognuno di noi ha le sue debolezze, no? E chi gioca, è normale che abbia un po' di superstizioni. Questa fissa delle uova è proprio una cosa sua... e io non ci ho pensato, stupida che sono.

Lui crede che mangiarle lontano dai giorni delle disgrazie, le attiri... ma è un uomo intelligente, sai, *ma biche*? Non pensare che si sia bevuto il cervello. Ha solo qualche chiodo fisso. Tutti li abbiamo, no? »

Mi domandai se non credesse anche lei alla fisima di Giosuè. Magari non ci credeva, ma nel dubbio aveva deciso di attenersi alla via più prudente. *Quando si è sofferto tanto, si scopre la prudenza per evitare di soffrire ancora*, mi aveva detto una volta.

Da quel giorno, comunque, nessuno alla rosticceria aveva più osato servirci uova sode, lenticchie, piselli; e nemmeno, per eccesso di zelo, mozzarelle tonde. Ci mandavano solo quelle a treccia.

Insomma, se voleva sapeva imporre la sua volontà; ma quando non aveva intenzione di farsi notare Giosuè era discreto, felpato, felino.

Fosse stato per la nostra principale, d'altra parte, avremmo ascoltato solo Barbara, in particolare il 45 giri di *Dis, quand reviendras-tu?*, che induceva in lei un languore indissimulabile. Già vedevo abbattersi su di noi una bella ramanzina, non appena le clienti fossero uscite: Marie-France, quando si arrabbiava con Giosuè, in genere se la prendeva con noi. I suoi scoppi d'ira erano tempeste leggere, non lasciavano tracce, se non l'umore tenero, arrendevole, che li seguiva; con una timidezza che rivelava solo in quei momenti, tentava di farsi perdonare.

Intanto, la musica scelta da Giosuè, benché il volume della radio fosse sempre molto basso (su questo Marie-France era proprio irremovibile, *siamo in una boutique, non al mercato*), aveva riempito il negozio.

Così non mi accorsi di quello che stava succedendo.

Ma poi sentii i singhiozzi, sopra le note della canzone.

Erano piccoli sussulti sincopati, minuscoli strappi del respiro. Prima radi, poi sempre più frequenti; finché qualcuno, Marie-France, o forse lo stesso Giosuè, spense la radio e per un breve istante ci fu silenzio. Allora salì la voce della madre, soffiata in un sussurro rabbioso, e i singhiozzi ripresero.

«Ma non è possibile! Ma guarda che orrore, che orrore» ansimava fra i denti. «Prova almeno a trattenere la pancia! Fai un respiro, e tieni indietro quella pancia!»

Mi ero avvicinata al camerino. La ragazzina, in piedi, inguainata nel vestito: le andava tanto stretto che la cerniera sulla schiena non saliva, e la madre ci si accaniva contro, un poco alla volta cercava di portarla su mentre il corpo di sua figlia, a ogni centimetro che la zip conquistava, veniva compresso di un altro centimetro nel tessuto, ora tesissimo, del tubino color pesca. Sulla schiena vedevo due lembi di pelle congiungersi, bianchi e morbidi, sotto il morso dell'acciaio; i denti della cerniera parevano in procinto di azzannare le pieghe della carne, a ogni progresso della zip la ragazza faceva un singhiozzo, e non capivo se stesse piangendo o fosse la pressione a spezzarle il respiro nel petto. Stava con un braccio appoggiato alla parete, un braccio tondo e liscio, coperto appena di una peluria sottile, dorata, da animale giovane e sano, un braccio che mi parve commovente perché portava al polso un braccialettino rigido d'oro giallo che doveva essere stato un regalo della cresima, e aveva un'aria così innocente e seduttiva per via del gesto di lei – un gesto di eroina tragica, bianca e burrosa, in qualche quadro del Settecento, una Semiramide, un'Europa, una Lucrezia. Aveva posato la fronte sul polso e il bracciale le premeva contro la tempia, il viso nascosto per non farsi vedere da noi, pensai, o più probabilmente per non vedere nello specchio gli occhi di sua madre, le mani di sua madre che con tanta ostinazione si sforzavano di insaccarla dentro lo stupido vestito che, nella mia immensa imperizia, avevo pensato potesse provare con noncuranza, come ci si infila un guanto.

Mi sarei dovuta intromettere allora, ma ero come impietrita dalla scena; persino Marie-France si era fermata alle mie spalle, la sentivo respirare eppure non fiatò fino a quando – un centimetro alla volta, un singhiozzo alla volta – la cerniera non fu arrivata quasi in cima. Mancava meno di una spanna, ma il tubino non voleva proprio saperne di chiudersi. La ragazza rimaneva immobile, con la testa contro il polso, pensai che il bracciale le avrebbe lasciato un solco sulla fronte; e singhiozzava piano, come un uccellino. La madre paonazza, le mani con le vene in rilievo sul dorso scheletrito, il polpastrello del pollice tutto bianco sotto l'unghia scarlatta che per un istante mi apparve un artiglio insanguinato.

Continuava a fare pressione, finché non si sentì Marie-France: « Posso aiutarvi? » e in quel preciso momento la mano con le vene gonfie diede uno strattone micidiale; ci fu un breve *plop!*, come quando si infila il mignolo in un flaconcino di vetro vuoto e lo si tira fuori l'istante successivo. La ragazza era stata inglobata nel vestito, nella stoffa che pareva sul punto di scoppiare – *plop!* – e la linguetta della cerniera, foderata di seta in tinta con l'abito, era rimasta in mano alla madre che la brandiva fra le unghie laccate. *Accidenti*, disse con rabbia, e intanto la ragazzina insaccata, con un movimento rigido, si era voltata, lenta, a guardare noi e sua madre. Aveva negli occhi lacrime che non scendevano, quasi fossero incastrate pure loro. Il vestito le schiacciava il seno e il sedere, trasformando le curve del suo corpo in un unico rigonfiamento straordinariamente sodo, come un palloncino che a pungerlo con uno spillo avrebbe rilasciato una scia sottile di elio per proiettarsi su, contro il soffitto, finalmente vuoto, e libero, e fluttuante. Ma la ragazza nel vestito non si sgonfiava, nonostante, in mancanza di uno spillo, la madre la pungesse ripetutamente, sui piccoli bozzi di carne che iniziavano a emergere dalla superficie tesa del vestito, con l'unghia appuntita dell'indice.

« Ma com'è possibile, che ti tengo a dieta ferrea? Ti sei di nuovo ingozzata, vero? Ti sei ingozzata di nascosto! E quella stupida di Concepción che dovrebbe tenerti d'occhio e invece – ah, ma ora sì! ora ho le prove! – passa i pomeriggi al telefono con quei selvaggi dei suoi figli a Manila, e in teleselezione pure! »

Si rivolse a Marie-France, come se stesse parlando del tempo: « E poi, va bene tutto, va bene la crescita, ma questi fianchi? Da chi può averli presi? Noi abbiamo tutte misure perfette, mia madre, mia sorella, mia zia addirittura ha un passato da mannequin! Questa è la famiglia di mio marito, sa... sono contadini, pieni di tare! Mia suocera ha avuto cinque figli, un bacino largo così, vedesse... Guardi qui! »

E con gli artigli rosso Dior 999 pizzicottava le cosce della ragazzina che nel frattempo aveva smesso di singhiozzare e, a giudicare dalla compressione che lo stupido vestito le imponeva al petto, anche di respirare. Invece no; a ben guardare respirava, piano, pianissimo, come un animale che non voglia farsi notare da un predatore che già lo sta puntando. E a ritmo con quel respiro impercettibile, se non piangeva, lacrimava; le tremava la bocca e lacrime grosse, pesanti, sane come i suoi poveri seni schiacciati dal vestito, finalmente scendevano giù per le guance, a stampigliare il crêpe di seta rosa pesca di grosse macchie scure a forma di stella, tanto pesavano quei lacrimoni e tanto era forte, e rapido, l'impatto con il tessuto.

7

Una linea per adolescenti

Non erano passate due settimane dal giorno che mi toccò correre in tintoria per smacchiare il crêpe pesca di quel povero Valentino dalle lacrime di Cinzia Sollima, dopo che Marie-France mi aveva rifilato una sonora lavata di capo per il mio imperdonabile errore – lavata di capo che concluse con un algido *credo che tu abbia imparato la lezione* e un buffetto sulla mia guancia da cui il sangue pareva essersi ritirato tutto insieme per la vergogna. Dicevo, non erano passate due settimane che Marie-France arrivò in negozio luminosa e suadente come ogni volta che le veniva un'idea nuova.

Ci convocò tutti intorno a lei; Giosuè si stava ancora facendo il nodo alla cravatta davanti allo specchio Unghia di Bonetto, che con un'opera di persuasione di cui andava fiero aveva convinto Marie-France a prendere con la cornice rossa. Marta annaffiava le piante, io tentavo di sistemarmi lo chignon nel retro, ma lei ci costrinse a lasciare a metà quel che stavamo facendo e ci mise a sedere nel salottino che era in realtà un divano tondo, di cuoio bianco, bombato e sodo, con un buco al centro come le caramelle Polo – solo che in quel buco al centro cresceva, prosperosa e soda pure lei, una delle piante di ficus elastica che erano l'orgoglio della boutique. Marta, nel bagnarla, aveva lasciato cadere una fitta fila di goccioline d'acqua sul cuoio immacolato, infrazione che normalmente le sarebbe costata, se non una vera e propria ramanzina, quantomeno uno di quei rabbuffi silenziosi, talmente abituali da essere ormai quasi sottintesi, per cui Marie-France si limitava a sollevare un sopracciglio o ad arricciare il labbro superiore. La guardavo in attesa che scattasse, ma lei non fece una piega. Era talmente eccitata dall'idea che moriva dalla voglia di comunicarci, da non rendersi conto di nulla; o forse, da dare per una volta la giusta importanza a un atto di distrazione che in altre circostanze l'avrebbe infastidita. Come la infastidivano tutte le negligenze che, nella sua visione delle cose, affrettavano il declino degli oggetti, delle pelli, delle silhouette e delle persone.

« D'ora in poi avremo una linea per ragazze » ci disse con un sorriso che non le avevo mai visto. Era tutta splendente, tanto era contenta; nessuno osò obiettare. Ci disse che ne aveva parlato con uno dei suoi fornitori, un francese di età indefinibile a causa della sua abitudine di abusare di fondotinta scurissimi. Frédéric le aveva detto che solo in Italia eravamo così indietro da non avere boutique per le adolescenti; che solo un paese arretrato poteva ancora immaginare le ragazzine a far spese con le madri, a costo di traumi indelebili – perché le madri, si sa, non vedono nelle figlie nient'altro che quello che potrebbero vedere se si ritrovassero al cospetto di sé stesse dentro la galleria degli specchi deformanti di un luna park.

Questo paragone mi colpì per la sua bizzarra esattezza, tanto che sono tornata a chiedermi in seguito se fosse una frase di Frédéric (il quale però non dava l'idea di conoscere né i luna park, né i sentimenti di rivalsa, competizione e disprezzo che la signora Sollima ci aveva mostrato all'opera fra una madre ossessionata dalla bellezza e una figlia che sta diventando una donna); o se non fosse stata la stessa Marie-France a coniare la metafora, raccontandoci, per una volta, qualche cosa di sé e di Corinna, la figlia bruttarella di cui a quanto pareva si vergognava tanto. In ogni caso, continuò, in Francia le boutique per ragazzine erano una gallina dalle uova d'oro – disse proprio così: *una gallina dalle uova d'oro* – almeno dalla fine degli anni Sessanta. Le ragazze decidevano da sole cosa mettersi, cosa provare, cosa comprare: il sabato pomeriggio arrivavano a sciami, vociando come oche giulive, e sperperavano la paghetta in un batter d'occhio, incoraggiate dal pigolio delle compagne. Non c'erano madri a bacchettarle, a dirigerle, a inguainarle, punirle o esibirle; sceglievano loro a chi somigliare. Stabilivano davanti allo specchio chi volevano essere, chi doveva invidiarle e chi desideravano invidiare.

Ci raccontò di Sheila, una cantante che non avevo mai sentito nominare ma che in Francia era più famosa di Patty Pravo da noi: aveva fondato un impero aprendo una serie di boutique per ragazze e firmando una linea di bambole vestite con abiti originali delle sue collezioni. Le adolescenti ne andavano matte. Si spruzzavano Anaïs Anaïs ai polsi e dietro i lobi delle orecchie, come avevano visto fare alle loro madri, e intanto fantasticavano di somigliare alle bambole con cui avevano smesso di giocare.

È l'età di mezzo, tesori, funziona così, sospirò Marie-France, e senza perdersi d'animo, tornata la donna d'affari che era, iniziò a spiegarci come avremmo spostato stampelle, grucce e manichini, e come avremmo diviso il divano ad anello del salottino – su cui di solito stazionavano mariti annoiati, ad annuire alle metamorfosi delle loro signore che come cigni sporgevano il collo oltre la tenda dei camerini – in due metà semicircolari. Una l'avremmo rifatta in rosa shocking, colore che le ragazzine adorano, o forse addirittura rivestita di chintz con una fantasia a caramelle o fiori, per cui dovevamo assolutamente contattare Naj-Oleari, che ci avrebbe altresì riforniti di cerchietti, pochette e bluse. Ci parlò di come avremmo ripartito la zona dei camerini, perché le ragazze si potessero sentire al riparo dagli sguardi, e potessero giocare alle signore per la prima o forse per l'ultima volta, provandosi quel che pensavano le avrebbe fatte sentire come si sognavano.

Era in arrivo un grosso ordine da Cacharel – aveva già parlato con il rappresentante – che da decenni vestiva proprio le ragazzine francesi per cui i coetanei delle nostre future clienti coltivavano formidabili cotte segrete solo per averle intraviste in qualche film che piaceva alle loro madri, cugine e sorelle, nei pomeriggi di fine estate: ragazzine castane con la frangia e il costume intero, un'eleganza svagata impossibile da imitare. Ma quando si è bambine, e ancora di più quando si è appena smesso di essere bambine, imitare sembra l'unico modo per stare al mondo.

Sarebbero arrivate a torme, ci disse Marie-France, il sabato pomeriggio, le nostre aspiranti Sophie Marceau; avremmo rivoluzionato le loro abitudini, avremmo fatto un regalo a tutte le povere quattordicenni che vedevamo entrare con la goffaggine degli adolescenti in presenza degli adulti – dinoccolate come puledre, i capelli troppo crespi, le spalle curve a nascondere il seno, scoliosi da scrivania o da mestizia di appartamenti pesanti di argenti, di cornici e divani, di penombre e domestiche in grembiule e crestina. Di quella goffaggine misteriosamente si liberavano stando fra loro, inselvatichite forse dalla competizione, certo dall'ansia di riconoscersi.

«Quelle povere ochette» disse Marie-France con affetto; in bocca sua, ogni paragone zoologico era in realtà un elogio, perché considerava gli animali incapaci delle doppiezze e delle meschinità degli uomini che l'avevano delusa e avrebbero continuato a farlo – ancora non sapeva quanto. «Quelle povere ochette hanno pur bisogno di qualcuno che stia dalla loro parte, no?»

E ci guardò trionfante: a noi non restava che convenire che era un'ottima idea, che avremmo fatto affari d'oro, e che ogni tanto è giusto rinnovarsi.

Purtroppo, sulla naturale bontà delle sue care ochette Marie-France si ingannava. Ma se anche qualcuno avesse tentato di avvertirla, lei non gli avrebbe dato retta. E in ogni caso, poi, nessuno si sognò di avvertire noi, per cui era destino, probabilmente, che ci sbattessimo il naso.

Di lì a pochi giorni le cose sarebbero cambiate. Era già arrivata un'intera squadra di arredatori armati di metri a nastro, livelle a bolla, panciuti campionari di tessuti per divani e moquette, persino piante da interni. Il negozio fu rivoluzionato in un batter d'occhio; e tutto quello che seppi chiedermi fu se, magari, l'ansia di aprire la boutique alle adolescenti non avesse a che fare con l'orrore di Marie-France per le borse che le si andavano gonfiando sotto gli occhi.

«Ci vuole una festa, tesorini miei» ci disse la sera che gli arredatori se ne andarono. Stavamo sulla soglia, in piedi, lei fra Marta e me, e parlando teneva una mano sulla nuca di ognuna, come fossimo state due gattini. Guardavamo la trasformazione. Giosuè sorrideva davanti alla vetrina, si accese una sigaretta col suo zippo d'oro.

« Brava, piccola » disse soffiando fuori il fumo, si avvicinò a Marie-France e le fece una carezza sulla guancia. Non li avevo mai visti così orgogliosi l'uno dell'altra. E forse, così felici, non lo saremmo stati più.

Una festa organizzata da Marie-France, per me, significava solo una cosa, ed era una cosa che d'istinto m'impedivo di pensare, oltre che di dire ad anima viva. Significava che con ogni probabilità avrei rivisto Andrea. Stavolta Marie-France decise che sarebbe stato bello farla in negozio: *come un'inaugurazione, tesori! Une crémaillère.* Una cosa un po' ufficiale e un po' no, per lanciare la sezione dedicata alle ragazzine. Con il nastro da tagliare e tutto il resto.

Fece le cose in grande; su quel numero di *Oggi* che ancora conservo, la fotografia lo testimonia. Ci furono altri giornali che dedicarono spazio all'evento. Sul *Messaggero* uscì un articolo proprio di Andrea sulla *splendida iniziativa che portava la moda nella Capitale al passo con quello che accade nel resto d'Europa.*

Mi ero preparata, stavolta, con cura maniacale. Tanto che Marie-France, vedendomi arrivare, per un brevissimo istante aggrottò le sopracciglia: poi prevalse in lei la soddisfazione di veder giocare al cigno il brutto anatroccolo a cui stava impartendo la sua personale educazione. Mi abbracciò. « Sei uno splendore, *ma biche*. Su, beviamo qualcosa, dobbiamo brindare! »

La festa fu un trionfo. Lei riluceva, nel biondo dei capelli, nel sorriso. Era felice, e chissà se lo sapeva. Io spumeggiai per tutta la prima parte della sera. Non appena sentivo levarsi i gridolini che si propagavano dall'ingresso all'arrivo di ogni nuovo ospite, qualsiasi cosa stessi facendo sollevavo la testa e drizzavo le orecchie. Passava il tempo, un quarto d'ora alla volta. Cercavo di non guardare troppo spesso l'orologio. La porta ogni tanto si apriva, ma non era mai Andrea.

Non mi ero resa conto, fino a quella sera, di quanto desiderio avessi di rivederlo – e perché, poi?

« Aspetti qualcuno? » Marta fumava voluttuosamente. Il suo istinto da predatrice l'aveva avvertita che ero in attesa. Forse perché non staccavo gli occhi dalla porta.

« Guarda che la prima regola è *mai aspettare nessuno.* Semmai falli aspettare tu! Bisogna spiegarti proprio tutto? Questo tuo sistema è il modo migliore per rimanere sempre fregata. L'amore è tutto un gioco di potere, non lo sai? Tranne il sesso, che è un gioco di qualcos'altro, ora non mi ricordo più. Ma non importa! L'ha detto pure coso, Oscar Wilde, mi sa... »

Aveva ragione. Andrea non venne e io ci rimasi male, come fosse stato un affronto a me. Marta a notte fonda mi trascinò via. « Su, ti do un passaggio! Hai una faccia da funerale... »

Eppure la festa era stata bella, e avrei fatto bene a godermela, perché fu l'ultima festa riuscita della gloriosa carriera di Marie-France.

Ma è impossibile imporsi di essere felici, impossibile imporsi di non aspettare con il cuore trepidante quel che non si sapeva di desiderare finché la delusione non lo svela. No?

Salimmo in macchina e abbassai il finestrino. Marta accese la radio e l'abitacolo si riempì di *Total Eclipse of the Heart*, che lei cantava a gola spiegata; era stonata come una campana, ma la sua voce era bella, una voce forte, piena. Somigliava a lei. Facemmo inversione, e proprio allora, mentre eravamo lanciate lungo il viale e Marta cantava e guidava con tutto lo slancio possibile, lo vidi entrare nel negozio scintillante di luci e ancora strapieno di gente avvinazzata. Marie-France aveva fatto le cose in grande, gli abitanti del palazzo non dovevano essere entusiasti. Andrea si voltò verso di me e si portò per scherzo la mano al cappello che non aveva. Mi sorrise, ma noi eravamo già lontane.

8

Le ragazzine

Le ragazzine cominciarono davvero ad arrivare, a frotte, parlottando, squittendo, dandosi di gomito, masticando Brooklyn al limone. Mi ero presto abituata al nuovo assetto: il salottino era stato diviso e una parte del divano, come aveva immaginato Marie-France nel suo entusiasmo iniziale, rivestita di un chintz giallo chiaro Naj-Oleari su cui saltava una miriade di minuscole rane verdi che in qualche modo ricordavano proprio le nostre torme di ragazzine. Sgambettavano per tutta la boutique il pomeriggio, mentre le madri, al circolo a giocare a tennis o a fare i massaggi o i fanghi o qualche altro trattamento lenitivo della noia, erano placidamente convinte che stessero studiando con le amiche. E studiavano, in un certo senso.

Le mattine erano rimaste identiche: venivano le signore e qualche volta i loro mariti, non sempre a fare acquisti per le legittime consorti, e noi continuavamo, tali e quali a prima, a sorridere con l'indulgenza che li spingeva a servirsi proprio da noi, in quello scampolo di Parigi alle spalle di Villa Glori. Ma il pomeriggio le visite degli adulti si diradavano: ora c'erano le ranocchie, come le chiamava Marie-France, in una tenera canzonatura dell'irrequietezza elastica e dei sorrisi troppo larghi; o le ninfette, come le chiamava invece Giosuè, che si divertiva a mostrarsi fin troppo galante, amplificando risatine, gomitate, trilli di quelle creature bizzarre che giocavano alle bambine e un attimo dopo alle signore. Poco male, diceva Marie-France, se di pomeriggio il negozio era ormai tutto loro: sperperavano con appassionata dedizione le pingui paghette. Volevano disperatamente distinguersi e insieme confondersi fra le compagne, il che amplificava il loro potere d'acquisto, e il nostro di fare affari.

Ordinammo manichini su misura, perché le nuove clienti non somigliavano affatto a quelli che avevamo in vetrina, sembravano appartenere a un'altra specie, con le gambe lunghissime e i piccoli seni acerbi che spuntavano appena, con gli apparecchi ai denti che si scoprivano in sorrisi metallici. La pelle dei corpi delle ragazzine era così diversa da quella delle clienti mature da farle sembrare salamandre accanto a vecchie tartarughe di terra: loro avevano pelli ambrate, sottili, sode, luminescenti. Dall'interno uno splendore segreto premeva per uscire, al di sotto della peluria finissima e chiara delle braccia, delle schiene, delle gambe. Le nostre clienti, anche quelle più curate, cominciarono ad apparirmi come forse erano sempre state, ma io – accecata dalla ricerca della taglia giusta, da cerniere e bottoni automatici – non le avevo mai viste: bolse, avvizzite, flaccide, improsciuttite, patetiche. Non riuscivo a non vedere rughe, lividi, smagliature, vene varicose, nei pelosi, pellicine. Di punto in bianco erano bacucche, inservibili, tristi, al cospetto delle adolescenti magari sgraziate, magari incerte, caracollanti, con la pelle lucida e i capelli grassi, ma nuove di zecca, intatte e fiammanti nell'involucro di corpi che scoppiavano di frenesia e salute, nello scalpitare della metamorfosi: pupe pronte a disfarsi del bozzolo. Era abissale la differenza fra loro e le belle signore, tanto curate, che ora mi terrorizzavano. E non c'era bisogno di interpellare uno psicanalista per capire che a farmi paura erano non loro, ma i miei ventisette anni, che presto sarebbero stati trenta, poi trentacinque, quaranta, e infine gli anni di quelle megere inutilmente in lotta con la legge spietata del tempo. Avevo l'angoscia di deformarmi perché non avevo trovato ancora la mia forma, il mio posto nel mondo, e ancora non mi ero rassegnata all'idea che solo la maturità reale mi avrebbe poi costretta ad accettare: che un posto nel mondo non esiste per creature come me, destinate all'inquietudine, a un perenne vagare o a un'immobilità smaniosa come quella che ho scelto in seguito.

Ma le cose sembrano sempre più spaventose viste da lontano: a ventisette anni la mia vecchiaia era lontanissima. Per questo mi atterriva.

Avevo ventisette anni e presumibilmente non era cominciata la mia discesa verso il peggio, la pelle era ancora liscia, compatta, con l'eccezione di qualche smagliatura sui fianchi e di una lunga cicatrice sulla pancia che risaliva a quando, all'età delle nostre ninfette, avevo avuto l'idea di scavalcare un cancello di ghisa per rubare dei fichi, in verità per fare colpo su un ragazzo che se n'era poi andato con la mia amica Viola mentre io ero appesa fra le lame del cancello: erano corsi a chiamare aiuto insieme, e dopo quel giorno per quasi due settimane furono inseparabili e io soffrii le pene dell'inferno. Poi successe qualcosa che li allontanò, ma a quel punto – quanto possono essere lunghe due settimane, a tredici anni? – non mi importava più niente dei fichi, del ragazzo di cui ho scordato il nome, e di quanto forte avevo desiderato, appesa al cancello, che rimanesse con me, mi consolasse e mi ammirasse per il mio coraggio. Per fortuna comunque i soccorsi li aveva pur chiamati, mi avevano portata all'ospedale e ricucita; e così, parallelo al breve taglio dell'ombelico, da allora mi era rimasto un taglio più lungo, suturato alla bell'e meglio, una callosità lieve che però si sentiva sotto le dita. Ma ormai avevo ventisette anni e il tempo della metamorfosi – quella in meglio – era finito. Non avevo più troppe chance di trasformarmi in farfalla, se non era successo già, mi dicevo.

Solo Marie-France dissentiva. *È il mio lavoro, ma biche*, diceva quando nel retrobottega ci lamentavamo di un brufoletto o delle occhiaie troppo scure, della pancia gonfia o del sedere poco tonico. *È il mio lavoro, trasformare le donne in farfalle, no?*

9

Crevette

Ancora mi domando, quando ripenso a quello che sarebbe successo, alla deflagrazione che distrusse tutto, al destino che Marie-France proprio non meritava – ma è mai accaduto a qualcuno, di guadagnarsi un destino su misura? –, se non ci fosse stato qualche presagio, qualche avvertimento che per leggerezza o per errore non abbiamo colto. Non so rispondere.

Fu in quel periodo che si decise il mio trasloco. Lo si decise *dall'alto*, come ci piaceva dire di tutte le risoluzioni prese d'imperio da Marie-France, per sollecitudine nei nostri confronti o qualche volta perché si trattava di cambiamenti che ai suoi occhi andavano nella sola direzione auspicabile, ovvero quella di una maggiore armonia, estetica e dunque etica, dei nostri stili di vita. Non aveva fiatato, il giorno che mi ero presentata alla boutique con due occhiaie che mi scavavano gli zigomi – gli zigomi che tanto le piacevano, che la riconciliavano con la goffaggine di certi miei atteggiamenti, con la mia tendenza a inciampare e l'inettitudine conclamata ad azzeccare le taglie a colpo d'occhio. Non aveva fiatato, anche se sapevo che vedeva tutto e dunque aveva indovinato la storia che non mi chiedeva di raccontare. Il giovedì mattina mi ero presentata al lavoro stropicciata e triste, nei vestiti del giorno prima; il lunedì successivo ero già sistemata nel mio nuovo alloggio, un appartamentino che Marie-France aveva comprato come investimento, a un isolato dalla boutique.

« È sfitto, tesoro » mi disse mentre si ritoccava la cipria dopo pranzo, specchietto nella mano sinistra, sguardo inclinato a controllare la riuscita del piccolo restauro, nella luce radiosa che mi feriva gli occhi come un milione di schegge di cristallo. « E oltretutto per voi sarebbe comodissimo! Marta ci si è già trasferita, l'avevo comprato per affittarlo, sai, magari a qualche studentessa, a qualche ragazza che lavora, ma il fatto è che non mi piace che ci abitino degli estranei. Per il canone non vi dovreste preoccupare, almeno mettete via un po' di soldini, no? Non ha senso che vi riduciate così... »

Dentro di me, sentivo che sapeva la verità: ero sfinita, sì, ma non certo perché mi affaticasse il tragitto fra casa e lavoro, bensì per la notte tremenda appena trascorsa, in cui mi ero voluta illudere che con Marcello non fosse finito quello che era finito da un pezzo. Lei fu tanto pietosa da non indugiare sulla camicetta stazzonata, sui pantaloni con la piega storta, sul gomitolo arruffato dei capelli. Dettagli che, ci avrei giurato, aveva notato eccome; ma, a meno di avere un ottimo motivo per farlo, Marie-France evitava con tutte le sue forze di mettere a disagio chicchessia. Sapeva scavare le pietre con la dolcezza; non aveva bisogno di essere ruvida. Era soave e implacabile. E io davanti a lei mi vergognavo, della mia pelle screpolata, degli occhi rossi, dei vestiti sporchi, della gratitudine per la sua delicatezza.

« Ah, beata gioventù! Io dopo una notte in bianco dovrei chiudermi in casa tutto il giorno! » Mi diede una spintarella verso il bagno, con l'aria di aver mangiato la foglia. In mano mi aveva messo la sua trousse di velluto rosa antico, con la G di Guerlain corsiva in rilievo. Non ebbe bisogno di aggiungere altro; solo, mi consegnò il beauty case e fece cenno a Marta che mi portasse una tuta di Blumarine molto severa, nera, con un fiocco in corrispondenza della clavicola destra.

« Sei uno splendore. » Sorrise quando uscii dal bagno, e mi sentii subito meglio. La religione di cui era vestale, dopotutto, funzionava. La sua devozione assoluta alla moda, alla bellezza, che l'avrebbe resa virtuosa al massimo grado, nell'ipotesi che la bellezza conti come virtù, forse non le sarà valsa un posto in paradiso; ma ci salvava tutte, giorno dopo giorno. Ci educava a tracciare le linee, i segni nel cui solco i vestiti che indossavamo, le acconciature in cui accomodavamo i nostri capelli, raccontavano di noi. Ci mostrava che il tempo non può essere fermato, ma proprio nelle mode, che cambiano e lo cambiano, trova il suo significato. Ci svelava il mistero degli addii, della decadenza, della vecchiaia che ci sta alle calcagna anche quando la crediamo lontanissima, come una strega capace di cambiare sembianze e di trovarci in capo al mondo per offrirci una mela velenosa: non la possiamo sfuggire, ma possiamo lasciarla a bocca aperta di fronte alla nostra grazia. Cosa che comunque non serve a nulla. E dopotutto va bene così.

Mi sentivo tanto rinfrancata dalla cura che si era presa di me, che non osai rifiutare l'offerta dell'appartamento. Avere una coinquilina non poteva essere un male, con tutta la solitudine e la tristezza che avevo accumulato dopo l'abbandono del ragazzo a cui pensavo di poter regalare la mia vita intera, lacrime dubbi pensieri, e a cui in effetti avevo regalato, senza averlo deciso, quella notte passata fuori.

Era stata una notte come tante. Ci conoscevamo troppo, ci eravamo ritrovati senza slancio; poi, la mattina presto, quando mi ero rivestita, mi ero sentita terribilmente sola. Come se dovessi tornare, per tetra necessità, verso qualcosa che non mi apparteneva – eppure era la mia vita. Come se non sapessi più il perché dei gesti meccanici – allacciare i bottoni della camicetta, tirare su la zip dei jeans – e fossi costretta a ripeterli a tentoni, nel grigio dell'alba che filtrava dalla tapparella. Ho sempre odiato le tapparelle, le cinghie che segano le mani, l'efficiente bruttezza delle stecche. Sapevo che la luce opaca del mattino, da dietro quelle listarelle verde acqua, non l'avrei rivista più; il pensiero avrebbe anche potuto rallegrarmi, ma non era così. Al contrario, il mio sconforto cresceva. Ero pronta. Lui dormiva, non provò a trattenermi. I vestiti della sera prima mi sembrarono brutti, vecchi; mi pareva di avere addosso una patina di incuria, come le posate che si dimenticano nel fondo di un cassetto, in una casa di campagna. Ero scesa in strada, ero entrata in un bar e mi ero presa una brioche gigantesca con un cappuccino. Non ne avrei parlato con nessuno. Per qualche ragione, malgrado quella naturalezza quasi disgustosa nella sua ovvietà, mi vergognavo della notte appena passata, ma sapevo anche che, se mi fossi concentrata a non pensarci più, nel giro di pochi giorni sarebbe scivolata via dai miei ricordi. Senza lasciare tracce, come non ne avevo lasciate io in lui che dietro la tapparella dormiva ancora, con ogni probabilità. Molto meglio non correre il rischio di sentirmi di nuovo così sola.

«L'unica cosa è che dovete un po' arrangiarvi con i mobili, non è proprio arredato, c'è solo l'essenziale...»

L'essenziale andava benissimo. Se a casa mia avessi avuto l'essenziale, la sera prima, uscendo dal lavoro, non mi sarei fermata in una tavola calda lungo la strada per prendere qualcosa da mangiare. Da tempo immemore non mi preparavo le mie classiche pastasciutte da studentessa – spaghetti al burro e parmigiano, elemento base della mia dieta almeno fino a quando, alla boutique, non ero venuta a conoscenza dell'effetto nefasto dei carboidrati sulla linea. Anche se, come non mancava di sottolineare Marie-France, di quella e di molte altre calamità ci saremmo dovute preoccupare seriamente dopo i trenta, quando *per una donna cambia tutto*: una catastrofe che mi appariva ancora inimmaginabile, non ne distinguevo i contorni se non in prospettiva. Mentre la catastrofe che mi veniva incontro, gran sorriso e occhi suadenti, dentro la tavola calda in cui cercavo di aggiudicarmi un pezzetto di rustico funghi e prosciutto, la conoscevo fin troppo bene. Era Marcello, il ragazzo di cui ero ancora innamorata, come dovette rivelargli la mia confusione, il mio sorriso sperduto e idiota quando mi chiese se non volessimo farci compagnia per cena, magari una pizza? Comunque meglio della tavola calda. Non indugiai sulle sue ragioni, né sul motivo per cui proprio quella sera – come se il filo del tempo non si fosse spezzato nel giorno in cui mi aveva detto che non era più sicuro di amarmi – la mia compagnia gli andasse bene, e con tanta stanca comodità di abitudine; eravamo due conterranei che si incontrano in un paese straniero, e per familiarità, per pigrizia, forse anche un poco per tristezza, si sentono quasi obbligati a passare la serata insieme.

Il mondo di noi non si curava, e nella terra di nessuno della notte che seguì eravamo insieme ed eravamo soli. Indovinavo che mi voleva per stanchezza, io lo volevo per disperazione; non mi aggrappai al mozzicone del suo desiderio già spento, aspettai semplicemente che si estinguesse. Non aveva finito la tesi nemmeno lui. Il che, per qualche ragione, mi consolò; come se mi avesse aspettata, come se anche a lui in quel momento il futuro fosse precluso quanto pareva precluso a me. Non era vero, il futuro non aspetta solo perché procrastiniamo, ma ero giovane e scema e avevo bisogno di crederlo. Viveva in un appartamentino che era un bugigattolo, probabilmente abusivo, un capanno sul terrazzo di un condominio di San Lorenzo.

La luce mi aveva svegliata insieme ai gridi dei gabbiani lontani dal mare. Nella confusione, mi dissi che non avrei fatto in tempo a passare da casa prima di correre al lavoro. In altre circostanze mi sarei arrischiata ad arrivare in ritardo, purché presentabile. Invece scelsi di chiedere aiuto a Marie-France senza chiederglielo, con il puro squallore del mio aspetto; lei capì e mi tese una mano.

A prima vista in negozio andava tutto benissimo. Se ci penso adesso mi assale una nostalgia crudele di quello che per me era allora Marie-France: la sua voce che pareva suonata da un flauto, i racconti truculenti che le facevano abbassare il tono in una certa maniera quasi cospiratoria: *ah, tesoro, sapessi*, e riprendeva a tessere le sue storie di tradimenti, di abbandoni, di bellezze rovinate. Nella sua voce tutto sembrava lieve, come se ogni cosa potesse essere perdonata, come se, anzi, la tentazione del perdono – di perdonare la vita, non importa quali nefandezze avesse commesso, per mano di un marito o di una malattia che lei chiamava sempre *un brutto male* o di altre rovinose capitolazioni – fosse talmente forte in lei da modulare i suoi sussurri in carezze che smussavano anche il peggio. Forse era il modo in cui la passione – o mania, con il senno di poi – per la bellezza aveva deformato il suo sguardo. Forse il dolore, che l'atterriva, si sarebbe sempre presentato ai suoi occhi rivestito di gabardine o di crêpe di seta. Forse, lei, dove non c'era bellezza semplicemente non voleva guardare. E di certo non sapeva che presto le sarebbe toccato dare una sbirciatina al fondo dell'abisso, e che allora, com'è noto che succeda in questi casi, anche l'abisso avrebbe sbirciato in lei.

Avevamo ordinato i manichini per le ragazze ma la consegna tardava. Marie-France ci assicurava che erano bellissimi, perfette miniature di donne, *con tutto quello che ci vuole*; Giosuè le chiese cosa mai ci volesse, lei non rispose e gli diede uno scappellotto.

«Sono incantevoli, li vedrete anche voi, smettetela di fare gli spiritosi» e volò nel retro, a controllare dove Marta avesse cacciato la bolla di consegna di uno scatolone di foulard per le nostre clienti più *âgées*, regine detronizzate dall'esercito di ragazzette che, come il pifferaio di Hamelin, la nostra titolare aveva attirato nella boutique.

«Ma come facciamo, finché non arrivano le donnine?» le chiese Giosuè con la perfidia scherzosa di quando si convinceva di aver la ragione dalla sua parte – si era opposto strenuamente all'ordine dei manichini adolescenti: sosteneva che fosse uno spreco di soldi e di spazio in vetrina, perché a suo dire le ragazzine se ne infischiavano dei manichini e volevano solo vedersi i vestiti addosso, provarli davanti alle amiche con tutte quelle moine, a cui lui faceva generico riferimento con il termine, piuttosto elastico, di *gnegnegné* (elastico perché lo applicava anche ai litigi fra di noi, e alle lamentele di quelle che chiamava *le carampane*, le nostre clienti adulte e danarose).

Marie-France, sbuffando per gioco, mi fece una carezza sulla guancia. « Vai a prendere Crevette, intanto, ce la faremo bastare. »

Dovete sapere che in una boutique, a furia di vestirli e svestirli giorno dopo giorno, con i manichini si sviluppa un senso di familiarità, quasi una confidenza che agli occhi degli estranei potrebbe apparire una bizzarria e invece, guardata dal di dentro, è perfettamente naturale; per cui non è raro che alle facce inerti, ai corpi con le braccia piegate al gomito, i colli snodabili e i bacini piatti, venga attribuito un nomignolo scherzoso, come a parenti un po' duri d'orecchio sulla cui disattenzione si fa affidamento per poterli canzonare impunemente.

Crevette, che vuol dire gamberetto, è una parola in realtà non troppo gentile che si usa in francese per indicare quelle ragazze che hanno un bel corpo ma un viso ordinario, se non proprio bruttino; come le teste dei gamberi, in parole povere. E così fra noi chiamavamo un manichino che tenevamo nel retro, unico superstite di un ordine che la fabbrica delle bambole indossatrici aveva clamorosamente sbagliato. Per via di qualche inceppo nella produzione ci avevano rifilato quattro donne filiformi, i volti sciupati da un difetto della celluloide che si era incartapecorita, si sarebbe detto, per effetto di una di quelle malattie sfiguranti come la pellagra: i sottomenti avevano ceduto creando l'illusione di un gozzo, gli occhi sembravano sporgere, i sorrisi bianchissimi prendevano un lucore sinistro. Marie-France non li poteva vedere, Giosuè aveva addirittura ipotizzato, guardandoli dopo che li avevamo liberati della plastica a bolle, che si trattasse di uno scherzo; la ditta era tornata a riprenderseli e li aveva rimpiazzati con esemplari più rassicuranti. Giosuè aveva preteso di tenerne uno per ricordo, con gran disappunto di Marie-France, la quale non tollerava che lo spazio del magazzino fosse occupato da quelle che chiamava corbellerie, oggetti inutili e voluminosi in cui finivamo per incespicare; ma credo che a darle fastidio non fosse il volume che Crevette occupava, quanto la sua bruttezza. In effetti, però, se la testa era inquietante, il corpo era sottile e armonico, proprio come quello di un'adolescente; qualche volta, quindi, Crevette ci serviva, se dovevamo esporre un capo particolarmente striminzito o aderente.

C'era sempre il problema del viso; ma le rare volte che Crevette veniva esposta in abiti da signora rimediavamo con un ampio cappello, o un foulard, qualcosa che insomma mascherasse i suoi difetti, con gran sollievo di Marie-France.

L'impresa di fare di Crevette una tenera adolescente, però, aveva i suoi inconvenienti: di calcarle in testa un cappellone importante non se ne parlava. « Questo lo potrebbe mettere, al massimo, la mamma di Crevette! » sospirò Marie-France quasi scandalizzata alla proposta di Marta. Il carré Hermès che stavo per suggerire me lo nascosi dietro la schiena.

No, no, qui bisogna pensare. Marie-France si grattava il mento, e non era mai un buon segno. Significava che ne stava architettando una delle sue.

Il faut la maquiller!, gridò tutta garrula, e mi spedì nel retro a recuperare la sua regale trousse.

Fu così che mi ritrovai faccia a faccia con gli occhi infelici di Crevette, armata di pennello e di ombretti Guerlain, e come una pittrice, mentre Marie-France guidava le mie mani con cenni perentori del capo, cercai di dipingerle le palpebre cascanti, di sollevarle gli zigomi con il fard, di sfumare la pappagorgia con una cipria trasparente di polvere di riso, che a quanto pareva era il segreto della carnagione perfetta delle signore del Giappone.

Non ho mai creduto ai presagi, ma se ripenso oggi a quegli occhi vitrei, infinitamente tristi sopra le *pommettes* rosa, sento ancora un brivido che mi si arrampica per la schiena.

Le infilammo un paio di shorts e una magliettina di Fiorucci, sfacciata, innocente, stonata; calzini corti bianchi con l'arricciatura di pizzo e un paio di Mary Jane rosso lacca. Era così goffa, patetica e sottile, che mi stupì quasi come una fitta di dolore l'approvazione di Marie-France.

« Dammi qui, *ma mie* » e dalla trousse estrasse un rossetto rosa pesca, « facciamola anche sorridere un pochino. »

E con piccoli tocchi decisi del tubetto color oro, da vera artista, Marie-France capovolse l'espressione della bambola disgraziata.

10

Rossana e le altre

Forse anche per via del sapiente maquillage di Marie-France nessuna delle ragazzine si rese conto della tristezza che Crevette emanava, in vetrina un passo indietro al piccolo crocchio dei manichini-donne che avevano pose sicure, le mani perpendicolari al polso come per offrire qualcosa – un bacio forse, soffiato sul palmo, o semplicemente la loro stolida fiducia: d'altronde erano manichini e, a meno che non abbiate visto Crevette, sarebbe difficile credere che un manichino possa mostrare insicurezza. Portavano parrucche brune e bionde a carré, camicie con maniche a prosciutto e orecchini vistosi di bigiotteria: pastiglie d'oro smaltato, in qualche caso pendenti a goccia a cui ci toccava togliere la clip con una pinzetta e incollare con la Coccoina, alla base, un piccolo ago che perforasse i lobi di plastica. Era nostro preciso dovere tenerli d'occhio, gli orecchini, che non si staccassero, anche se rovinati com'erano da quell'operazione di adattamento all'anatomia dei manichini, di certo non li avremmo potuti vendere. Ma Marie-France detestava gli sprechi. Detestava, soprattutto, che in negozio succedessero cose che sfuggivano al suo controllo.

Le ragazzine entravano a frotte e volevano tutte quante la maglietta Fiorucci di Crevette. Quelle che arrivavano al seguito delle madri capitava che uscissero con qualche confezione Valentino o Blumarine, abiti corti o da mezza sera, con fiocchi e gonne a palloncino; ma erano sempre più rare, perché con il passare delle settimane si faceva via via più chiaro che essere avvistate al negozio scortate dalla mamma rappresentava una sorta di stigma sociale, era una cosa da sfigate. Infatti, poverette, quelle che venivano trascinate dalle madri, immaginate con che occhi guardavano le coetanee sciamare dentro i camerini a provarsi shorts e magliette e gonne pantalone per farsi dire dalle amiche come stavano, o cercarsi nello specchio con gli occhi fissi negli occhi come se lì dentro fosse imprigionata un'estranea. Si mordicchiavano un labbro soppesando la tensione del tessuto sul seno ancora impercettibile, e qualche volta sembravano tuffarsi oltre lo specchio pur di avere la possibilità di riunirsi all'altra parte di loro. Pensavo che, se lo specchio fosse stato una porta liquida per consentire l'accesso di ognuna all'altra metà di sé, avrebbero avuto tutte la smania di superarla, quella porta; e avrebbero finito, ritrovandosi, per darsi un bacio, un bacio vero. E sapevo che era un pensiero stupido, ma d'altronde le parole *bacio* e *lingua* le sentivo arrivare, a onde, da tutte o quasi le loro conversazioni sottovoce, fra il gorgogliare delle risa dietro le tende dei camerini.

Ma noi com'eravamo? Eravamo così?, ci chiedevamo con Marta a fine giornata, quando ci ritrovavamo in cucina insieme: *come una vecchia coppia*, diceva lei, e cucinavamo la pasta al tonno, scelta di cui Marie-France non doveva sapere nulla perché altrimenti ci avrebbe sgridate – *carboidrati, la sera! Ci aveva forse dato di volta il cervello?* Non potevamo chiedere tanto al nostro metabolismo, o l'avremmo pagata cara, altroché, nel giro di tre o quattro anni! Ma noi la pasta al tonno ce la mangiavamo, sedute sul divano con il piatto in mano e in mezzo un vassoio con una Nastro Azzurro fresca di frigo e due bicchieri, perché eravamo stanche, perché avevamo fame, perché ci piaceva quella che chiamavamo la nostra dieta *da scapole*; ce la mangiavamo di gusto, anche se ormai passavamo tanto di quel tempo con Marie-France che quando ci ritrovavamo noi due sole non potevamo fare a meno di immaginare le critiche che secondo le nostre giovani teste bacate ci avrebbe rivolto lei. E ridevamo, e in quell'armonia che nasce quando ci si allea anche solo per gioco, non ci veniva il dubbio che forse Marie-France potesse essere un po' più complicata, un po' meno prevedibile di quanto credessimo.

Cosa starà facendo adesso?

La immaginavamo in un elegantissimo kimono, fra luci soffuse – lei concepiva solo il lume di candela, la sera, *per una donna della mia età, non c'è altra soluzione... un giorno capirete, ora non potete saperlo, siete così terribilmente giovani!* – nella sua bella casa, una coppa di champagne in una mano e l'ultimo numero di *Vogue* nell'altra. E noi lì, a rammendare le calze e mangiare pasta al tonno! Meno male che non poteva vederci come noi invece ci illudevamo di vedere lei.

Qualche volta, di sfuggita, abbastanza perché riuscissi a non fargli prendere la forma di un pensiero compiuto, mi veniva il dubbio che le attribuissimo un ruolo che assorbiva, nella sua autorevolezza candida e suadente di maestra di bella vita e buone maniere, l'estensione incalcolabile delle nostre carenze. Lei non somigliava alle nostre madri, eppure era stranamente identica all'idea astratta che da bambine potevamo aver avuto di quel che significa essere una donna: era chioccia e vigile, un momento di una dolcezza disarmante e l'attimo dopo gelida, delusa, distante. Come una dea capricciosa, sapeva forse – e non se ne curava – che il nostro umore dipendeva dal suo, che le eravamo legate a doppio filo. Che alla nostra vita quotidiana era lei a dare una forma, lei a conferire un senso alle nostre fatiche, alla nostra esistenza dentro e fuori dalla boutique. Perché la vita fuori era, di quella dentro, il proseguimento naturale, ovvio, liscio come l'olio per via della stanchezza che ci annichiliva dopo troppe ore in piedi, tutte tese a essere impeccabili, dopo giornate di chignon e tacchi e collant che comprimevano ogni millimetro della nostra carne.

Le sere che passavamo a casa insieme, se nessuna delle due si faceva prendere dalle manie – Marta di tenersi in forma, io di scrivere la tesi, che soprattutto nel primo periodo avevo usato come scusa per sentirmi provvisoria al negozio, per giustificare forse, anche, la mia inettitudine –, guardavamo la televisione sul divano, mentre ci riparavamo i collant smagliati con lo smalto trasparente.

Fosse così facile riparare anche le smagliature sulle cosce, ma biche!, ci dicevamo e ridevamo come delle sceme, quasi avessimo anche noi l'età delle ragazzine.

Ma com'eravamo noi, alla loro età, tornavamo a chiederci.

Io non me lo ricordavo più, cercavo dentro lo specchio un'ombra di quella che ero stata quando portavo tre numeri di scarpe e due taglie di reggipetto in meno, ma non trovavo proprio niente. Il vago ricordo di una scommessa con un'amica di un'amica, al mare – chi avrebbe imparato a baciare meglio? Ci esercitavamo con un cuscino. Ne avevamo preso uno ciascuna, dal divano dell'ignara madre dell'amica comune, e chissà se se n'era mai accorta, che con gli angoli di quei cuscini io e una ragazzina di cui non riuscivo a ricordare il nome in una sera di luglio avevamo limonato per la prima volta nelle nostre vite; solo che i cuscini non avevano lingua, ma dei miseri angoli fradici di saliva; e, problema ancora maggiore: chi avrebbe giudicato il bacio migliore?

Il gioco ci stancò presto, per la salvezza dei cuscini della signora Pavoncelli. Non riuscivo a ricordare altro di quel periodo. E l'episodio mi sembra di per sé abbastanza rivelatore delle ragioni per cui pensare alla mia adolescenza non mi è mai parsa un'impresa esaltante. Cos'avevo inseguito nello specchio, negli specchi delle case delle amiche? Con che occhi mi ero guardata, il giorno che insieme a Cloe, la sorella maggiore della mia amica Claudia, ci eravamo finalmente decise a depilarci le sopracciglia con la crema Veet della loro madre, ed eravamo finite al pronto soccorso tutte e tre, senza sopracciglia ma con un orrendo eritema sulla fronte? Settimane più tardi, guarito lo sfogo, le sopracciglia erano ricresciute più boscose che mai, e da allora non mi ero più azzardata a toccarle. Sapevo che Marie-France non vedeva l'ora di metterci le mani, ma era troppo discreta, troppo delicata per osare.

Ogni volta che mi guardava con il suo sguardo epilatorio, mi sorprendevo a pensare con rimpianto a quanto erano state diverse, le mie sopracciglia ora fitte e scure, prima dell'incontro con gli intrugli chimici erogati dal tubo rosa della crema. Fino a quel giorno infausto erano chiare, molto più dei capelli: quasi di un biondo cenere, e fini, come ormai le potevo rivedere solo nelle poche fotografie che i miei avevano conservato di quel tempo; per quanto mi intestardissi, la mia ombra antica nello specchio non la riacchiappavo più.

La sera facevamo grandi discorsi sul divano, unico mobile della nostra cucina – un divano vecchio bacucco che Marie-France aveva recuperato dall'appartamento da scapolo di Giosuè (che a quel che ci risultava era ancora scapolo, ma aveva cambiato, se non stato civile, almeno casa), un divano sfondato e forse per questa ragione straordinariamente comodo. Per Marie-France, che era ormai non solo la nostra principale ma anche la nostra padrona di casa, avevamo un nome in codice non proprio indecifrabile: il Capo. Ci faceva ridere chiamarla così, come se fossimo, per un istante, due sorelle che sorridono delle manie di una madre molto amata.

Marta mi parlava della casa che avrebbe voluto avere, del marito che si immaginava, e io, a seconda del tasso alcolico nel mio sangue e di altre piccole variabili, mi lasciavo trascinare da un insensato ottimismo che mi portava a fantasticare su quella notte triste in cima al palazzo di San Lorenzo; e se si fosse rivelata una svolta per la mia vita sentimentale? E se Marcello, a distanza di settimane – che ci sarebbe di strano? I maschi sono lenti, si sa! – si fosse reso conto di aver bisogno di me? Se mi avesse cercata, pentito, finanche un poco umiliato, nella boutique, dove gli sarei apparsa circonfusa di luce sotto il mio chignon alto e impeccabile, tanto splendente da potermi permettere addirittura di tenerlo sulla graticola del dubbio, senza dirgli né sì né no, prima di gettarmi fra le sue braccia di fronte alle attonite clienti? Altre volte, le raccontavo di come mi stessi preparando a un futuro di indipendenza assoluta, a un'autarchia sentimentale che mi avrebbe resa invulnerabile agli attacchi del mondo, ai dolori della gente comune. Da bambina avevo avuto un sogno, alimentato dalle pubblicità sul retro dei Topolini: la toeletta rosa di Barbie, una specchiera tutta cassetti e piumini da cipria a cui la bambola sedeva sola, perfetta. Forse, dicevo a Marta che rideva e non mi credeva neanche un po', il mio destino era quello. Sola, impeccabile, truccata e invisibile al mondo. *Ma perché, perché ti vuoi male?*, sghignazzava lei che non mi prendeva mai sul serio.

Avrebbe richiesto troppa lungimiranza intuire che invece avevo indovinato. Che il mio destino sarebbe stato proprio quello – chissà se l'immagine che avevo in mente allora avrà contribuito, per vie segrete, a modellarlo.

È che speravo ancora di essere smentita dai fatti: mi aggrappavo a un flebile, crudele filo di speranza, sempre più spelacchiato, sempre più inconsistente e precario; ma sotto sotto iniziavo a capire che Marcello non aveva per me nessun interesse. Evitavo di domandarmi cosa sentissi io; qualsiasi cosa si agitasse nel fondo torbido del mio cuore, sapevo che era un animale selvatico, e che ad avvicinarsi troppo mordeva forte.

«Be'... e Andrea?»

Non mi aspettavo che me lo chiedesse: mi disorientò, soprattutto perché era un pensiero che spesso mi si affacciava, ma a cui non permettevo di prendere forma compiuta. Non avrei lasciato che diventasse una domanda. E ora ci pensava lei, sdraiata sul divano a testa in giù a fumare una sigaretta, avvolta in spire di fumo e mistero come in un vecchio film, i piedi in alto perché asciugasse lo smalto bordeaux – si apprestava a smaltare anche i miei, di piedi, sostenendo che quella fosse la sua attività preferita nonché l'unica in cui eccelleva. Si sbagliava. Eccelleva anche nello scovare i pensieri inconfessati.

Nel dubbio mi feci omertosa.

« Ma Andrea che? Ma chi? »

« Chi? » Mi si buttò addosso per farmi il solletico e costringermi a ridere. « Ma con chi credi di avere a che fare? Pensi che sia scema? »

« Mi pare che non piaccia molto a Marie-France, l'idea che... »

« Appunto! Non sarà un buon segno? Guarda che la sera della festa io ti vedevo, eh! Tutta in attesa... »

« Be', ma poi, anche volendo, non saprei come contattarlo. »

« C'è l'elenco del telefono. »

« Sai il suo cognome? »

« Certo. I cognomi vanno saputi, altrimenti come le cerchi, le persone nell'elenco del telefono? »

« E che cognome ha? »

« Be'... potrebbe averne di migliori. Ma se non sei neanche riuscita a scoprirlo forse non ti meriti quest'informazione. »

« Intanto non c'è assolutamente niente fra me e questo Andrea. E poi, se lui voleva cercarmi, avrebbe potuto farlo! Invece niente, non mi ha chiesto niente. Non credo di interessargli, quindi non vedo... »

« Tu ci sei, nell'elenco del telefono? »

« No... be' c'è la boutique, volendo... »

« Già, quale modo migliore per invitare fuori una ragazza, che una bella telefonata in un negozio affollato! »

« Be', mica ha quindici anni... anzi, è proprio un po' vecchio, e pure brutto, non pensi che potrei ambire a qualcosa di meglio? Non sono come te, con i tuoi facoltosi signori di mezza età... »

« Assolutamente. Il cognome comunque è Proietti. Così lo sai. »

Finsi che non mi interessasse e cambiai discorso.

La luce su di noi era una barbarica lampadina nuda, non avevamo pensato a cercarci un paralume.

In negozio, l'elenco del telefono c'era. Andrea Proietti abitava in via De Notaris 1F, telefono 458213.

Non chiamai. Aspettavo e mi convincevo che quel che potevo fare, l'avevo già fatto.

Ogni mattina andavo al lavoro e speravo che squillasse il telefono, o che magari arrivasse direttamente lui, con una scusa. O di incontrarlo per strada – mi sarei finta sorpresa. Via De Notaris non era lontana.

I giorni passavano e non succedeva niente.

Guardavo le ragazzine inseguire la loro ombra – chissà se da grandi se ne sarebbero ricordate? – dentro gli specchi illuminati dei camerini, negli occhi delle amiche a cui provavano a somigliare.

Erano all'opera leggi invisibili, capaci di tessere piramidi di gerarchie, alleanze, odi profondi, di dare forma ed equilibrio a quei piccoli branchi di creature sfuggenti.

Un gruppo tornava quasi ogni pomeriggio, erano quattro. Avevano quattordici o quindici anni, me l'aveva detto Marta; avevano finito da poco le medie alla Ippolito Nievo, la scuola dove andava una delle sue sorelle fino al trasloco nelle Marche, ma in un'altra classe.

La più piccola le comandava a bacchetta. Si chiamava Rossana, lo sapevo perché quando avevano visto le caramelle nella coppa di cristallo accanto alla cassa le altre erano esplose. Ridevano con la mano sulla bocca, come chi non vuol farsi veder masticare; si calmavano un po', ostentando un contegno, poi si guardavano e tornavano a sghignazzare. Ovviamente non c'era niente da ridere, ma da quando avevamo aperto alle ragazzine ci eravamo dovuti abituare agli attacchi di stupidera: iniziavano come finivano, fulmini a ciel sereno, e non c'era niente da fare, bisognava lasciarle sfogare, poverette, come sospirava sempre Giosuè simulando commiserazione, anche se credo che allora i risolini lo divertissero – se avesse saputo come sarebbero andate a finire le cose, non si sarebbe mostrato tanto tollerante.

Oltre alla piccola tiranna, Rossana, nel gruppetto ce n'era una che, anche se allora non consideravo la questione in questi termini, era la mia preferita. Forse ero stata anch'io così, nell'età che non ricordavo?... Era lunga e sottile e bruna, come una stringa di liquirizia; aveva gli occhi stretti, quasi obliqui, e rideva meno delle altre. Sembrava sempre fuori posto, come se fosse lì per errore, come se non sapesse cosa farsene delle sue mani lunghissime, delle braccia lunghissime, persino dei lunghissimi piedi, delle gambe, dei capelli che come alghe le pendevano piatti sulla schiena.

Una volta Marie-France si accorse che la guardavo mentre lei, subito fuori dalla tenda del camerino che vibrava di trilli e piccoli dispetti – contravvenendo alle regole, le altre tre erano entrate tutte insieme –, si dondolava su un piede e poi sull'altro, in attesa che le amiche venissero fuori per unirsi tiepidamente alle loro chiacchiere. « Quella, tesoro » mi disse, « diventerà una bellezza, ci potrei giurare, sai? »

A vederla proprio non si sarebbe detto, goffa com'era, con quel naso camuso e l'aria triste; però era diversa dalle altre, diversa in un modo che le rendeva impossibile scomparire. Eppure, avrei giurato io, scomparire era più volte al giorno il suo solo desiderio.

« È che anche lei si chiama Rossana » mi aveva detto la stangona, come scusandosi per le altre che sghignazzavano davanti alla coppa smerigliata delle caramelle. Per tutta risposta, Rossana, che stava pagando venticinquemila lire per la sua maglietta nuova di Pour Toi – come facevano le ragazzine ad avere tanti soldi, mi chiesi, e mi sentii sprecata e senza possibilità –, le piantò una gomitata nel costato che, data la notevole differenza d'altezza, le arrivò dritta all'ombelico. Rossana, che spadroneggiava sulle altre tre. Cosa le dava quella sicurezza, quel potere? Prima che potessi abbozzare una risposta, se ne uscirono tutte e quattro camminando in sincrono in un frullo di Superga e di ricci; solo i capelli lunghi e scuri della ragazza alta rimasero immobili come acque di lago, anche quando furono fuori dalla porta, e il vento scherzava con la gonna rosa shocking di Rossana.

La quale – l'avrei capito solo molto tempo dopo – era così incline al comando semplicemente per ascendenza familiare. Perché aveva quella prepotenza speciale, immeritata, prestigiosa, tirannica e universalmente accettata, che nasce da una solida tradizione di ricchezza.

11

Il marito senza fede

Le stramberie cominciarono con un episodio a cui sul momento nessuno diede peso. Era un sabato pomeriggio, avevamo riaperto da poco dopo la pausa pranzo e l'atmosfera era ancora quella di un acquario in cui nuotavamo pigramente. Per le cinque, lo sapevamo, saremmo stati immersi in un viavai frenetico; per il momento solo Rossana e le sue amiche turbavano con i loro squittii la quiete del negozio.

« Avete visto mia moglie? »

L'uomo si era affacciato alla porta in affanno, aveva la fronte aggrottata e sulle sopracciglia cespugliose, sporgenti, grosse gocce di sudore aggrappate come a una grondaia; e siccome lui sventagliava la testa a destra e a manca per attirare l'attenzione di tutti, avevo l'angoscia che si staccassero, che stillassero giù. Per fortuna ero a debita distanza. Piegavo delle camicie di satin color malva che erano appena arrivate e che mi toccava spuntare una a una dalla bolla controllando la taglia e cercando contemporaneamente di non perdere il filo del discorso di Marie-France, cosa che l'avrebbe indisposta in quanto sintomo di atteggiamento sciatto e poco rispettoso: mi stava spiegando che *il segreto* – non aveva specificato di chi o di cosa, quindi potevo solo supporre che intendesse il segreto per non invecchiare mai, per non morire, per non involgarire, per opporsi a tutto quello che le faceva orrore – era non accettare mai la maturità. *La maturità è orribile, ma biche, è così triste, ordinaria, e seriosa.* Ma anche lei, come tutti noi, si interruppe all'ingresso dell'uomo. Giosuè, che più tardi ci avrebbe deliziate con una disquisizione sulla peculiarità tricologica dello sconosciuto, lasciò perdere per un attimo l'avvocato Miraglia, a cui stava mostrando una serie di body sottogiacca di pizzo La Perla *per la signora*, oculatamente selezionati nella taglia della Lilli, che dell'avvocato era l'amante, nonché grande amica della suddetta signora.

«Sua moglie?»

Nessuno di noi conosceva l'uomo, quindi per potergli fornire una risposta soddisfacente era chiaro che avremmo avuto bisogno di qualche dettaglio. Ma come tutti gli uomini quando descrivono le donne di cui non sono più innamorati – pure questo ce l'avrebbe fatto poi notare Giosuè, quando saremmo tornati a discutere dell'episodio per convincerci che fosse una sciocchezza, un incidente bizzarro quanto trascurabile – il sopracciglione non fu in grado di uscire da una vaghezza entro i cui confini ogni fascino, ogni dettaglio, ogni carattere peculiare diventa imperscrutabile per gli estranei.

«Mah... una signora bionda, alta più o meno così» e agitando le dita nell'aria indicava le proprie clavicole, sulle quali forse, negli abbandoni dei primi tempi o nella stanchezza di giorni più recenti, la testa bionda della signora doveva essersi posata, mentre tornavano a casa allegri e alticci dopo una cena in cui avevano bevuto un bicchiere di troppo, e lui le metteva la giacca sulle spalle, sentendosi galante e protettivo, perché non prendesse freddo.

«Non mi pare» disse Giosuè. Non pareva neanche a

noi. Non era entrata nessuna signora bionda, anzi, a dirla tutta non era entrata proprio nessuna signora: era presto, c'erano solo ragazzine a quell'ora, e forse un paio di avvocati come il Miraglia, o magari erano notai, professori, dermatologi, insomma liberi professionisti che venivano a fare acquisti per consorti legittime o morganatiche.

Rossana e le amiche ridacchiavano dentro i camerini in cui avevano trascinato l'intera collezione Naj-Oleari. Ogni tanto, in uno svolazzo di gabardine, come una farfalla indecisa una emergeva dalle tende per fare un volteggio davanti allo specchio fra i gridolini delle altre. Solo la stangona non provava mai nulla; aspettava fuori dal camerino con la sua aria assorta. Chissà dov'era, lei, in quel momento.

« Ma se è entrata mezz'ora fa! E io l'ho aspettata qui fuori, vede? Non mi sono mosso da lì. »

Il sopracciglione indicava un punto sotto il platano, un punto preciso proprio di fronte al negozio, e insisteva, tendendo l'indice grassoccio verso terra, come se aguzzando la vista avessimo potuto vedere le sue impronte stampate nell'asfalto.

« Sa, io mi annoio a entrare nei negozi » fece, un poco più conciliante, meno lamentoso, come se volesse cercare un'intesa con Giosuè; poi si accorse dell'avvocato Miraglia in piedi accanto al tavolo col ripiano di cristallo su cui era sciorinata una montagnola di body di pizzo; era rimasto immobile, ibernato nel gesto, come uno che, non potendo scomparire, sceglie di non muovere un muscolo – pare che l'immobilità confonda i predatori.

Ma il signore sulla porta lo vide comunque, e per qualche ragione arrossì: si vergognava del tono confidenziale con cui aveva confessato di annoiarsi nei negozi? Cogliendo l'avvocato con le mani nel mare di pizzi bianchi, neri, avorio e grigio perla, forse l'aveva attraversato il pensiero che la noia per quelle faccende da donnicciole, i negozi, i vestiti, la biancheria – probabilmente, fino ad allora, tratto fondante della sua virilità – lo potesse rendere al contrario meno maschio, meno forte di quanto credeva.

Com'è come non è, era paonazzo, e se ne rese conto: subito cambiò tono e si fece molto più aggressivo.

«Com'è ppp-possibile che una persona entri in un negozio e nessuno la veda? O forse volete dirmi che è sparita nel nulla?» iniziò a sbraitare; inutilmente Giosuè gli sorrideva e ripeteva che non era entrata proprio nessuna signora.

Le ragazzine intanto erano uscite dal camerino. Zitte, serie, compunte, in piedi davanti allo specchio tenevano gli occhi spalancati sulla scena.

«Signore» diceva Marie-France, «è assolutamente escluso che sua moglie possa essere qui dentro, se noi non ce ne siamo accorti! Come vede, c'è una sola porta, quella, non ci sono altri ingressi. Non sarà entrata nel negozio accanto, la corsetteria Mallecchi? Magari lei ha avuto un attimo di distrazione...»

L'uomo ora sembrava sul punto di scoppiare in lacrime, ma per lo meno non balbettava più. Scuoteva la testa come un bambino che rifiuta la medicina. «Oppure» continuò Marie-France, sempre più suadente, «potrebbe essere entrata solo un attimo, magari ha fatto capolino e nella confusione...» Fece un gesto in direzione delle ragazzine, mute e immobili, che in quel momento non avevano proprio l'aria di poter essere additate come causa primaria di confusione, ma non sembrarono offendersi del cenno di Marie-France. «... Nella confusione, dicevo, non abbiamo sentito la porta che si apriva... capita, sa? E forse quando è uscita lei stava guardando da un'altra parte, non vi siete visti e ora la starà cercando qui fuori, o magari l'aspetta in un altro negozio... »

Lo sconosciuto sembrava sempre più avvilito da quelle spiegazioni, arbitrarie ma non implausibili, che avevano però un brutto difetto: sottintendevano, tutte, la sua disattenzione verso la moglie. Inoltre implicavano che gli fosse scappata sotto il naso; che non avesse fatto nulla, lei, nel giro di una mezz'ora che ormai sconfinava verso i quaranta minuti, assolutamente nulla, perché lui la ritrovasse. E se davvero avesse voluto sfuggirgli? Se si fosse stufata di quei sopraccigliοni stillanti sudore, di quei modi queruli, di quell'uomo che si annoiava a passare nelle boutique il sabato pomeriggio eppure si ostinava ad accompagnarla a far compere guastandole tutto il piacere dello svago – bastava guardarlo, con gli occhi da cane bastonato, il colorito spento di chi dorme e digerisce male, l'aria stolida e poco mansueta di uno che della moglie è geloso ed è geloso anche, in generale, delle gioie degli altri, e le sciuperebbe pur di impedir loro di essere più felici di quanto lo sia lui, cioè poco, pochissimo... Ma certo! La moglie doveva essere scappata, era chiaro! Quella moglie bionda e alta così, che lui nemmeno sapeva descrivere. Se l'era data a gambe, pensai, e aveva fatto anche bene.

Pur con il suo aspetto squallido e dimesso, l'uomo doveva avere una qualche bizzarra forma di sensibilità: come se avesse indovinato i miei pensieri (che erano poi, ci avrei giurato, anche i pensieri di Marie-France), di punto in bianco si fece aggressivo.

Cominciò a sbraitare. Non era possibile, la gente non

può scomparire così, come se niente fosse; e in due falcate fu dentro il negozio, ad aprire le tende dei camerini.

Le ragazzine, immobili come statue di sale, non ridevano più; si erano irrigidite nei vestiti che stavano provando, e mi scappò un sorriso quando notai che indossavano tutte e quattro – si era cambiata pure la stangona – lo stesso modello, uno scamiciato color ciliegia di Naj-Oleari: su ciascuna di loro pareva un vestito diverso a seconda della forma che ogni corpo gli dava. Sembrava che quasi trattenessero il fiato – o una risata? – mentre il signore sbirciava dietro le tende e berciava che doveva esserci una spiegazione, che lì si facevano traffici poco seri.

Traffici poco seri? Giosuè gli si avvicinò con un sorrisino a fior di labbra, con un'aria, in verità, appena strafottente; ma era il massimo di rassicurazione, comprensione, confidenza a cui potesse piegare il suo viso, che anni di sarcasmo avevano modellato come l'acqua nei secoli modella, per microscopiche erosioni, le rocce di un canyon. Il signore parve momentaneamente ammansito da quella cortesia, dal braccio sulle spalle, dalla voce suadente che gli offriva un bicchier d'acqua e addebitava il suo smarrimento al caldo del primo sabato di primavera piena.

Si lasciò condurre a una poltrona, io a un cenno di Marie-France mi precipitai con un bicchiere di Ferrarelle, lui la bevve tutta d'un fiato e quando sembrava sul punto di ringraziare, di calmarsi, di trasformare l'incidente in un breve attimo di sconcerto, del tutto ammissibile alla luce di qualche stanchezza o magari, davvero, anche solo del clima o dell'umidità, di colpo si tirò su, scostando con ribrezzo la mano che Giosuè gli teneva sulla spalla.

«Siete dei luridi» gridò con tutta la forza che aveva nei polmoni, la forza che dava respiro e linfa ai suoi sopracciglioni, al suo copioso sudare, ai suoi occhi allucinati, « dei luridi ebrei! »

E si precipitò fuori dal negozio: la porta vibrò e per un istante, anche se sapevo che era di vetro antiproiettile, ebbi paura che sarebbe crollata in una pioggia di schegge, come se qualcuno le avesse esploso sopra il caricatore di una mitraglietta.

E reduci da una sparatoria dovevamo sembrare tutti, nel negozio. L'avvocato con i suoi occhiali scuri e i body di pizzo fra le mani, le ragazzine nei loro vestiti da ciliegie; io e Marta che non sapevamo più dove stare. E Marie-France, che per qualche ragione, forse per semplice automatismo, continuava a sorridere, ma aveva un sorriso vuoto, come quelli dei manichini che in vetrina tremavano ancora nel riverbero delle vibrazioni della porta.

Giosuè, più di tutti noi, mi fece impressione. Era rimasto immobile come se davvero fosse stato ferito; come se l'avesse colpito uno sbigottimento improvviso. Poco prima si era imbarazzato per quell'uomo, così mi era parso; ora qualcosa di profondo e di antico si rimescolava. Non avevo mai pensato a lui come a un ebreo, o meglio: non è che non sapessi che era di famiglia ebraica, semplicemente non avevo mai dato importanza alla cosa. E questo nonostante Marie-France avesse lasciato cadere discreti accenni occasionali alla sua religione. Nonostante il suo nome, il suo cognome, persino il suo naso che, lo vedevo adesso, forse era un naso semita; ma fino a dieci minuti prima mi era parso un ben modellato naso aquilino. Nonostante non mangiasse il prosciutto e nemmeno le braciole di maiale: le volte in cui, incaricata di andare a prendere il pranzo, sbadatamente mi ero lasciata tentare dal rosticciere perché le braciole erano freschissime, o il prosciutto tanto dolce, lui non aveva toccato cibo, pur senza dare in escandescenze come il giorno delle uova. Era rimasto silenzioso e digiuno. Il che non era insolito, capitava anche a lui di avere in cuore una tristezza senza saperla nascondere: c'erano giorni in cui era giù di morale e scherzava sul fatto che fossero proprio quelle malinconie il segreto del suo fisico asciutto e scattante. Marie-France in quei giorni di solito sorrideva e gli soffiava nell'orecchio frasi che intuivamo a malapena: *ma che t'importa, non ti merita.*

Ora gli mise un braccio sulle spalle, come lui aveva fatto poco prima con lo sconosciuto; il quale – me ne resi conto, ripensando al momento in cui gli avevo porto il bicchier d'acqua – stranamente, cercava sua moglie, ma non portava la fede.

12

Le perle nascono dall'irritazione

Dopo quel giorno, dopo che l'ora di chiusura ci aveva restituito brio bastante per scherzare un poco sul sopracciglione e, in parole povere, dopo che le cose avevano ripreso il loro corso, nessuno, entrando nella boutique, avrebbe notato nulla di diverso.

Noi però lo sapevamo, che qualcosa era successo.

Avevamo altro a cui pensare, come accade sempre in quella parentesi (visibile solo con il senno di poi) fra il presagio e la catastrofe; ma ci era difficile, quasi impossibile, non risentire dell'elettricità invisibile che increspava l'aria del negozio. Le avvisaglie furono piccoli segnali, così minuscoli che veniva facile ignorarli: la signora Mussi che non rispose al mio saluto sul tram, uno schizzo sulla vetrina che esaminato da vicino si rivelò uno sputo; le signorine Giuchiglia, anziane sorelle di conclamata zitellaggine, che non vietavano più al barboncino Tutù di fare i suoi bisogni sul bosso davanti al negozio – ce ne accorgemmo quando l'arbusto ormai era moribondo. Erano minuzie che, isolate, non avrebbero significato niente; ma a sommarle spiegavano perfettamente quel primo incrinarsi della serenità della boutique; dico serenità, perché non saprei proprio se fino ad allora fossimo stati felici. Poteva dirsi felice, Marie-France, con le sue mani cariche di anelli per distogliere l'attenzione dalle prime macchie disegnate dall'età sulla pelle bianchissima che ogni sera strofinava col succo di limone, con il suo cuore che, diceva lei, le faceva ogni tanto qualche scherzo per ricordarle che era viva? Sollevare l'argomento era fuori discussione: l'avrebbe trovato volgare.

Marie-France ci insegnava molte cose, e fra le cose che ci insegnava c'era l'abitudine a non fare domande personali; a lei riusciva facile tacere, essere discreta, non spingersi mai a chiedere, neppure a sé stessa, se davvero quella era la vita che voleva; se non fosse il caso di fermarsi, guardarsi indietro, concedersi una tregua. Le era più facile, credo, perché non aveva la pretesa, forse nemmeno il desiderio, di essere felice (non mi chiedevo, allora, quando avesse smesso di pretenderlo); invece io, come impone la giovinezza, la felicità la bramavo, considerandola un mio diritto. Il che mi spingeva a sottovalutare il potere del caso. Altro tipico errore che si commette da giovani.

«Ci sono cose, *ma biche*, che non si devono chiedere» mi aveva detto lei una volta. E questo lo sapevo anch'io, ma quel giorno non pensavo certo di aver superato chissà quale confine. Le avevo solo chiesto se si sentisse bene, era pallida e guardava fuori dalla vetrina, nel vuoto, mi parve. Forse al di là del vetro avevo intuito un'ombra, ma per un istante solo, un lampo; non ne ero nemmeno sicura.

Era passato qualche giorno dal sabato in cui il marito senza la fede era venuto a cercare la moglie nei camerini. Il lunedì aprivamo solo il pomeriggio, alle tre e mezza, e nessuno aveva fatto parola dell'episodio. Cos'avremmo potuto dire? Continuammo a evitare di parlarne pure il martedì, il mercoledì, il giovedì. Ma non potevamo impedirci di pensare, di fare ipotesi, di covare un'inquietudine lieve.

«Le perle nascono dall'irritazione, *ma biche*» mi spiegò Marie-France. Eravamo tutti nervosi, e nessuno di noi tanto cieco da non rendersi conto che dal sabato precedente il trillo della porta si era fatto più rado. Certo, poteva essere fisiologico, un puro caso, una settimana partita a rilento... quante volte era successo? Era presto per trarre conclusioni. Marie-France mi aveva chiesto di riordinare le grucce ostentando la convinzione che di lì a poco si sarebbero manifestate le orde di clienti a cui eravamo abituati, *così ci portiamo avanti*. Mentre lavoravo, lei, in piedi alle mie spalle, prese a raccontarmi delle perle. Che nascono per azzardo, e dal fastidio: basta che la pazienza del mollusco sia messa a dura prova, per costringerlo a secernere la sostanza che si solidifica in gioiello.

«Un granello di sabbia, appena un granellino, ti immagini? Se si infila nell'ostrica al momento giusto, se è abbastanza irritante... *voilà*! Ti ritrovi con una perla grossa quanto una biglia. La sabbia diventa un gioiello in conchiglia, una cosa da alchimisti! Si possono fare cose meravigliose, pur di rispondere per le rime a chi ci dà ai nervi. O no? Io lo trovo *fantasmagorico*.»

Fantasmagorico. Prendersi la briga di trasformare sé stessi, da teneri molluschi, vivi e dunque deperibili, ma *vivi*, in gioielli risplendenti di luce solo per vendicarsi di un'intrusione indebita. Tipico di Marie-France entusiasmarsi per esagerazioni del genere. Lei era mai riuscita a portare la sua irritazione a un estremo tanto eroico?

«Se la sabbia non fosse così fastidiosa, tesoro» continuava a cinguettare, segno che l'argomento l'appassionava più di quanto si sarebbe potuto sospettare, «non avremmo nemmeno idea dell'effetto di un filo di perle sul colorito stanco, che purtroppo dopo i cinquanta... lo so che è presto, per te, che ti sembra lontanissimo! Ma è molto meglio saperle, queste cose. Arrivarci preparate, insomma! E con un bel triplo filo di perle, non quelle coltivate, però, per carità! Ci vogliono quelle vere. Quelle nate dal fastidio! »

Alzai gli occhi dal lavoro e le sorrisi: anche in quella giornata di fastidi aveva trovato un grano di bellezza. Doveva averne un gran bisogno.

Nel frattempo, comunque, al negozio di certo non ci si annoiava. Tanto per cominciare era arrivato un cane: Elsa, in onore di Elsa Schiaparelli, nome scelto naturalmente da Marie-France che ne era una grande ammiratrice. Si presentò con Giosuè una mattina; una sorta di bobtail, solo un poco più basso, con una gran frangia sugli occhi. L'aveva seguito da sotto casa sua, ci disse; non aveva collare né medaglietta, non corrispondeva a nessuna descrizione dei fogli ciclostilati appesi ai pali. Quando Marta suggerì di chiamare i vigili, Giosuè con la solita pacatezza buttò lì che a lui non piaceva avere a che fare con le forze dell'ordine, e che non vedeva perché scomodarsi a chiamarli: tanto, era chiaro che quel cane non lo stava cercando nessuno. Pensammo che fosse una scusa per tenerlo; dopotutto, a nessuno dispiaceva. Marie-France, che aveva una vera passione *per le bestie*, come diceva lei, malgrado il pelo lunghissimo e l'odore muschiato, malgrado la mole imponente, malgrado la tendenza a sbavare sul pavimento, non esitò. Portò personalmente il cane a una visita di controllo dal veterinario di Coppedè, dove, ci confessò, aveva sempre sognato di accompagnare una bestiolina sua. E spedì me e Marta in un negozio molto fornito di viale Regina Margherita a comprare due cuscini per Elsa, uno per la boutique e uno per casa; e un collare, un guinzaglio e due ciotole. Fece incidere una medaglietta alla gioielleria accanto alla boutique, e da quel giorno ebbe un cane, con tanta naturalezza che riuscì a non cambiare di una virgola. Elsa, del resto, era una presenza silenziosa; vigile, ma estremamente discreta. L'unica cosa che non sopportava era veder armeggiare con la scopa e la paletta – una scena che la mandava su tutte le furie – ed essere lasciata sola anche per un istante: iniziava a uggiolare di disperazione, perciò Marie-France non la lasciava sola mai. Il collare era rosso, la bandana, che per civetteria Giosuè le allacciò di lato, di un bel rosa shocking. Presto nel quartiere tutti la conobbero; entrava e usciva libera dal negozio, si allontanava pochissimo, giusto per i bisogni più impellenti. Dolce, taciturna, attenta, alleviava la nostra solitudine con il terrore che manifestava alla sola ipotesi della sua.

Poi arrivò una nuova commessa. Marta e io non bastavamo più, aveva dichiarato Marie-France, con il gran daffare che ci davano le ragazzine. Forse avrei anche potuto pensare a un legame tra quella decisione e la fatica e la stanchezza che avevo intuito in Giosuè il giorno che era entrato lo sconosciuto. Ma a dire il vero già da parecchio tempo Marie-France insisteva che c'era bisogno di un aiuto, che ci serviva un'altra ragazza, anche se le veniva male all'idea di doverle insegnare tutto daccapo, così sospirava e la chiudeva lì. Finché dopo settimane di annunci Micol fece il suo ingresso nella boutique e nella nostra ben oliata routine quotidiana.

Era figlia di certi amici di famiglia di Giosuè, per cui

anche Marie-France la conosceva fin da bambina; per questo non fu sottoposta a colloqui né a mezze giornate di prova. Marta e io le mostrammo il bagno in cui poteva cambiarsi la mattina, Marie-France le consegnò una camicia bianca con maniche a prosciutto e una salopette palazzo nera di gabardine, il completo MaxMara che era la nostra divisa di quella settimana e ci faceva somigliare a dei Pierrot. La nostra uniforme variava da una settimana all'altra, sempre però attenendosi ai principi di sobrietà che Marie-France prescriveva e pretendeva da noi: *Io devo distinguermi*, ci diceva, *perché fa parte del mio ruolo; voi dovete essere discrete, per non confondere i clienti. Non vogliamo mica spaventarli, no?*

Micol entrò in bagno e ne uscì indossando la divisa, dopodiché fu una di noi: nella luce delle mattine, con la serranda da alzare, la porta a vetri da ripassare con la pelle di daino, le grucce da orientare nella stessa direzione, uncino verso l'interno, tutte all'identica distanza di quattro centimetri che ormai misuravamo a occhio. Conobbe anche lei il tintinnare della grande cassa di ottone – si incaricò Giosuè di spiegarle come fare gli scontrini. A me affibbiarono l'incombenza di istruirla sull'inventario approssimativo della sera, i piccoli trucchi che usavamo per controllare che ogni cosa fosse al suo posto. Avevamo etichette tonde, che chiamavamo bollini, per contrassegnare i capi: sopra i bollini, che pinzavamo agli orli interni, un po' come nelle battaglie navali giocate a scuola nell'ora di supplenza, annotavamo la collocazione del singolo dolcevita di cachemire, delle minigonne, delle camicie, dei gilet. Ogni cosa aveva il suo posto, e doveva ritrovarlo la sera, quando ci toccava ricontrollare palmo a palmo i camerini, perché era incredibile quante maglie, magliette, maglioncini scivolassero dietro i pouf bianco ghiaccio sormontati dagli specchi alti in quegli angusti stanzini segreti. Da quando venivano le ranocchie, avevamo perfino inaugurato una scatola degli oggetti smarriti in cui raccoglievamo le loro dimenticanze, che in genere tornavano a reclamare trafelate: occhiali da sole, orecchini, persino un apparecchio mobile per i denti, una volta; e catenine, lucidalabbra, gomme da masticare, elastici per i capelli, per non parlare del mare di forcine, mollette e mollettine, fazzoletti di batista con iniziali ricamate. Avevano nonne ricche, le giovani virgulte. I tasti dolenti erano le Brooklyn masticate che trovavamo qualche volta incollate al pavimento, e i capelli lunghissimi che restavano avviluppati alle dita bianche dei manichini. Un disastro, spiegavo a Micol, e lei sorrideva perché chiaramente non mi stava ascoltando.

Micol non ascoltava mai nessuno, viveva in una sua bolla: persa, protetta, lontana. Era bella, anzi, qualcosa più che bella. Con lo stupore di sentirmi un po' tradita, compresi che Marie-France doveva averla scelta per questo.

Io pure ero piuttosto bella, e lo era anche Marta: ci aveva scelte tutte per la stessa ragione, a ben guardare. Marta di un biondo abbagliante, i cernecchi sfuggiti alla fascia alta di velluto nero con cui tratteneva i capelli all'indietro (*come B.B.!*, cinguettò Marie-France il giorno che gliela portò da casa perché potesse provarla: era rimasta talmente deliziata dall'effetto che poi alla povera Marta toccò tenere sempre la fascia, in negozio). Io, la più alta, con la mia zazzera castana ramata che piaceva a Marie-France; la quale, per via degli zigomi che tanto l'avevano interessata il primo giorno, insisteva che portassi lo chignon e mi facessi crescere la frangia per poterla tirare all'indietro – non ho mai saputo se indovinasse che in realtà me l'accorciavo di nascosto, con le forbicine, in piccoli interventi quasi impercettibili, perché non si allungasse mai abbastanza.

Lo so che non si dice mai, di sé, *sono bella, sono brutta* e quant'altro – su sé stessi è impossibile essere obiettivi. Ma Marie-France mi ha insegnato anche che la falsa modestia è volgare, per cui, a questo punto della storia, tanto vale scoprire le carte. Eravamo un po' informi, Marta e io, come se stessimo ancora crescendo, anche se non era già più vero; sembravamo disegni non finiti, a cui manca il tocco finale, il dettaglio che li perfeziona. Forse, quell'aria incompiuta ci dava una grazia arcana, non saprei; dalle fotografie si potrebbe anche crederlo. Sta di fatto che se pure eravamo belle, nessuno avrebbe potuto dirci bellissime. La bellissima era Micol. *Uno splendore*, diceva Marie-France, tutta orgogliosa. Sorridevo, avrei voluto splendere anch'io.

Splendore o no, fu più o meno a quel tempo che cominciai a sognare a occhi aperti, forse contagiata da Marie-France che sapeva mostrarti qualsiasi cosa come possibile (salvo poi, un momento dopo, senza fare una piega, rivelarti la vanità del tutto nelle lapidarie conclusioni delle sue parabole – *poi si è rovinata, poi ha perso ogni cosa, sapessi...*). Non ero mai stata ambiziosa, era per indecisione che mi ero iscritta alla facoltà di storia e filosofia.

Un'ambizione, a dire la verità, l'avevo; ma come chiunque coltivi il sogno di scrivere, io che fin dall'infanzia mi immaginavo in qualche mansarda, o casina sull'albero, o addirittura nella stanzetta di un faro sospesa sul ribollire delle onde a vergare romanzi gialli uno dietro l'altro, non ne parlavo a nessuno. Mi vergognavo anche, e non a torto, dei cliché in cui incappava la mia fantasticheria; ma che ci potevo fare, era un sogno d'infanzia. Intanto, facevo quel che potevo, o che credevo di poter fare. Osservavo, fantasticavo. Mi pareva che il ruolo di scrittrice finalmente avrebbe offerto una giustificazione all'accidia, alla mia scarsa attitudine all'attività, alla lentezza con cui mi trascinavo nella vita, perdendo la metà del mio tempo a cercare di capire che fare dell'altra metà.

Certo, non sarebbe stato facile – *non può essere tutto rose e fiori*, amava ripetere Marie-France. A giudicare dalla cera della Lorelei, la nostra intrepida scrittrice, pareva un mestiere accidentato. Scrivere somiglia forse a sognare: come il sogno, richiede una quantità esorbitante di materiale combustibile da cui trarre i filamenti di trame che a lungo resteranno invisibili agli occhi del mondo. E il segno di questa perenne combustione mi pareva lo rivelasse la massa vaporosa di fumo che come da una ciminiera sempre accesa usciva dalla bocca, dal naso, avrei detto pure dalle orecchie, della nostra cara Lorelei.

« Se non fumo scoppio » mi aveva detto una volta. « E se hai intenzione di scrivere, vedrai, te ne accorgerai anche tu », sorrise con denti ambrati dall'eccesso di nicotina. Dovette accorgersi del mio sconcerto ma per fortuna non lo interpretò per quello che era: non colse la lieve repulsione che mi attraversava – ormai ero alunna di Marie-France, quasi diplomata alla sua scuola di estetica e di avversione per il decadimento imposto dalla vita, e quella dentatura color pergamena mi metteva addosso un disagio eccessivo. Pensò che mi stessi chiedendo in che modo fosse venuta a conoscenza delle mie ambizioni letterarie.

Come se non sapessi che Marta non riusciva a tenersi un cecio in bocca.

« Me l'ha detto Marta, sai? Ma mi fa piacere che ne parliamo, magari posso darti qualche consiglio utile, chissà... »

Sorrisi. Non ero così sicura di desiderare un suo consiglio.

« Allora, per cominciare ti direi: trovati delle sigarette che ti piacciono, saranno le tue migliori amiche, per non scoppiare, ma anche per stare sveglia quando devi finire un lavoro. E poi, cara mia: qui hai un bel campionario umano! Non devi fare altro che guardare tutto, annotare tutto, ricordare tutto. Approfitta della boutique, piccola, ti assicuro che non ci sono scuole migliori per una che vuol scrivere un bel gialletto! »

I nostri clienti offrivano in effetti un campionario di tutto rispetto. Iniziai a classificare i visi in quelli che io chiamavo *tipi*, con la pretesa scherzosa di individuare caratteri, indoli e inclinazioni a partire dalla forma di un mento, dalle proporzioni delle orecchie, dalla curva dei sorrisi; lo facevo per il gusto di esercitarmi, ma anche per far ridere Marta, che trovava spassosa la mia mania di far tornare i conti escogitando fantasiose teorie impermeabili a ogni obiezione. Da quando una sera tardi, sul divano delle nostre serate scapole, le avevo confidato il mio sogno, lei era la principale alleata e sostenitrice dell'impresa di diventare una giallista. Ovviamente non avevo pretese di esattezza né di scientificità: era uno stupido esercizio, un gioco, eppure mi stupivo, talvolta, di come certe costanti tornassero, di come la vita sembrasse confermare le supposizioni più bislacche.

Forse stavo solo dando voce a quelli che si chiamano, con gran semplicità, pregiudizi.

Un po' per distrarci, un po' per ridere, iniziai insomma a lavorare al mio sistema fisiognomico. Non immaginavo nemmeno lontanamente che fuori dalla vetrina, senza altrettanta voglia di ridere, qualcuno metteva alla prova teorie simili a proposito di noialtri che la boutique l'abitavamo – teorie simili, eppure radicate in una violenza che noi avevamo avuto fino ad allora la fortuna di non conoscere. Eravamo tutti forestieri, persino Giosuè che era romano da dieci generazioni; era però un romano del ghetto, lui, agli occhi di chi ci teneva d'occhio come pesci in un acquario, meditando i sistemi per farci più danno possibile.

Le mie sciocche teorie nascevano dall'osservazione di determinate caratteristiche su una base statistica campata in aria (poiché si fondava su quel che vedevo lì dentro), ma non completamente priva di accuratezza, perché se c'è una cosa che ho sempre avuto, è una memoria formidabile per i visi e le impressioni che ricevo dalle persone.

«La signora Cardamo, per esempio» spiegavo a Marta sottovoce, mentre Marie-France mostrava dei pullover leggeri appena arrivati, «appartiene alla categoria delle gengivali, la cui più illustre rappresentante è chiaramente la principessa Diana...»

«Smettila che mi fai ridere!» mi dava di gomito lei, ma sapevamo tutte e due che non voleva che la smettessi.

«Dai... allora? Cosa fanno queste gengivone?»

«Non gengivone, che sono un'altra categoria ancora, per lo più maschile, da ricondursi al tipo adenoideo! Quelli sono uomini saputelli, miti e pignoli, vanesi convinti di avere la verità in tasca, per lo più inoffensivi, ma terribilmente noiosi. Ecco, sì, la loro arma è la noia. »

« Va bene, ma quindi, le gengivali? »

« Le gengivali hanno la caratteristica di ridere sempre un po' sotto sforzo, ovvero di sforzarsi di ridere, perché di per sé hanno un temperamento malinconico, anzi proprio pesante, spesso lamentoso. In pratica ridono solo per rispondere alla pressione sociale: se pensano che la persona con cui parlano si aspetti da loro una risata, si sforzano e il risultato è che scoprono un buon centimetro di gengiva. Sono personalità passive, ma anche aggressive, perché quell'insicurezza che hanno, poi, la fanno pagare cara... »

« Mmm, sì, ma sai che forse hai ragione? Sulla principessa Diana non saprei, ma sulla signora Cardamo sì. È tutta zucchero con Marie-France, e a me invece mi tratta sempre come se fossi trasparente, non credo che abbia risposto una volta al mio saluto in tre anni che la vedo... »

« Che ti dicevo? Che altre categorie vuoi sentire? Ci sono, per esempio, le fronti-sagrato. Quelle persone con la fronte bombata, hai presente? Come la Salimbeni. Su quella fronte c'è spazio, è edificabile! »

« Ma finiscila! » Però rideva. Non avevamo nessuna voglia di lavorare. « E insomma, questa fronte gigante cosa comporta? »

« Allora... è un fenomeno che sto ancora studiando. Per cominciare direi: personalità ipocondriaca, tendenza alla mitomania. Hai mai visto Bette Davis? Quella è un perfetto esempio di fronte-sagrato. Baby Jane... »

« Ma era un personaggio di un film, mica lei! »

« Ma i personaggi non nascono da soli! Sono frutto di un'attenta osservazione della realtà... »

«Quindi tu, ora, stai studiando dei bei personaggetti per i tuoi romanzi!»
«Piantala! O ti ritrovi personaggetto pure tu!»
«A me piacerebbe. Essere una musa... anzi, anzi: devi promettermi che me lo fai, un personaggio come me. Determinata, fatale, micidiale...»
«Vedremo. Poi comunque, se vuoi sapere, ci sono i senza-mento. Uomini e donne. La loro nemesi sono i nasi-a-porcellino: indizio di personalità sensuale e ambiziosa, molto arrivisti ma poco lungimiranti.»
«Ma chi? I porcellini o i senza-mento?»
«I nasi a porcellino, dicevo. I senza-mento, al contrario, sono lungimiranti; ambiziosi quanto i porcellini, ma in maniera più sfuggente, più... più risentita, ecco. Sono i più pericolosi di tutti, a mio parere.»
«Come quel tizio che ci sta guardando da fuori?»
«Oddio... sì, quello è un perfetto senza-mento. Ma che farà lì impalato?»
«Io l'ho già visto da qualche parte, sai?»
«Ma dai!»
«Dico sul serio. L'ho già visto e non mi piace per niente. Non ti voltare ora, ma ti dico che ti sta fissando.»
«Piantala, su!» Con la coda dell'occhio però lo vedevo. Uno spilungone, senza mento, che aveva davvero l'aria di guardare nella mia direzione. E forse anch'io da qualche parte l'avevo già visto. Ma dove? Strano che non me lo ricordassi... magari mi stavo solo suggestionando.
«Poi è buffo, ha un vestito blu, tutto elegante, direi fatto su misura, e una valigetta... stile rappresentante, ecco.»
«Riesci a leggere cosa c'è scritto sulla valigetta?»
«Vedo solo una A, da qui. Dobbiamo aspettare che si

sposti. Però se continua a fissarti così vado fuori a dirgliene quattro!»

«Sto cercando di ricordarmi dove posso averlo visto... che poi, comunque, questi senza-mento sono apparentati alla categoria degli sguardi-sfuggenti.»

«Cioè quelli che non guardano negli occhi quando ti parlano? Mi fanno venire un nervoso, quelli!»

«Sì, sì, esatto. I senza-mento con sguardo sfuggente sono le creature più infide della terra! È come se fossero dei camaleonti, come se sapessero mimetizzarsi ai margini delle situazioni...»

«Ma secondo te, i tratti di queste persone, sono la causa o *l'effetto* del carattere? Voglio dire, una è passivo-aggressiva perché gengivale, o il contrario? Cioè... non pensi che queste caratteristiche possano essere delle espressioni talmente abituali da fissarsi sulla faccia?»

«Be'... io penso che tutti cambiamo in funzione di come ci comportiamo. L'acqua trasforma le rocce, no?»

«Sì... ma ecco, se uno nasce senza-mento, mica se lo può far crescere a comando.»

«Già. La vita è ingiusta.»

«Vero... è *così triste*.» Marta poteva essere molto sentimentale. Era perché aveva un forte senso della giustizia.

«Sai chi è per me il re dei senza-mento dallo sguardo sfuggente? Mr. Hyde.»

«Ma chi? Quello del libro?»

«Sì, sì, lui. Non l'avevo mai letto, fino a qualche tempo fa... poi l'ho letto per la tesi che non finirò mai.»

«Piantala! Mi impegno io a fartela finire, così la smetti di lamentarti, almeno...»

«Sì, vabbè. Ma insomma, la cosa più bella di quel racconto, che poi è infinitamente più bello di come te lo puoi immaginare, sai qual è? Che questo Hyde lo vedono tutti, però è come se non lo vedesse nessuno. Tutti hanno *un'impressione* di sgradevolezza, di fastidio, solo che non riescono a mettere a fuoco il perché... ma un po', sicuramente, è che è un senza-mento dall'occhio sfuggente. Mi pare di vederlo, guarda! »

« Proprio come quel tipo là fuori. »

Il tipo là fuori, intanto, stava parlando con un altro uomo, basso, fronte schiacciata, sopracciglia prominenti, esagerate. Almeno, così mi era parso: l'avevo solo intravisto, senza il tempo di mettere a fuoco. Sembrava proprio un tipo tarchiato, scimmiesco. Come quello che era venuto a cercare la moglie in negozio, e non portava la fede.

Marie-France tossicchiò, come faceva sempre quando era seccata dalla nostra distrazione, per richiamarci senza che le clienti se ne accorgessero. La signora Cardamo era già alla cassa, aveva comprato un foulard di Balenciaga a pois bianchi e neri bordato in fucsia, sicuramente un regalo per qualche sua amica, o cognata: non esibiva la tipica impazienza di quando comprava per sé. Rideva tutta soddisfatta con Marie-France, firmandole un assegno, mezzo metro di gengive al vento.

« Arrivederci, Marie-France, è sempre una delizia chiacchierare con lei » cinguettò.

Le aprii la porta. « Arrivederci, signora Cardamo. » Sorrisi lanciando un'occhiata a Marta, che stava per scoppiare a ridere alle spalle della signora.

La quale signora mi trapassò con lo sguardo, come fossi trasparente più della porta, ringuainò le gengive sotto le labbra dipinte Revlon, e uscì senza colpo ferire.

Come previsto. Né più né meno.

« Ma noi? »

« Noi, cosa? »

« Noi, a che categoria apparteniamo? »

« Noi siamo fuoriserie, no? » Ci venne da ridere, ma sapevamo entrambe che non era mica vero.

Solo che, per sapere a quale categoria appartenessimo, ci voleva qualcuno che ci guardasse dal di fuori.

« Dov'è andato il senza-mento? »

« Non c'è più... non mi sono accorta che andava via. »

« Smettetela subito di chiacchierare, voi due! Vi pago per parlare? Non mi risulta proprio! *Allez, allez*, c'è da aggiornare la bolla dei foulard, chi ci pensa? »

Marta colse l'occasione per scappar fuori a fumare – *così se lo rivedo ti chiamo!* – e io mi rinchiusi nel retro sospirando come una vittima sacrificale, anche se in realtà spuntare le bolle era una delle mie mansioni preferite – almeno potevo starmene tranquilla, con la matita in mano, prendermi un po' di tempo. La stessa cosa che faceva Marta con la sua sigaretta, sostenendo che se non fumava andava in astinenza da nicotina e diventava nervosissima. *Le pause sono sacre*, diceva. Prima di immergermi nella penombra riposante dell'ufficio, feci in tempo a sentire Marie-France che la sgridava.

« Ma come te lo devo dire che il fumo fa venire le rughe, *ma mie*? »

« Io pensavo che fosse la vita che le fa venire! » rispose Marta. Le rispondeva così ogni santa volta.

E come ogni santa volta, Marie-France: « Oh perbacco, ma quante filosofe abbiamo qui! Dammene una, su, ti faccio compagnia, tanto alle mie rughe ci ha già pensato la vita, non hai mica torto ».

E grazie all'arguzia di Marta anche lei, almeno per cinque minuti, prima di precipitarsi nel bagnetto del retro ad aspergersi di spray mentolato il cui profumo si mescolava alle note del tabacco e a quelle, basse e conturbanti, del suo immancabile Opium, poteva concedersi una Merit e una piccola vacanza da sé stessa.

13

L'ultima festa

Nessuno se l'aspettava, quando Marie-France annunciò la festa. « Ma sei sicura? Non mi pare il momento di aggiungere altre spese » disse Giosuè a bassa voce. Nelle ultime settimane, il tintinnio allegro del registratore di cassa l'avevamo sentito sempre più di rado. Marie-France passava pomeriggi a fare i conti, china sui libri contabili nel retro. Capitavano giornate in cui la porta di vetro non si apriva per ore intere. Lei ci teneva occupate con gli inventari, ma prima o poi non ci sarebbe rimasto nemmeno uno spillo da registrare.

Sapevo che Giosuè era preoccupato; lo sapevo anche se lui faceva finta di niente. Facevamo tutti finta di niente, quando qualcosa agitava Marie-France, perché era l'unico sistema per tranquillizzarla. E anche perché, se pure ci fossimo opposti alle sue iniziative, non sarebbe cambiato nulla; avrebbe trovato un altro sistema per condurle in porto. Lei non cambiava idea facilmente; soprattutto, non cambiava idea se le si suggeriva di farlo.

Intanto fissò la data: venerdì sera. L'obiezione che mancassero solo tre giorni non la smosse di un millimetro. Provò a prenotare al circolo sportivo, ma le dissero che quel venerdì era previsto un ricevimento di nozze d'argento; niente da fare. Pensò a un ristorante del quartiere, con un bel giardino: anche lì, si dispiacquero molto ma era tutto pieno. Tentò con una barca ormeggiata sul Tevere, dalle parti di piazzale Flaminio: non accettavano prenotazioni. Forse furono anche un po' sgarbati perché riagganciò il telefono con il viso corrucciato di quando qualcuno la contrariava.

« Benissimo, tesorini, vorrà dire che la faremo qui in negozio! Così risparmiamo, oltretutto... una spesa in meno, male non ci fa! »

Giosuè le sussurrò qualcosa all'orecchio. Lei si ritrasse quasi con fastidio. « E che significa? Certo che ce li faremo bastare! Mica devo dare una festa bizantina! »

Di solito, in occasioni del genere ci distribuiva i compiti. Dovevamo telefonare, fare il suo nome, e tutto filava liscio come l'olio. Quella volta, invece, volle fare da sola.

Scoprimmo poi che aveva cambiato fornitori; non ci disse il perché. Si limitò a cinguettare che le tartine e i *vol-au-vent* non avevano nulla da invidiare a quelli di Rosati che prendevamo di solito. Nessuno di noi osò farle notare che anche se qualcosa da invidiare magari ce l'avevano, non ci importava.

Non ci furono cocktail, solo vino; lo consegnarono sfuso, in damigiana. Aveva comprato però una serie di bottiglie, in cui per tutta la mattina del venerdì designato – avevamo tenuto chiuso, quel giorno, in preparazione alla serata – ce lo fece trasfondere con un sistema di pompe e imbuti. Fu anche divertente. Le bottiglie erano senza etichetta, ma dentro le *glacette* nessuno ci avrebbe fatto caso. Il ghiaccio ce lo dovevano consegnare dal bar. I tovaglioli di lino bianco li aveva portati lei stessa da casa. L'altra novità era che non aveva trovato camerieri. Dovevamo servire noi, ci dispiaceva? Naturalmente era prevista una grossa ricompensa per la nostra gentilezza, nella prossima busta paga. A noi non dispiaceva affatto: stavamo pensando di organizzare un piccolo viaggio in Croazia per l'estate, su iniziativa di Marta che bramava frontiere e avventure di dogana, buone da raccontare per tutto l'anno successivo (così almeno sosteneva lei, per convincerci); avere centomila lire in più sarebbe stato solo un bene.

Ci diede livree elegantissime, completi MaxMara scuri profilati di bianco, con un bolerino che imitava certe sottili camicie cinesi.

« Stupende! Siete stupende! » trillava, guardandoci impettite dietro il tavolo stracolmo di bottiglie e canapè. Aveva appeso davanti al negozio delicate lanterne di carta: dentro, le candele mandavano un bagliore struggente nella sera che scendeva.

Aspettavamo i primi ospiti. Giosuè fu sgridato aspramente per aver rubato al buffet un panino al latte – era forse un bambino, che non poteva aspettare?

Per farsi perdonare le scoccò un bacio sulla guancia, e allora lei sorrise dandogli del furfante. Ma non era del suo umore festaiolo. Forse era per via del daiquiri che faceva sentire la sua mancanza. Forse era perché non aveva avuto il tempo di mandare i soliti cartoncini d'invito, RSVP. Aveva usato il telefono. Che si fossero dimenticati?

Gli invitati erano una cinquantina. Come la volta precedente. Quando si erano presentate almeno cento persone, di cui una molto in ritardo. Sarebbe tornato quella sera? Sarebbe arrivato di nuovo a festa finita?

Furono le nove, poi le nove e mezza. L'aria era immobile, raggelata. Marie-France dovette spedire Giosuè a ricomprarle le Merit dal tabaccaio aperto fino a tardi, perché quelle che aveva se le era fumate tutte quante, in piedi sul marciapiede, scrutando un lato e l'altro della strada. Si faceva un punto d'onore di non aver mai comprato un pacchetto di sigarette; nessuno aveva il coraggio di farle notare che l'acquisto per interposta persona non bastava a fare di lei una non fumatrice, quale aveva bisogno di sentirsi per evitare di considerarsi responsabile di inconvenienti come le rughe o i denti ingialliti dalla nicotina. Ogni tanto una sagoma si avvicinava, poi scompariva, superandoci; avevano tutti altre mete, altre destinazioni. Qualcuno sbirciava nel negozio, qualcuno sorrideva, come a dire: mi piacerebbe fermarmi. Ma tanto non erano invitati.

I nostri effettivi invitati dovevano aver segnato sul calendario il giorno sbagliato. Alle dieci Marie-France versò a tutti noi un bicchiere di vino. Ci diede il permesso di spostarci da dietro il tavolo, dove avevamo atteso, professionali e immobili come stoccafissi, l'arrivo degli ospiti.

« Eppure avevano detto di sì! Mi viene il dubbio di aver invitato tutti per domani... stupido telefono! Come faccio a essere sicura di cosa ho detto, adesso? E poi, è troppo tardi per telefonare, no? Giusto per controllare questa faccenda della data che ora mi tormenta... ma sono le dieci, è *decisamente* tardi! Dovevo pensarci mezz'ora fa, cavolo. »

Giosuè era scomparso nel retro. Lo sentimmo parlare, piano; non distinguevamo le parole.

Nel giro di mezz'ora si presentarono sulla porta Isa Cacioni e l'inseparabile Lorelei. Avevano gli occhi un po' arrossati dalla stanchezza. Lorelei era strizzata in un completino di lana infeltrita mentre Isa, con disinvoltura notevole, indossava una combinazione parecchio rétro: un pigiama palazzo, pantaloni e blusa bordeaux. Aveva una bruciatura di sigaretta su una manica, ma Marie-France non le disse niente. Il che era quantomai insolito; solo che, quella sera, tutto era insolito.

Osservai anche che Marie-France non fece alle amiche nemmeno mezza domanda sulla data comunicata al telefono. Non indagò, come se non avesse poi troppa voglia di capire se avesse effettivamente sballato gli inviti, o se gli ospiti avessero trovato qualche altra ragione per non farsi vedere alla festa.

Mangiammo panini al latte e bevemmo vino acidulo da taverna, sedute sui divanetti bassi. In sottofondo cantava Dalida. Non sembrava nemmeno una festa, eppure lo era, e fu l'ultima. Andrea non si presentò, ma fino alla fine cercai di spiare oltre la vetrina, e di tanto in tanto mi pareva di indovinare, nel buio, degli occhi che guardavano dentro. Probabilmente però mi sbagliavo.

14

Girolimoni

Un giorno sentii Giosuè che parlottava con qualcuno nel retro. Non era Marie-France, che stava aggiornando la lista degli ordini a biro blu sul blocchetto con il monogramma del negozio che tenevamo accanto alla cassa; non era Marta, ferma nella luce della vetrina a guardare un punto del marciapiede su cui si erano accumulate le foglie cadute al primo caldo. Non era Micol, spedita al bar a prendere caffè per tutti, e nemmeno Elsa, con cui pure Giosuè a volte si ostinava a intrattenere lunghi discorsi che il cane commentava con brevi mugolii.

Giosuè diceva qualcosa di confuso, lo ascoltavo ma il suono era attutito, il tono della voce troppo basso; mi parve di cogliere la parola *aggressione*. Perché mai parlare di aggressioni in una mattina così bella?

Nell'aria galleggiava il pulviscolo, sapevo che Marie-France non ne sarebbe stata affatto contenta e mi avrebbe spedita ad acchiappare il piumino per la polvere non appena fossimo state in pausa pranzo; ma era bello, come se l'aria fosse d'oro. E proprio allora vidi il punto che Marta stava fissando, sotto la coperta croccante di foglie. Sulle prime non ci avevo fatto caso, ingannata da tutto quell'oro e quell'azzurro, che davano all'aria una consistenza liquida, quasi che la vetrina fosse stata un acquario; a guardare bene, però, sull'asfalto qualcuno aveva tracciato un segno con la vernice nera. Pareva uno sbaffo di catrame. Invece era una freccia, e la freccia puntava verso il negozio.

Poteva essere uno scherzo, un errore, una di quelle linee che gli operai tracciano sui marciapiedi per orientarsi nei lavori di manutenzione – ecco, sì, senz'altro era qualcosa del genere. Marta non mi disse una parola e io non dissi nulla a lei; eravamo stanche, ci trascinavamo, come succedeva spesso di mattina. Iniziarono ad arrivare le clienti e alla freccia non pensai più; Marie-France non doveva nemmeno averla notata.

Il giorno dopo, quando arrivai al negozio c'era di nuovo un bel sole e dal marciapiede erano state spazzate via le foglie; la freccia non c'era più. Ma non come una cosa solo immaginata: il fatto era che qualcuno l'aveva *cancellata*. Vedevo sull'asfalto, quasi impercettibili, segni di un bianco sporco: la schiuma raggrumata del detersivo con cui qualcuno (*ma chi?*) doveva aver strofinato il marciapiede. Giosuè sorrideva e si massaggiava le mani, torcendole; notai che gli mancava lo smeraldo al mignolo della sinistra, ma forse mi ero sbagliata, perché poco dopo, quando entrò una cliente e lui con ampi gesti le presentava i nuovi modelli di Gai Mattiolo arrivati proprio la sera prima – io e Micol ne sapevamo qualcosa, dato che ci eravamo prese una bella ramanzina per aver scordato di segnarli sulla bolla – la pietra scintillò, moltiplicando contro la vetrina un raggio di sole colato dalle fronde dei platani.

Marie-France quel giorno appariva perfettamente serena, l'ovale radioso sotto i capelli tirati, fra i due bottoni d'oro degli orecchini a clip. Sembrava ancora più bionda del solito, quasi troppo bionda, pensai. Come se avesse scoperto di poter essere più leggera, più inconsistente, più svolazzante, più lieve di tutti: di noi, di una freccia sul marciapiede, dei bisbigli che le si appuntavano dietro la nuca, fra le forcine che fermavano il suo chignon.

Perché le parole, intanto, avevano cominciato a circolare.

Era mai possibile che lei non le sentisse?

Nel retro, pigramente, Micol spuntava dalla lista delle consegne i costumi da bagno che avevamo ordinato da Sportskin, un marchio canadese che secondo Marie-France confezionava *delle cosucce adorabili*. Pensai di chiedere anche a lei; certe volte, malgrado l'apparente distrazione, sapeva lasciarti di sasso. Notava le cose a cui nessuno faceva attenzione.

« Micol, ma tu l'hai mai visto, qua fuori dal negozio, un tipo con una valigetta, in piedi, impalato come se aspettasse qualcuno? Uno con un vestito blu, senza mento? »

« Senza mento? » Micol non era al corrente delle mie teorie fisiognomiche, non eravamo abbastanza in confidenza. Forse mi imbarazzava parlargliene, come se non avesse potuto capirle, dato che lei era così bella – l'avevo, una teoria sull'eccesso di bellezza? In ogni caso, illustrargliele sarebbe stato uno spreco di tempo: tanto, dopo un po' che le parlavi, lei come niente fosse smetteva di ascoltarti.

« Sì, insomma, uno con il mento sfuggente... un po' come un cammello, diciamo! »

« Oh! Quello. Sì, ho capito di chi parli. Fa il fotografo » mi disse senza scomporsi, come se identificare qualcuno da una descrizione vaga e lacunosa quanto quella che le avevo appena offerto fosse la cosa più ovvia del mondo.

«Mi ha spiegato che per arrotondare cerca ragazze da ingaggiare come venditrici Avon, sai? Hai presente?»

«Avon... Ma non è la marca di quel rossetto, quello di cui il Capo ti chiedeva ieri?»

«Sì, esatto. Me l'ha regalato proprio lui! Ha detto che gli faceva piacere che intanto lo provassi, poi vediamo... ma io non me lo sogno nemmeno di mettermi a vendere i suoi trucchi! Già sto tutto il giorno in mezzo agli stracci. Però il rossetto me lo sono tenuto, era un colore carino. In ogni caso lui dice che per vendere questi prodotti sono perfette le ragazzine, tipo quelle che vengono qui il pomeriggio.»

«Ma dici che è per questo che se ne sta lì fuori delle ore, con quell'aria da pervertito?»

«Poveraccio, guarda che è una persona gentile, non è mica colpa sua se è bruttino.» Aveva ragione, e io mi vergognai: mi ero lasciata trascinare dalle mie stupide manie fisiognomiche.

O forse no. Forse ci avevo visto giusto, anche se per le ragioni sbagliate. Le cause e gli effetti si inseguono e si intrecciano in maniere che possono rimanerci misteriose. E anche se le apparenze ingannano, qualche volta, senza che ce ne rendiamo conto, parlano a un recesso nascosto in noi, che capisce il mondo meglio di quanto non crediamo di comprenderlo con i nostri criteri razionali, i nostri discorsi, i ragionamenti ben oliati che filano con logica perfetta.

A togliermi dall'imbarazzo arrivarono le ragazzine. O meglio, erano già arrivate: mentre ci trattenevamo nel retro, la piccola corte di Rossana si era impossessata dei camerini. Furono gli strilli ad attrarci, un insolito trambusto di risate.

La ragazza alta era in piedi davanti allo specchio, le gambe nude. Indossava un vestitino di Cacharel troppo piccolo che le lasciava scoperto a metà il sedere. Le altre intorno, sedute sui divanetti come se fossero rimaste fuori ad aspettarla per darle un giudizio sull'abito che si stava provando, ridevano scompostamente. Non le avevo mai viste così; avevano, quel giorno, l'aria quasi cattiva.

«Ma veramente pensavi che ti potesse stare bene un vestito così corto? Guarda lì che coscione!» sghignazzava Rossana succhiando un lecca-lecca alla fragola, vietatissimo in negozio. Mi sarei dovuta avventare su di lei, levarglielo prima che la beccasse Marie-France, ma la verità era che mi faceva paura. Le persone prepotenti mi paralizzano.

La ragazza alta rimaneva in piedi, immobile, in silenzio. Sentivo la sua umiliazione.

«E chi ti credi? Fai ridere!»

«Ma non lo sai che lei pensa di essere uguale a Sophie Marceau? Ecco, chi si crede» sghignazzò quell'altra, Donatella, che dava sempre corda a Rossana, qualsiasi cosa dicesse.

«Ma me l'hai detto tu» avvampò la stangona, con un filo di voce racimolato per difendere quello che rimaneva del suo orgoglio, «che secondo tua sorella le somiglio... me l'hai detto proprio ieri!»

«E ti stava prendendo in giro, non l'hai capito?» saltò su la quarta, quella che di solito mi pareva più amica della ragazza alta che di Rossana; evidentemente, non quel giorno.

«Che succede qui?»

Era arrivata Marie-France, alta, torreggiante, giunonica. Tirai un sospiro di sollievo, anche se il problema del lecca-lecca era ben lontano dall'essere risolto.

« Mi hanno detto di provarmi questo, per la festa di sabato, che era adatto a me, e poi, e poi... io l'ho messo, ma volevano solo prendermi in giro. »

Sul punto di scoppiare a piangere davanti a Marie-France, cercava di trattenersi.

« Ma prenderti in giro, per cosa? Chi ti ha dato questa taglia? Questa al limite va bene per lei, che è uno scricciolo » e con una punta di disprezzo che forse vidi solo io, indicò Rossana. Non mi era mai sembrata tanto bassa.

« Tu sei alta, sei uno splendore, finiscila. Asciugati le lacrime, su, prendi il mio fazzoletto. E torna a cambiarti. »

Si infilò nel camerino e solo allora vidi che la gonna troppo corta del vestito era macchiata. Di rosso, come se – ma certo! Il lecca-lecca di Rossana!

Che naturalmente si accorse del mio sguardo.

« Almeno quei pulciari dei suoi genitori saranno costretti a darle ventimila lire per comprarsi qualcosa » sibilò quello striminzito concentrato di perfidia, e come un sasso lanciato in uno stagno, scatenò un incresparsi di risatine nelle streghette che la spalleggiavano.

Marie-France, per sua fortuna, non la sentì, o decise di ignorarla; io invece avevo sentito benissimo, e anche la ragazza alta. Uscì dal camerino, col vestito macchiato, a testa alta. Lo portò alla cassa. Aveva deciso di fare finta di niente, faceva sempre finta di niente. Sopravviveva così.

« No, *ma mie*, questo non te lo posso vendere, non vedi che è danneggiato? È sporco, sarà un difetto di fabbrica » sorrise mielosa Marie-France. Mi parve di vedere Rossana avvampare, stavolta toccava a lei; di rabbia, o forse di umiliazione, chi lo sa. Che differenza faceva, poi?

Che incubo, avere quattordici anni, pensai.

Una cosa del genere era successa anche a me: me ne ricordai quella sera. Micol come sempre era uscita, in casa eravamo solo Marta, Elsa e io. Nel giro di poche settimane, l'appartamento si era fatto affollato, ma per fortuna c'era spazio per tutte. Cosa che sollevava Marie-France dai sensi di colpa per non aver potuto tenere Elsa con sé: « Sono troppo vecchia » ci aveva detto, presentandosi una mattina al negozio con gli occhi gonfi, « per avere un cane, tesorini miei ». Portarla fuori la sera le pesava, in strada non c'era anima viva e Dio sa cosa può succedere, a una signora sola con un cane che non diffida di nessuno, che se vedesse arrivare un malintenzionato sarebbe capace di fargli le feste. Per la prima volta, mi resi conto di quanto potesse soffrire di solitudine, la donna rocciosa che ci sosteneva tutti. Qualche volta era stanca anche lei, qualche volta era debole persino il Capo.

Per fortuna, Elsa non aggravò i suoi scrupoli di coscienza e con l'allegria con cui affrontava qualsiasi frangente della sua esistenza canina si adattò al cambiamento. Nel giro di una decina di giorni aveva già preso l'abitudine di dormire ai piedi del mio letto, nella camera che dividevo con Marta. In quella di Micol entrava più di rado; forse la giudicava troppo felina, forse Micol non le tributava abbastanza attenzioni, presa com'era da sé stessa e da tutta la confusione che il suo solo passaggio seminava nel mondo. Noi cenavamo ed Elsa da sotto il tavolo cercava di rubarci il cibo; ogni tanto fingevamo di lasciar cadere per sbadataggine un tozzo di pane, solo per guardarla avventarsi sul boccone con la gioia che si ha per le occasioni inaspettate. Noi, Marta e soprattutto io, scoprivamo che vivere con un cane è un po' come trovare una porticina che basta spingere per affacciarsi sulla pace festosa dei giochi dell'infanzia. Gioivamo di averla con noi; anche se poi, in negozio, si comportava come se fosse il cane di Marie-France, rispondeva solo a lei, la seguiva ovunque, le faceva le feste. Ogni tanto sentivo una punta di gelosia, ma mi passava presto.

Insomma, quella sera ci ritrovammo sul divano con Marta – Elsa accucciata sul pavimento – a bere un bicchiere di Mateus che lei per qualche ragione adorava (diceva che le piaceva da matti la confezione a goccia, e collezionava i vuoti con l'intento di trasformarli in candelabri, ma non si risolveva mai a farlo). Proprio allora quella vecchia storia mi tornò in mente. Me l'ero dimenticata, come tutte le cose a cui un giorno smetti di fare caso. Avevo tredici anni. C'era un ragazzo, che ora nemmeno mi ricordavo bene com'era fatto. La mia amica diceva che secondo lei era carino... io non ci avevo mai pensato; ma dopo che me lo ebbe detto, iniziò a sembrare carino anche a me.

«E allora?»

«Allora lui mi invitò a uscire, e io non sapevo cosa rispondere, dato che era stata la mia amica, per prima, a dirmi quant'era carino... d'altronde però lui ci conosceva tutte e due. E di uscire l'aveva chiesto a me.»

«E cosa hai fatto?»

«La cosa peggiore che potessi fare. Le ho chiesto il permesso, e poi sono uscita con lui e ci siamo pure baciati, anche se non mi piaceva molto... ormai dovevo dare un senso al patatrac.»

«Ma è una storia completamente diversa da... da quella che è successa oggi!»

«Sì, è vero, ma... la cosa identica, quella che mi ci ha fatto ripensare, era il modo in cui mi trattava la mia amica, dopo. Lei mi aveva detto *fai come vuoi* ma ovviamente non intendeva *davvero* dirmi che potevo fare come volevo: voleva che io mettessi al primo posto l'amicizia. La nostra amicizia. Aveva ragione? Forse sì, non so. Io, per opportunismo, ero stata pragmatica: tanto lui ormai aveva chiesto a me di uscire, lei ci sarebbe rimasta male lo stesso. Ma non era così semplice. Solo che allora non lo capivo, e poi mi sono tanto pentita... Comunque, dicevo, quello che è identico è il modo... il modo in cui lei mi trattava allora. Come Rossana con la stangona. E lei incassa... come incassavo io.»

Marta rimase in silenzio per un po'. Poi, come se le fosse stata appena rivelata una gran verità, con voce grave disse: «Certo che essere giovani è bello solo quando hai dimenticato com'è».

Era davvero una gran verità.

Giosuè stava sistemando, alle spalle della vetrina, la postura dei manichini che avevamo appena finito di preparare. Li cambiavamo ogni due o tre giorni, Marie-France sosteneva che facesse bene un po' di varietà; lui, anche se lasciava a noi l'onere di vestirli, non era mai soddisfatto di come li disponevamo, della posizione delle mani, dell'inclinazione della testa. Guardava fuori.

«Speriamo che quello non sia un Girolimoni» disse, come parlando fra sé. Ero lì accanto a lui e non avevo idea di cosa intendesse.

«Che?»

«Vedi quello? Quel tipo con la valigetta e il vestito blu?»

«Sì, sta spesso qui davanti, dev'essere un fotografo, un rappresentante di qualcosa... non mi ricordo neanche più.»

«Sarà, ma non mi piace per niente. Attacca bottone con le ragazzine.»

«Ma chi è un Girolimoni?»

«Eh! È uno che tanti, tanti anni fa, proprio qui a Roma, è stato accusato di essere... be', un mostro. Di aver violentato e ucciso delle bambine.»

«Oddio! Ed era vero?»

«Venne fuori di no, ma quando venne fuori ormai era troppo tardi.»

«Ma quindi, se era innocente... vuoi dire che speri che quel tipo non sia innocente e accusato a torto?» Evidentemente la mia abitudine a spaccare il capello in quattro non mi aveva abbandonata solo perché non frequentavo più le aule della facoltà di filosofia.

«No, no... intendo... è un modo di dire. Lo diciamo noi romani. Voi polentoni non potete saperlo, in effetti! Diciamo un Girolimoni per dire un mostro. Anche se quello, l'originale, poi alla fin fine era innocente.»

«Ma non trovi che sia una cosa brutale?»

«Già... ma ormai si dice, non c'è niente da fare. Questa città è fatta così, sai.»

Giosuè doveva conoscere bene la brutalità di Roma, che pure amava. Suo zio, quando lui aveva pochi mesi appena, era stato deportato ad Auschwitz dietro denuncia di un ex compagno di scuola: il suo migliore amico delle elementari, l'inseparabile compagno di banco a cui si era rivolto perché l'aiutasse a ottenere il passaporto.

Avevano entrambi ventisei anni. Lo zio, naturalmente, Giosuè non lo ricordava; era morto di lì a poco, nel campo, lui era ancora un bebè. La famiglia l'aveva spedito con i fratelli in campagna, in casa di amici di amici che li avevano nascosti e protetti. Questo me l'aveva raccontato Marie-France, una volta, in un momento di inaspettata confidenza. A lui non avrei osato chiederlo, ma lei era tanto ben disposta, quel giorno, che trovai il coraggio.

«E lui che cosa ne pensa di tutta questa storia? È arrabbiato?»

«Ma no, *ma mie*, cosa ti vuoi arrabbiare. Erano tempi così, quell'altro deve aver avuto paura. La paura fa fare cose tremende, sai?»

Giosuè si irritava spesso, ma non si arrabbiava mai sul serio. Forse, avesse avuto un'indole appena più iraconda, le cose si sarebbero messe un po' meglio per tutte noi. Ma non ci è dato sapere che via prenderebbero le nostre esistenze se fossimo diversi da come siamo, no? Ci fu chiaro la sera in cui andammo all'opera a vedere Micol.

Nella *Traviata* faceva la figurante, sarebbe comparsa solo per pochi istanti, ma tutti fremevamo dalla voglia di ammirarla sul palco in abiti di scena. Micol che ci riempiva la casa con i mazzi di fiori dei suoi molteplici ammiratori, Micol che una volta mi aveva confessato di aver buttato via un vestito pur di non doverlo stirare, Micol che mangiava solo uova sode e le teneva in frigorifero contrassegnandole con una S, e una volta per scherzo Marta aveva scritto S anche sulle uova crude, per mandarla in confusione, e lei nemmeno se ne era accorta perché in realtà poi le uova sode non le mangiava mai, dato che c'era sempre qualcuno che la invitava a cena fuori; la cosa curiosa era che Marta – la quale le aveva sempre adorate e si era adombrata dell'incidente con Giosuè, quando lui aveva riportato il vassoietto degli *œufs mayonnaise* alla rosticceria – non ne approfittasse per mangiarsele lei.

Insomma, nella nostra nuova routine, fra casa e negozio, come un fulmine a ciel sereno era sopraggiunto quell'ingaggio per *La traviata*, e anche se non ci riguardava direttamente eravamo tutte emozionate da non stare nella pelle. Ci dividemmo in due macchine per andare dalla boutique al teatro dell'Opera: fui assegnata alla Fiesta di Giosuè, auto usuratissima, di un sobrio blu scuro, completamente scassata all'interno. Funzionava solo una delle due portiere e un finestrino rimaneva a mezz'asta, ma lui non sembrava darsene pensiero.

« Prendiamoci un caffè, prima » mi disse, ed entrammo nel bar accanto alla boutique. Forse era stanco, forse aveva paura di insonnolirsi allo spettacolo. Chiese alla cassiera due caffè e quella sembrò non sentirlo. Li chiese di nuovo, e di nuovo lei lo ignorò. Allora, come niente fosse, ripeté l'ordine a voce stentorea. Non era mai stato così brusco; gli altri clienti al banco si voltarono con lo stupore scocciato che si riserva ai matti. Il barista scambiò un'occhiata con la cassiera, poi ci servì di malavoglia. Non ci diede nemmeno il solito cioccolatino. Provai a convincermi che la spiegazione più semplice di quello sgarbo potesse esser la più realistica: era tardi, stavano per spegnere la macchina del caffè, gli avevamo scombinato i piani. Eppure sapevo che non era così.

Un signore grasso entrato dopo di noi ebbe la sua tazzina fumante, il cioccolatino, il sorriso della cassiera. Noi uscimmo senza una parola.

Non osavo fare domande, Giosuè rimaneva in silenzio. Non aveva l'aria di aver subito un'umiliazione; mi pareva, anzi, come se fosse più alto. Forse stava solo più dritto con le spalle.

« Sai » mi disse quando fummo in macchina, entrati tutti e due dal lato del passeggero, « ho voluto insistere, perché c'è stato un momento in cui nei bar quelli come me non li servivano. E non ho intenzione di vederlo succedere di nuovo. »

Non ebbi modo di chiedergli cosa intendesse per *quelli come lui*, perché cambiò subito discorso. Avevamo un mazzo di narcisi da regalare a Micol dopo lo spettacolo. Ero andata a prenderli dal fioraio all'angolo, quando avevo accompagnato Elsa dalla Lorelei, che abitava lì dietro e si era offerta di badare al cane, quella sera, dato che all'opera non potevano venire né l'una né l'altra: l'una perché gli animali non erano ammessi, l'altra perché a teatro non si poteva più fumare. Infatti lei non ci andava dal '75.

« Ti rendi conto » mi disse Giosuè « che per i Greci antichi i fiori erano quasi tutti metamorfosi di amori infelici? Uno entrava in un giardino e cosa ci trovava? Non piante e fiori, ma una galleria di innamorati respinti. »

Già, pensai; considerare Narciso un innamorato respinto richiedeva una visione piuttosto particolare della vita. Del resto, lui era fatto così. Sorrisi perché non sapevo bene come continuare la conversazione, tutto quel che avevo da dire mi pareva indelicato. Forse ne fu sollevato, ma non ci avrei potuto giurare, perché rimaneva imperscrutabile, al suo solito. Comunque accese la radio e si mise a cantare con Ornella Vanoni.

15

Ha già visto questa ragazzina?

Un fiume nasce – l'avevo studiato sul sussidiario di geografia, anche se non potevo certo dire di aver assistito a un evento paragonabile – dal confluire di innumerevoli ruscelli e torrenti di montagna in un unico letto sassoso, che si rafforza e si gonfia di quelle acque fresche, noncuranti del destino che le spinge a scivolare a valle, a ingrossarsi fino a far saltare argini e ponti. Non diversamente nasce una calunnia. Neppure a questo fenomeno avevo mai assistito, e oltretutto non era contemplata la sua descrizione in nessun sussidiario; per cui allora tardai – tardammo tutti – a rendermi conto di cosa stava succedendo.

Non l'ho mai detto a nessuno perché non sono cose di cui parlo volentieri, ma ho conservato, dai tempi della disavventura, una scatola di reperti che non apro se non nelle notti di insonnia, o dopo un incubo come quello della giungla che si impadroniva del negozio. Ci sono due o tre caramelle a spicchio d'arancia, una rossana. Ormai saranno velenose. E altre cose di poco conto: un paio di bottoni di madreperla, la fotografia che ci siamo fatti fare un giorno dal ragazzo della rosticceria, noi seduti a pranzo al tavolino sul retro, tutti sorridenti. Un mazzo di tarocchi marsigliesi, un paio di occhiali da sole Celine. Un rossetto quasi finito, uno straccio che sa ancora di aceto. E poi una serie di biglietti imbustati – una busta è appiccicosa. Un pezzo di plastica a forma di chiavetta, un cardatore per cani, e ancora foto di noi a una festa in negozio, e altre in cui noi ragazze sorridiamo in completo Armani – doveva essere l'uniforme della settimana in cui Giosuè aveva avuto in regalo la Polaroid. In una c'è Marie-France sola, biondissima per il flash. Perché l'ho conservata, la scatola, non saprei dirlo; forse è solo che già all'epoca della disgrazia ero certa che le indagini non avrebbero fatto troppi passi avanti, così ho pensato che fosse mio diritto tenere per me quei detriti, allestire il piccolo museo clandestino di una stagione tramontata. La verità è che nessuno avrebbe comunque investigato oltre, su quella brutta storia. Una storia imbarazzante, di quelle che è molto meglio mettere a tacere. Ora che ho superato l'età di Marie-France all'epoca dei fatti, se ripenso a tutto quel che è successo mi sembra quasi di sovrappormi a lei.

In piedi dietro alla vetrina del negozio, cosa sentiva, mentre fuori si addensava la nuvola dei bisbigli? Le ragazzine ridevano, si davano di gomito come se fossero sul punto di estrarre a sorte la prima a entrare – a chi sarebbe toccato? All'epoca, per lo più, le ignoravo: non notavo niente, non sentivo niente, se non la fatica di un giorno dopo l'altro, l'ansia di non sapere chi sarei diventata, il piacere sottile di dilazionare i desideri. Ma se adesso chiudo gli occhi e ritorno alla scena, non occupo lo spazio che occupavo allora; chiudo gli occhi e sono dentro il negozio, nel profumo delle peonie che Giosuè aveva portato quella mattina dal mercato coperto – diceva che le peonie vivono due settimane all'anno e bisogna onorare il miracolo, e ci spendeva una fortuna. Sono in piedi nel posto preciso in cui stava Marie-France, non nell'angolo da cui potevo vederla, immobile, diritta come un fuso, con il suo portamento dolce e altero.

Gli occhi di Marie-France, che nel ricordo sono i miei, fissavano un punto invisibile a noi che ci davamo d'attorno a spostare le grucce per ripristinare l'ordine scandito dai bollini che Micol aveva ingarbugliato, per colpa, come sempre, della sua testa fra le nuvole. La porta si aprì, Marie-France sembrò riscuotersi, inalò il profumo delle peonie che finalmente doveva aver assorbito, cancellandolo, quello troppo dolce, putrido, dei gigli. Giorni prima Micol aveva ricevuto un mazzo di gigli bianchi alti quasi quanto noi, con un fiocco scarlatto e un biglietto; e distrattamente, come faceva lei, li aveva abbandonati sul banco finché qualcuno, forse Marta, non aveva preso un vaso Venini di vetro azzurro e ce li aveva ficcati dentro in quattro dita d'acqua. Ma era stata Marta davvero, o ero stata io, che mai avevo potuto sopportare l'idea dei fiori recisi lasciati ad agonizzare all'aria? Forse ero stata io e nel ricordo do la colpa a Marta per far piombare su di lei la sfuriata di Giosuè non appena se ne accorse; nessuno avrebbe potuto immaginare a cosa andava incontro con quel piccolo gesto di premura. Giosuè sapeva che Marie-France non tollerava l'odore dei gigli, sosteneva che fosse mefitico, impestante; perciò non appena l'aria trasportò le esalazioni fino al suo naso (così sensibile al minimo turbamento olfattivo che ci costringeva a tenere, nel retro, le finestre aperte anche d'inverno), dall'ufficio in cui stava aggiornando gli ordini si slanciò in negozio, acchiappò il mazzo dei poveri gigli e corse fuori, a gettarli nel cassonetto da cui per tutto il giorno vedemmo fare capolino le corolle puntute e candide e i lunghi pistilli, a incoronare i sacchi di pattume.

Insomma, il profumo troppo dolce dei gigli era scomparso; nell'aria aleggiava l'effluvio tenue, discreto, delle splendide peonie bianche e rosa, e Marie-France inalò con piacere, come chi abbia sete e beva un sorso d'acqua fresca. Ma la porta si era aperta e già era troppo tardi per chiedersi cosa l'avesse spinta a quel respiro un poco più profondo del dovuto, quasi un involontario sospiro: aveva colto, forse nella pressione della mano della ragazzina sulla maniglia, forse negli sguardi delle altre lì fuori, qualcosa (una durezza, una sfida, una ferocia addirittura) che bastasse a fare tremare il vetro limpido? Tremò per un istante anche il mento di Marie-France. Possibile che avesse già capito? Che da presagi tanto labili avesse dedotto che non portava niente di buono, quella ragazzina, né il capannello delle amiche fuori dalla porta?

La ragazza era poco più che una bambina. Aveva i capelli ricci, quei ricci a cavatappi che non si lasciano spazzolare, e li portava in due codini alti sulla testa, che le conferivano un inutile supplemento di giovinezza, e insieme un'aria inquietante, d'innocenza tradita, perché sotto i capelli aveva occhi sfuggenti, opachi. O magari me la ricordo così adesso, perché la rivedo attraverso lo sguardo di Marie-France come in una profezia a rovescio, alla luce di quello che avremmo saputo in seguito; di quello che Marie-France fu costretta a vedere, a capire, a subire.

Chi può dirlo.

La ragazza portava scarponcini Timberland consumati, probabilmente di seconda mano; forse ereditati da un fratello, una sorella maggiore. E dovevano starle anche piuttosto grandi, perché incespicava, come se all'interno ci fosse uno spazio vuoto fra la punta delle dita e la tomaia. Uno spazio che le intralciava il cammino.

Aveva a tracolla il bauletto Naj-Oleari con la fantasia a fondo blu e fiori gialli. Iniziavano a desiderarlo tutte, ne avevamo appeso uno alla spalla rachitica di Crevette. L'aveva comprato da noi? Era possibile; quella era una ragazzina del quartiere, e nel quartiere era da noi che le ragazze venivano a rifornirsi degli oggetti che scoprivano, giorno dopo giorno, di desiderare spasmodicamente. Da cui i risolini – la gioia compressa di trovare gli ultimi arrivi, le collezioni Cacharel che Marie-France si faceva spedire da Parigi, i profumi, i bauletti e quant'altro – che riempivano la boutique nei pomeriggi.

Quel pomeriggio invece ristagnava uno strano silenzio, o almeno io lo ricordo così. In piedi davanti al banco la ragazzina aprì lentamente la borsa e con la mano ancora paffuta, con le fossette alle nocche, come quella di un angioletto dipinto, tirò fuori una fotografia sgualcita agli angoli. Marie-France la sfiorò appena con la punta delle dita: lo faceva quando qualcuno le porgeva qualcosa del cui grado di pulizia non era del tutto certa. In quel caso però aveva le sue ragioni, perché la fotografia era malconcia, appiccicaticcia; doveva aver abitato a lungo fra le pagine di un diario di scuola.

«È stata qui?» chiese la ragazzina indicando un punto sbiadito sotto la patina bisunta che copriva la foto. Il punto sbiadito a ben guardare era un viso pallido di ragazza, in una fila di visi pallidi come lune. Colpa del flash, probabilmente. Erano in un interno, alle loro spalle una sbarra per gli esercizi, un lungo specchio: forse una palestra, una scuola di danza? Indossavano body colorati, aderenti, calzamaglie a contrasto – *color block*, me l'aveva insegnato Marie-France che si diceva così – e scaldamuscoli di lana spessa. La fotografia doveva risalire a qualche mese prima, magari all'inverno: la ragazzina riccia era anche lì dentro, e non appariva diversa. Le ragazze sorridevano allineate in ordine d'altezza, come nei vecchi ritratti che si facevano alle bambine sul bagnasciuga: una accanto all'altra dalla più grande alla più piccola, sorelle, cugine, amiche. Sorridevano e guardavano dritte nell'obiettivo, tutte tranne una. Sul suo viso puntava il dito cicciottello.

« È stata qui? » ripeté la ragazzina. Nella foto posava tre posti a destra della faccia che indicava – le dividevano diversi centimetri di altezza.

« Allora, è stata qui? » sibilò per la terza volta.

C'era stata, eccome. Solo allora mi resi conto che fuori dalla vetrina, in attesa nel crocchio delle altre, c'era Rossana con la sua aria da piccola satrapa, il viso teso per lo sforzo di cogliere dai movimenti delle labbra ogni briciola della conversazione fra Marie-France e la sua amica.

Marie-France pareva appena perplessa; iniziava a sentirsi scocciata, lo indovinavo dalla frequenza con cui batteva le palpebre. Era quello, in genere, il preludio alle sue piccole sfuriate di esasperazione, che sfuriate poi non erano mai davvero: somigliavano a brevi sbuffi di vapore, abbassavano provvisoriamente la pressione. In ogni caso, solo io e Micol, nella remota ipotesi che stesse badando alla scena, potevamo accorgerci di quell'increspatura nella serenità olimpica del nostro Capo. Marie-France, avvezza com'era all'autocontrollo imposto da anni di contatti ininterrotti con l'umanità prepotente e sgangherata, spesso imperscrutabile, inconsapevole, eccentrica, che frequentava il negozio, non avrebbe mai permesso al suo fastidio di affiorare in superficie. La fronte rimase liscia, non si corrugò nemmeno in quel punto, alla radice del naso, in cui ultimamente l'aveva abitata un cruccio che scavava un solco perpendicolare alla montatura degli occhiali. Ma tanto gli occhiali che il solco rimanevano gelosamente nascosti agli sguardi degli estranei. Io stessa avevo fatto caso alle sue lenti da presbite solo quando mi era capitato di sorprenderla nel retro, curva su certi suoi quaderni di appunti, a scriverci dentro con furia. Tante volte l'avevo vista fare i conti senza per questo soffermarmi sui suoi occhiali; quel giorno però era diversa, talmente concentrata che calcava la penna a incidere un solco sulla carta come quello sulla sua fronte, rapida e appassionata, al limite della frenesia. Era assorbita dall'impresa di mantenere la segretezza; per cui non c'era modo di scoprire quali segni tracciassero le sue mani, leste a richiudere il quaderno non appena si accorse del mio arrivo.

Ora, mantenendo intatta la calma che riservava ai clienti più seccanti, rispose alla ragazzina con la sua voce carezzevole di contralto: «Ma certo, tesoro, non ti ricordi? Ci siete state tutte e quattro insieme, qui, giusto l'altroieri». Non l'avevo riconosciuta – era una delle nostre habitué. Ma vederla da sola, senza il corteo delle altre, come un fiore staccato dalla pianta, me la rendeva estranea. Per eleganza Marie-France evitò di commentare la sproporzione fra l'enorme quantità di tempo che le ragazze scialacquavano in negozio e la relativa oculatezza delle loro spese, con l'eccezione di quelle, sempre esagerate benché sporadiche, di Rossana. Era stata lei a volere le adolescenti in negozio allo stato brado, senza madri, senza nonne, senza sorelle maggiori con le perle al collo, no?

«Farebbe meglio a controllare i camerini, quando andiamo via» soffiò fuori la ragazza in un fiato, come chi dice una frase imparata a memoria; e quasi si vergognasse di lasciare alla sua avversaria il tempo non dico di replicare, ma anche solo di decifrare quelle parole senza capo né coda, non appena le ebbe pronunciate infilò la porta a testa bassa e uscì.

«Ma guarda questa stronzetta» fece Marta, affacciandosi alla vetrina in tempo per vederla allontanarsi con i codini che dondolavano nel vento.

Marie-France, una volta tanto, non la riprese per il turpiloquio. Forse aveva altro a cui pensare, forse sotto sotto le dava ragione e le era grata per aver dato voce a quel che passava per la testa pure a lei.

Per qualche tempo ancora non avremmo saputo che significato attribuire a quell'intrusione sconclusionata. La ragazza nella fotografia era quella alta e sottile che secondo Marie-France sarebbe diventata una bellezza. Quel giorno non era venuta con le altre. Mi sorprese il pensiero che la bellezza nei miti greci non era sempre una fortuna per le mortali. Anzi, capitava che facesse infuriare qualche dea, e in men che non si dica la poveretta si ritrovava mutata in ragno o uccellino. Poteva valere lo stesso per una ragazza che ancora bella non era, che anzi al cospetto delle altre aveva l'aria sgraziata, allampanata, incerta – eppure era incontrovertibilmente diversa, come fosse destinata a un'altra sorte, a una vita in cui sarebbe bastata a sé stessa, per farsi strada? Chissà se già intuiva, la ragazza alta, di non aver nessun bisogno di compiacere i capricci di Rossana, di conformarsi ai comportamenti delle altre; se sapeva che in un futuro non lontano il suo fascino avrebbe irradiato raggi tanto potenti che niente ne avrebbe schermato lo splendore. Di fatto, era l'unica che non ridacchiava quasi mai alle battute di Rossana; veniva in negozio con le altre, ma si teneva in disparte. Forse, la sua riottosità a obbedire alle leggi del gruppo, implicite e violente, aveva irritato la minuscola divinità di quel pantheon di crisalidi?

Non succedeva mai, nel mito, che una dea infastidita facesse scomparire la rivale; a essere cancellate erano solo la bellezza, le forme del corpo, la pelle liscia. Tutto quel che poteva essere oggetto di ammirazione o desiderio. Chissà se anche di Aracne trasformata in ragno, Marie-France avrebbe detto *è morta male, poverina*. E nessuno avrebbe osato farle notare che invece non era morta affatto.

16

Guardate bene nei camerini!

Si stava preparando una tempesta, ma il cielo sopra di noi si ostinava a un azzurro sereno. I venti soffiavano lontani, troppo perché potessimo avvertire anche solo un refolo dei nodi che gonfiavano sopra la città, sulle case, i vialetti e i palazzi, nei cortili del liceo, davanti alle vetrine del pizzicagnolo che disponeva fiori freschi ogni mattina nelle cassette traboccanti di ciliegie e fragole, lungo le rotaie lucide del tram. Nemmeno se il nostro udito fosse stato in grado di raccattare il peso invisibile dei bisbigli, delle risatine soffocate, delle parole a mezza bocca e dei balbettii, avremmo avuto la prontezza di comporre gli indizi. E se anche avessimo sentito tintinnare – come la campanella nelle stazioni di provincia quando il treno si avvicina alla banchina, come un allarme che rompe il silenzio della notte fonda – i segnali dell'emergenza, se anche li avessimo colti, non sarebbe comunque bastato. Nessuno di noi aveva mai, in vita sua, subito la collera invisibile del pettegolezzo; nessuno aveva assaggiato il gusto della calunnia, se non nella forma di maldicenze trascurabili, incrociate qualche volta in un corridoio di scuola, sbocciate dalla noia più piatta come fiori di cappero fra le pietre di un muro. Ma la calunnia vera e propria, quella ci era ignota; perciò non avremmo saputo riconoscerla, né potuto costruire argini forti abbastanza da contenerla. E così ci travolse in un maggio fresco e odoroso che tutto pareva promettere fuorché fango, pietre, slavine.

Non capisco cosa mi spinga ad anticipare i fatti. Si potrebbe pensare, forse non del tutto a torto, che sia l'angoscia di ripercorrere ancora una volta la storia per intero, di tirar fuori dal cassetto ricordi smangiati dalle tarme e di scoprire che nemmeno le tarme hanno potuto distruggere la trama fitta del senso di colpa, che unisce i punti sparsi della memoria componendo la figura tutta intera.

La figura tutta intera era una stella, un simbolo mutato suo malgrado in marchio d'infamia: e nessuno di noi avrebbe potuto sospettare di portarla a propria insaputa, quasi tatuata sulla pelle, sulla nuca, visibile a chi alle nostre spalle sibilava insulti. Ci sentivamo estranei all'ipotesi della violenza, all'ingiustizia da cui non hai difesa; all'ombra che ti respinge quando vorresti che ti proteggesse. Eravamo esposti in pieno sole. Ma i nostri erano nemici che non sospettavamo di avere.

La storia è molto chiara, e per non lasciarsi fraintendere si ripete dalla notte dei tempi, e ogni volta torna a ripetersi in forma di farsa, dicono; io credo però che si tratti ogni volta di una nuova tragedia, solo che nessuno se ne accorge, nessuno ci bada. Nessuno ha interesse a rifletterci. E nemmeno a difendere chi ne fa le spese.

La calunnia non conosce innocenti, lo sapete? La gente ascolta e giudica, e anche se decide di non credere, ugualmente si lascia convincere senza darlo a vedere. Mormora. Qualcosa sotto deve pur esserci, qualcosa avranno pur fatto. Se non questa, la colpa sarà un'altra.

Qualcosa avranno pur fatto.

Mi domando cos'abbia spinto Marie-France, allora, a mantenere la sua calma serafica. Ignorando le parole della ragazzina si passò la mano sinistra fra i capelli, i suoi capelli che in qualsiasi condizione – stanchezza, pioggia, tramontana, afa – conservavano la piega, gonfia, perfetta, come se un venticello perenne li tenesse in posa dall'interno.

« È la lacca, *ma mie*. Dovreste imparare a usarla. » Sapeva bene (avremmo dovuto saperlo pure noi) quanto fosse importante, per una signora, avere i capelli in ordine, qualsiasi cosa accada intorno a lei. Maldestramente avevo tentato, irrorando di effluvi nebbiosi lo chignon che Marie-France mi aveva fissato in alto, di imitare l'imperturbabile staticità della sua acconciatura, impeccabile anche quando, molto di rado, scioglieva il raccolto in un carré voluminoso fino alle spalle, identico a quello che sfoggiava Catherine Deneuve sulle fotografie dei rotocalchi – una somiglianza che Marie-France enfatizzava con il tono del biondo, con gli orecchini a pastiglia, pur senza mai scordarsi di arrossire se una cliente gliela faceva notare.

Non riuscii, né allora né mai, a carpire il segreto della sua acconciatura, la vaporosità ideale che la lacca le conservava, il controllo ferreo dei cernecchi quando portava lo chignon; su di me, la stessa lacca (sapevo dove trovarla, nell'armadietto a specchio del piccolo bagno sul retro, in cui ci era consentito trattenerci per intervalli che non superassero i cinque minuti altrimenti *non sta bene, ma biche*, mormorava pudicamente Marie-France) sortiva un effetto disastroso, appiccicando in una melassa indurita ciocche che parevano quelle di una bambola o di un manichino, per lo spessore innaturale che avevano preso al solidificarsi del profumo pungente, chimico, irresistibile dello spray.

I casi erano due: o Marie-France teneva nel bagnetto della boutique quel flacone di lacca come specchio per le allodole, e per sé ne usava un'altra, di diversa qualità ed efficacia, nascondendola agli occhi di noi sottoposte; oppure erano proprio i suoi capelli, biondissimi e quasi spugnosi, ad avere una consistenza prodigiosa.

Sotto quella meraviglia tricologica, salda e leggera come una meringa, Marie-France si avviò verso i camerini a piccoli passi noncuranti, come se non volesse correre il rischio di dar la minima soddisfazione alla ragazzina, che pure era già scomparsa. D'altronde ormai conoscevo la caparbietà che metteva nel non farsi cogliere in fallo da nessuno, né da noi né dalle clienti o dai fornitori, e neppure dal signore che veniva a pulire negozio e vetrina e che tutti chiamavamo il Filippino, e lei sola con quello che suppongo fosse il suo nome, Ben. Era l'unica, del resto, a cui lui si rivolgesse direttamente; la chiamava Madam e le dava del tu.

Arrivata davanti alle tendine, bandì l'affettata indolenza. Le scostò con un breve strappo, come chi si toglie un cerotto: il chintz Naj-Oleari lampeggiò sotto le luci alte del soffitto e mi accorsi che stavamo tutti trattenendo il fiato. Ma cosa ci aspettavamo?

Nel camerino naturalmente non c'era nulla. Elsa, che l'aveva seguita fin lì, uggiolò. Un suono che di solito ci faceva ridere.

«Non c'è niente» disse Giosuè.

«Niente» disse Micol senza guardare.

«Niente» disse Marie-France. Elsa uggiolò una seconda volta, e allora lei le fece una carezza sulla zazzera.

« Andate, su, su, al lavoro, che qui ci perdiamo dietro a queste ragazzate. »

La seguii con la coda dell'occhio mentre tornavo a piegare i pullover da riporre sugli scaffali. Una mansione che per qualche motivo ho sempre detestato, per tutto il tempo che ho passato alla boutique; mi spazientiva, e anzi qualche volta finiva per mandarmi in bestia. Mi innervosiva la mia imprecisione, e la riottosità delle lane e dei cotoni, soffici, ribelli, ostinati a conservare una forma diversa da quella cui le mie mani volevano ridurli. La seguii a distanza, senza che lei si accorgesse del mio sguardo appuntato sulla nuca. La seguii e la vidi ispezionare la superficie dello specchio del camerino con l'occhio critico, l'occhio strizzato per vedere meglio e più lontano, che ci terrorizzava quando esplorava le nostre trascuratezze. Non trovò nulla, all'inizio, che confortasse i suoi sospetti – che lei chiamava *presentimenti*. Per qualche ragione i presentimenti li ascoltiamo solo fino a quando non si è innescato quel concatenarsi di coincidenze impercettibili che ci renderà impossibile correre ai ripari: poi ce ne dimentichiamo finché non torneranno a parlarci al tempo del futuro anteriore, quando tutto quel che doveva capitare già sarà accaduto.

Fin troppo sensibile alle variazioni della preziosa serenità che la sua ansia le faceva apparire in perenne pericolo, Marie-France era un catalizzatore vivente di presentimenti, a cui dava udienza con sguardo assorto e sicuro, come se i presagi la confinassero in una parte di sé destinata a rimanere inespugnabile al mondo, malgrado i suoi tentativi di apertura: *ma mie, ho un presentimento*, diceva ogniqualvolta le pareva di intuire il minimo turbamento dell'ordine a cui avrebbe voluto che rispondesse il cosmo intero, dentro e fuori di lei. *Ho un presentimento* – ora non l'aveva detto, eppure era come se l'avessi sentito dalla sua voce. Altrimenti, non sarebbe stata così attenta. E non si sarebbe imbattuta nel reperto che trovò, e che comunque non bastò a salvarci.

Quando ero bambina fantasticavo di risolvere casi misteriosi come un'investigatrice. Non che la considerassi una strada percorribile sul piano professionale; anche perché era probabile che non avessi la stoffa, che non fossi tagliata per un mestiere di pazienza e precisione. Bastava vedere come me la cavavo a piegare pullover per capire che di sicuro non ero nata per l'acribia. Insomma, forse in realtà come detective non sarei stata un granché: stavo per dimostrarlo con la mia incapacità di capire, di interpretare. Di prevedere, e provvedere, finché ancora eravamo in tempo.

Marie-France uscì dal camerino in punta di piedi. Non disse a nessuno – se non a noi, quando ormai era troppo tardi – cosa aveva trovato per terra in un angolo dello stanzino, dove la moquette rosso ciliegia appariva sollevata come se qualcuno con le unghie avesse cercato di spingerci sotto qualcosa. Erano brandelli di una fotografia, strappata senza cura fino a ridurre in coriandoli le sagome di quattro ragazze sedute in costume sul bagnasciuga. Non c'era bisogno di ricomporre i frammenti per rendersi conto che quello sfregiato da tratti profondi di penna nera era il viso in corrispondenza della figura più longilinea. Ancora il viso della nostra stangona, della ragazza alta che Marie-France aveva difeso solo pochi giorni prima.

Avremmo saputo molto presto il suo nome; e la sua faccia sarebbe stata appesa agli angoli delle strade, nelle riproduzioni bianche e nere di un sorriso identico a quello che una mano ignota aveva cancellato nella fotografia che Marie-France, senza una parola, ritrovò nel camerino.

17

La ragazzina scompare

Era sparita dopo la scuola, un pomeriggio di maggio inoltrato. A maggio le strade del quartiere avevano una placida lucentezza – l'ombra dei platani era verde, carezzevole, come se Roma si fosse trasformata in un bosco di montagna e i viali fossero fiumi da guadare, sotto le chiome degli alberi cresciuti così alti, pur di rubare la luce dei palazzi, da toccarsi da un lato all'altro della via, creando lunghe gallerie fresche. Era uno di quei pomeriggi in cui guardando fuori dalla vetrina del negozio mi perdevo nell'oscillare delle ombre e fantasticare veniva facile perché ogni cosa mormorava promesse – l'aria e il sole, il fruscio delle foglie e il vociare dei passanti, persino i costumi da bagno che dovevamo disporre *a salsiccette*, come diceva Marie-France, ovvero arrotolati su sé stessi in una grande cesta di vimini da cui le ragazzine avrebbero pescato bikini a fantasia vichy in grado di evocare Antibes a Fregene. Era uno di quei pomeriggi in cui tutto sembrava nuovo, anche il cielo blu sui cedri del Libano della villa oltre il muro antico, anche il tram che sferragliava nel percorso consueto, fino a illuderci che non potesse succedere proprio niente di male. Ecco, in un pomeriggio così lei era svanita nel nulla.

Naturalmente ci volle tempo perché venissimo a saperlo. Quanto a sapere come fosse successo, e cosa fosse successo al di là della cortina delle supposizioni, di tempo non ne è ancora passato abbastanza.

Il primo allarme ci arrivò dal telegiornale, qualche giorno dopo la scomparsa, quando Isa Cacioni irruppe in negozio con una foga eccessiva persino per lei. *Oh, my!* Agitava le braccia vorticandole nell'aria, come una che sta per affogare. Si era abbassata gli occhiali da sole con la montatura di resina dura *tangerine* (così chiamava l'arancio) a forma di stella marina.

« Stanno parlando di una ragazza scomparsa, la foto è su tutti i giornali, metti subito il tg » blaterava squadernando sotto gli occhi di Marie-France *Il Messaggero*, su cui effettivamente campeggiava in prima pagina il viso della ragazza alta che solo pochi giorni prima aveva assistito con le sue amiche alla scenata del marito senza fede.

E incalzava: « Ma voi la conoscete? Dice che era proprio una del quartiere, andava a scuola qui dietro, a me pare infatti di averla vista... vuoi dirmi che non era lei, *darling*? Io non dimentico quasi mai una faccia, lo sapete! »

Non feci in tempo a rifugiarmi nel retrobottega che con riflesso fenomenale mi arpionò la guancia nella morsa di un buffetto. Quella donna era forzuta come un taglialegna, quando voleva.

« Era lei, vero, zuccherino? Dimmi che non mi sto sbagliando, altrimenti dovrò arrendermi all'evidenza che ormai sono solo una vecchiaccia inservibile... »

Era lei, sì. Lei sul giornale, in bianco e nero, ora che non era più in negozio in carne e ossa.

« Dobbiamo avvertire la polizia! È un dovere civico, capite?» e sventolava il paginone a destra e a manca come una bandiera.

«Isa, ma avvertire di cosa? Del fatto che la bimba veniva qui a provarsi i vestiti?» Marie-France sfoderò il piglio pratico da condottiera che nei momenti di crisi rivelava, dietro la sua apparenza signorile, la donna che era: una abituata a cavarsela da sola. Una che da sola doveva aver attraversato burrasche e bufere.

Isa Cacioni non si perse d'animo. «Accendi il notiziario, cocca» disse sospingendo con leggerezza Marie-France verso il retro. Lei si lasciò spingere. Notai che era un po' pallida.

In negozio non c'era nessuno, a parte la Lorelei, come sempre silenziosa, come sempre al seguito della sua fida Cacioni. Ci accorgemmo di lei dallo scatto dello zippo e dall'afrore della sua Muratti che in un battibaleno saturò l'aria. Marie-France la fulminò con lo sguardo, ma non era il momento per una ramanzina; inoltre lei aveva, per il vizio dell'amica, una condiscendenza che era una forma di tenerezza. *Ha sofferto tanto, ma biche, che sia diventata tabagista è il minimo!*

Ci pigiammo tutti nello stanzino, avvolti dall'alone di fumo che cresceva come un fungo sopra le nostre teste. Marie-France accese il vecchio Brionvega rosso che stava lì semplicemente perché anni prima lei aveva sviluppato una seria dipendenza dalle televendite e per disintossicarsi non aveva trovato altro sistema che quello di disfarsi del televisore.

In tv parlavano della ragazzina. Apprendemmo che si chiamava Marisa. Un nome da bella d'altri tempi, commentò Marie-France; magari gliel'avevano imposto in onore di qualche nonna o zia che non c'era più. Mi resi conto solo allora che le amiche non la chiamavano mai per nome... per loro forse era superfluo chiamarla, dato che lei comunque era sempre lì, sollecita, servizievole, pronta a incassare le loro prepotenze. I loro nomi – non ci avevo mai ragionato – dopotutto li conoscevo: c'era Rossana, naturalmente, ma anche Donatella, quella con i codini che pareva la sua portavoce, la gregaria che diffondeva gli ordini alle altre; e poi Simonetta, che aveva l'aria ancora bambina e sembrava sempre che fosse lì per puro caso. Il nome di Marisa non lo si sentiva mai; non alla boutique, almeno, nel gran vociare che facevano.

Al telegiornale invece il suo nome martellava nella voce dell'inviato. Mostrarono il negozio dei nonni materni, una merceria a piazza Bologna; la madre, con il viso tirato di chi da troppe ore non chiude occhio, ma l'espressione accesa, vigile e spiritata di una che sa che è quello e solo quello il momento di combattere. Era come vedere una versione invecchiata, raggrinzita appena nelle sezioni più fragili – sotto gli occhi, nei segni che mettono fra parentesi le labbra –, della faccina della figlia che compariva in sovrimpressione, in una fotografia probabilmente fatta per il libretto della scuola o per qualche documento: una fototessera, la posa impostata, un po' tesa. Marisa teneva il collo leggermente piegato e sembrava che guardasse dal basso verso l'alto; aveva un'aria sognante e tenera, imbarazzata dall'obiettivo. Rivedendola capii che, una volta di più, Marie-France aveva ragione; era una bella in boccio, destinata a diventare una bellezza.

Se non fosse che il destino somiglia a una corrente profonda, imprevedibile, gelida come quelle che ci ghermiscono in un lago, lontano dalla riva, quando a un tratto pare di nuotare nel ghiaccio e le gambe si paralizzano fra alghe fluttuanti.

Nei giorni seguenti la storia si gonfiò, fra gli aggiornamenti dei telegiornali a cui si sommavano le congetture e le chiacchiere che si propagavano rapidissime in negozio: non si parlava d'altro. Le clienti volevano sapere e far sapere di essere informate, i dettagli si aggiungevano ai dettagli.

Raccontavano che Marisa era tornata da scuola, come sempre, intorno alle due del pomeriggio, con Sabrina, l'amica del piano di sotto; si conoscevano dalle elementari, ultimamente si frequentavano un po' meno, ma fare la strada insieme era rimasta un'abitudine. Il negozio dei nonni, dove lavorava la mamma di Marisa, poco lontano da casa, all'ora di pranzo chiudeva; in tavola erano pronti spaghetti e saltimbocca. Aveva mangiato di buon appetito insieme alla madre e alla sorella, poi aveva preparato lei stessa il caffè. Alle tre meno venti era suonato il citofono, aveva risposto la madre: *Francesco, per te*, e le aveva passato il ricevitore. Marisa, ricordava la mamma, aveva avuto una piccola esitazione. *No, vediamoci fra venti minuti*, aveva detto, e dopo aver riattaccato aveva spiegato che quel Francesco era il suo vecchio compagno delle medie. L'avrebbe raggiunto davanti alle poste di piazza Bologna. La madre le aveva chiesto a che punto fosse con i compiti – era martedì, il giorno dopo avrebbe avuto un'interrogazione di storia – e lei, studentessa scrupolosa e irreprensibile, aveva risposto che era a buon punto, e in ogni caso non sarebbe stata via molto.

Aveva preso lo zainetto Naj-Oleari che portava sempre anche in negozio, con il portamonete e una spazzola *per le emergenze*, ed era scesa. La sorella era in camera a studiare, la madre era tornata al lavoro. Il padre, al rientro dall'ufficio, non vedendo la figlia minore si allarmò: erano già le sette e mezza, alle otto la famiglia cenava, e la ragazza ancora non era tornata? La madre, che stava preparando le scaloppine, era su tutte le furie. Le aveva detto chiaro e tondo di rientrare presto per finire di studiare. Non aveva nemmeno telefonato per avvertire! Appena Marisa si fosse fatta vedere gliene avrebbe dette quattro, da madre a figlia. Ma di fronte al turbamento del marito le venne in mente che una bravata simile la sua bambina non l'aveva mai fatta; il carattere posato e mite, la preoccupazione di non mettere in ansia i genitori l'avevano resa una ragazzina obbediente e rispettosa. Non era da lei, insomma.

La sorella non sapeva niente; aveva cinque anni più di Marisa, era al primo anno di lettere e, anche se si erano sempre volute molto bene e litigavano solo quando Marisa si impadroniva surrettiziamente dei vestiti di Manuela adducendo la motivazione che tanto lei non li usava più, negli ultimi mesi avevano passato un po' meno tempo insieme. Manuela era presa dallo studio e da un ragazzo per cui aveva l'aria di aver perso la testa, Marisa in giro tutti i pomeriggi con le amiche... insomma, non era così strano che Manuela non sapesse dov'era andata quella che all'improvviso sembrava di nuovo la sua sorellina piccola. Si seccò addirittura dell'agitazione dei genitori: cosa c'era da stupirsi tanto? Marisa aveva quindici anni e poteva capitare che facesse una bravata, non era mica una santa, no? E non stava certo a lei tenerla sotto controllo.

Ma i genitori non si tranquillizzavano e così, prima di allertare la polizia, decisero di chiamare le amiche. La madre telefonò a Donatella, che era a casa, già seduta a cena. Aveva visto Marisa solo la mattina a scuola. Quel pomeriggio in effetti non erano nemmeno passate al negozio, nessuna di loro, neanche Rossana. Alla sorella venne in mente che forse Marisa era rimasta a chiacchierare con l'amica del piano di sotto: scese, suonò, con gran fastidio del padre che si stava apprestando a divorare un gigantesco sartù di riso. Sabrina si alzò da tavola e disse che dopo il ritorno da scuola aveva di nuovo incrociato Marisa davanti al portone. Dovevano essere le tre: era sicura dell'orario perché stava andando a ripetizioni di matematica.

Manuela ringraziò e risalì. Pensò allora che fosse una buona idea provare a chiamare il ragazzo con cui sua sorella aveva appuntamento. Francesco, no?, il suo compagno delle medie. Si ricordò il cognome perché fino a un paio d'anni prima, finché erano a scuola insieme, Marisa di tanto in tanto lo nominava, anche se non le risultava che fossero particolarmente in confidenza. Trovò il numero sull'elenco telefonico, e malgrado fosse l'ora di cena, lo compose; capire cos'aveva combinato sua sorella era più importante della buona creanza.

Rispose proprio Francesco, al quinto o sesto squillo, perché stava mangiando i rigatoni di sua madre. Quando gli disse di essere la sorella di Marisa, lui ebbe un attimo di esitazione. Ma non come chi vuole nascondere qualcosa: come chi sta cercando di far corrispondere un nome a un volto.

«Ah, certo! Marisa!» e rimase sospeso: come chi non sa cosa aspettarsi, perché gli è appena stato nominato qualcuno a cui non pensava da un pezzo.

Non la vedeva da un anno; si erano incrociati l'estate prima, una sera, davanti al cinema Savoy, con le rispettive comitive di amici. Gli aveva fatto piacere incontrarla dopo tanto tempo, disse, forse per essere gentile con la sorella –

era un bravo ragazzo, e sembrava proprio sincero. Poi non si erano più visti né sentiti.

Intanto erano quasi le nove. Decisero di chiamare la polizia.

Per la denuncia bisognava aspettare che fosse trascorso un congruo numero di ore. Il poliziotto che rispose fu tanto sollecito da suggerire un'interpretazione rassicurante: con ogni probabilità si trattava di una breve fuga da casa, comunissima fra gli adolescenti. Ah, se succedeva! Un giorno sì e l'altro pure. Passate quarantott'ore, in nove casi su dieci i ragazzini tornavano come niente fosse. Il padre, che teneva il ricevitore, non osò chiedere del decimo caso.

Era successo qualcosa di insolito?

Qualcosa sì, era successo. Ma come dar peso a fatterelli così insignificanti? La sorella si ricordò che Marisa, in genere così remissiva, qualche giorno prima, a tavola, aveva detto che i soldi che servivano ai genitori per comprare un locale dell'appartamento limitrofo, già in vendita, da annettere al loro in modo che le ragazze potessero avere ognuna la propria camera, li avrebbe trovati lei. *E quando?* le avevano risposto, per canzonare la sua spacconeria. *Molto presto*, aveva detto lei.

Nei giorni seguenti Sabrina, che era stata l'amica del cuore fino agli anni delle medie, poi meno, ma solo perché frequentavano comitive diverse – non voleva, per delicatezza, sottolineare che fra i nuovi amici di Marisa c'era gente con la puzza sotto il naso, come Rossana –, salì a chiedere notizie e parlando con Manuela si ricordò un episodio che forse poteva essere rilevante. Quel pomeriggio, quando l'aveva incontrata sotto casa, Marisa non era sola. Con lei c'era una ragazza mai vista prima. Portava un impermeabile grigio ghiaccio e non aveva l'aria di essere una liceale, era più grande; ma non l'aveva guardata troppo bene, disse, perché si erano incrociate proprio per un minuto. La ragazza aveva un borsone con il disegno di un cavalluccio marino e camminava, con Marisa sottobraccio, verso la fermata dell'autobus di piazza Bologna. Lei si era chiesta chi fosse ma non aveva osato fare domande, visto che l'amica non aveva dato segno di volerle presentare.

Manuela, come fosse lei la polizia (che poi di lì a pochi giorni avrebbe fatto, con modi un po' più spicci, le stesse domande), insistette: Sabrina aveva notato qualcosa, a parte questa donna misteriosa, negli ultimi giorni? Anche con lei Marisa aveva nominato la faccenda dei soldi, che sembrava una spacconata, e invece forse non lo era?

No. Non aveva parlato di soldi, però... una settimana prima, più o meno, mentre andavano a scuola le aveva raccontato che le avevano proposto di far pubblicità a certi trucchi.

« Pubblicità in che senso » aveva chiesto Sabrina, « tipo una réclame? » Al che Marisa si era un po' schermita, aveva detto che doveva ancora capire bene, e comunque era qualcosa che sarebbe accaduto nei giorni della sfilata di Trinità dei Monti. E quando Sabrina le aveva domandato chi le avesse fatto una proposta simile, lei si era tenuta sul vago. « Mi hanno fermata per strada » aveva detto, e Sabrina non sapeva se farle notare l'imprudenza di rispondere a uno sconosciuto, o prenderla per una semplice vanteria. Insolita in Marisa, che non si vantava mai di niente e anzi era piuttosto insicura.

« Ma ti ha detto che era uno sconosciuto? » la incalzò Manuela che ormai cercava indizi come un segugio.

Non gliel'aveva detto, in realtà; l'aveva pensato lei, forse perché era abituata a sentirsi dire che è un'imprudenza bella e buona fermarsi a parlare con gli sconosciuti per strada, uomini o donne... bah, con le donne però non è la stessa cosa, non è così pericoloso.

Poteva tranquillamente trattarsi di una donna, dunque.

Come la sconosciuta con cui Marisa era stata vista, l'ultima volta che era stata vista, diretta alla fermata dell'autobus.

Quel primo giorno la notizia cominciò a propagarsi: il piccolo Brionvega la diffuse breve, lineare – eppure bastò a gelarci il sangue. Il citofono, la ragazza con l'impermeabile e il borsone, la sera che scende e lei che non torna, l'amico che non sa nulla del presunto incontro. E allora chi aveva suonato?

Davanti al telegiornale eravamo in fibrillazione, ognuno con la sua teoria – forse eravamo troppo in fibrillazione, forse troppo presi da teorie facili. Forse era il nostro modo di allontanare la sensazione di un presagio, il miasma diffuso dal televisore che contaminava l'aria intorno a noi. Forse stavamo minimizzando, non sapendo ancora quanto bisogno avremmo avuto, presto, di ridimensionare ben altre minacce.

Fatto sta che trasalimmo in un unico guizzo, quando dalla stanza accanto sentimmo un ringhio basso, insistente, che piano piano cresceva d'intensità come un motore che si carica.

Elsa?

Corriamo a vedere. Il cane con il corpo teso, il muso basso sul pavimento, ronfa, minaccia, ringhia, ringhia,

ringhia. Non si muove, come se l'ostinazione delle zampe anteriori volesse impedire il passaggio di un nemico. Non si muove, non cede, continua a ringhiare. Ma a chi, a cosa ringhia? Fuori dalla porta a vetri non c'è nessuno. È chiusa. Eppure Elsa Schiaparelli, in versione bobtail, non ringhia mai a vuoto. Si avvicina Marie-France in punta di piedi. Ma a pochi passi dal muso di Elsa perde il suo aplomb. Il naso del cane è gonfio, quasi tumefatto; come se qualcuno l'avesse preso a pugni. Com'è potuto succedere? Eravamo tutti lì. E a chi sta ringhiando, ancora? Elsa si protende come per proteggere Marie-France da un pericolo. Noi tratteniamo il fiato, nessuno osa farsi avanti. Marie-France inforca gli occhiali che tiene in una piccola custodia nera agganciata alla cintura – non le piace che si venga a sapere che è presbite e sostiene che il suo problema sia la miopia, ma sappiamo tutti che è da vicino, che vede male. Inforca gli occhiali e caccia un urlo.

«I bruchi! Mannaggia, i bruchi!»

Ci facciamo avanti frastornati. I bruchi non sono proprio bruchi, o meglio, sono dei bruchi particolari. I più pruriginosi di tutti. Ecco perché il muso di Elsa è gonfio, dev'essersi avvicinata per curiosità, fino a farsi sfiorare dai loro piccoli corpi pelosi. Sono larve di processionaria.

Non era mai successo che entrassero in negozio; per il semplice fatto che non frequentano luoghi chiusi. Mangiano gli aghi di pino, infestano le conifere, non le boutique di moda. Che ci fanno sul pavimento di marmo lucente, in fila, attaccate una all'altra come piccoli vagoni di un treno urticante, una catena che dalla porta si addentra fra i manichini della vetrina e procede oltre, verso il perimetro degli scaffali, delle grucce a quattro centimetri di distanza una dall'altra, fra i maglioncini e le bluse di seta? Non ci sono pini, né cedri, né larici, nel raggio di metri e metri dal negozio. Siamo in una strada di città, che significa questa intrusione della natura?

Marie-France si preme una mano sulla bocca perché altrimenti urlerebbe ancora, ma non vuole urlare. Giosuè si è avvicinato piano a Elsa, l'ha presa per il collare e con lentezza l'ha trascinata verso il bagnetto sul retro. Mi chiede dove sono i guanti, quelli che usiamo per pulire, io glieli passo e se li infila; apre la bocca del cane, che sembra abbacchiato e lascia fare con un abbandono triste. Sento una tenerezza così forte che vorrei buttarmi ai piedi di Elsa, soffrire al suo posto – invece non faccio niente, rimango a guardare Giosuè che le apre la bocca e piano, uno alla volta, sfila i peli degli insetti. Penso che sarebbe stato un buon padre, se avesse avuto dei bambini; un buon padrone di cane, se avesse preso un cane.

Marie-France, proprio come Elsa, sembra ferita. Ha capito quello che abbiamo capito anche noi.

Qualcuno ci ha fatto uno scherzo.

Un brutto scherzo.

La Cacioni è già sul piede di guerra. In una delle sue cento vite ha abitato in campagna, a quanto pare. E ora come una prefica alza le braccia al cielo e ci sciorina la sua conoscenza delle processionarie, che continuano la loro marcia, più rapida di quanto ci si aspetterebbe, abbastanza rapida da far salire, in tutti noi che le guardiamo senza muovere un muscolo, il ribrezzo – e se ci camminassero addosso, i vagoncini irritanti di questo treno peloso?

Le processionarie sono larve. Larve di farfalle notturne, ci spiega Isa Cacioni.

« Ma come? Sono falene? » Micol ha la fobia delle farfalle. Le trema la voce di disgusto.

« Sì, saranno falene presto. Ma di solito non entrano nelle case, soprattutto da larve come ora, e da pupe... loro mangiano le foglie, non son mica tarme! Che ci facciano in un negozio è un mistero. »

Marie-France le segue. Vanno in una direzione precisa. Il treno brulicante di zampette punta a qualcosa che non riusciamo a vedere.

Isa Cacioni continua la lezione di entomologia. A quanto pare, questi brutti bruchi destinati a trasformarsi in falene se possibile ancora più brutte, oltre ad avere un potere urticante non comune, come ha scoperto a sue spese la povera Elsa – che uggiola nella sua cuccia, la testa fra le zampe, e poi cade addormentata, sfinita dal dolore –, sono molto tenaci e resistenti, anche grazie alla compattezza delle loro processioni. Nessuna rimane mai sola; loro lo sanno che l'unione fa la forza. Vivono in nidi bianchi a forma di pera che intessono con le loro secrezioni, appesi agli alberi di cui si nutrono.

E a questo punto sorge la questione: dov'è l'albero, qui dentro?

Mi precipito a controllare nei vasi. La yucca, il ficus benjamin, i ficus elastica: niente, nessun segno. Nemmeno una foglia mangiucchiata. Niente nidi, niente palloccoloni di seta bianca.

La processione è ora all'altezza dei camerini, schermati da un vecchio canterano verniciato di bianco lucente dove teniamo i maglioncini di cachemire leggero che si vendono in tutte le stagioni. I bruchi, arrivati ai piedi del mobile, cominciano a salire, i corpi verticali – dove vanno? Scompaiono fra i pullover color lavanda e quelli carta da zucchero, nell'esatta linea di demarcazione tra le due sfumature. Vedo Marie-France che trema di ripugnanza e delicatamente sposta l'ultimo golfino lavanda, lo solleva. Il nido di larve è lì sotto, gigantesco sputo opalescente che si allarga sull'azzurro del primo maglione della pila. Marie-France sembra sul punto di rigettare ma resiste, la vediamo raddrizzare la schiena. L'orribile fagotto si agita, si muove – è vivo. È una cosa viva.

« Qualcuno ci ha portato in negozio questo affare! » sibila Marie-France. Sembra che abbia uno straccio in fondo alla gola, qualcosa impedisce al respiro di scendere giù e le strozza la voce. Fa per allungare una mano.

« Per carità, non toccarle! » strilla Isa alle sue spalle. Lei si ferma, allora, incerta, e per un attimo, dietro gli occhiali che non porta mai, i suoi occhi mi appaiono lucidissimi, come se si fossero riempiti di lacrime.

Ma non piange, lei non piangerebbe davanti a noi, e men che meno davanti al treno delle processionarie.

Rimane immobile e con la voce di prima, una voce che non sembra neanche la sua, chiede, forse a tutti, forse a nessuno: « E allora cosa devo fare? »

« *Stay, Madam, stay* » dice una voce – non ce n'eravamo accorti, nel frattempo è arrivato Ben. Viene sempre verso quest'ora per dare un'occhiata e sapere se, prima delle pulizie vere e proprie da fare subito dopo la chiusura, c'è qualche lavoretto preventivo che può essere svolto senza disturbare le clienti. Prende Marie-France per la vita, con riguardo ma anche con fermezza – *come se fosse un mani-*

chino – e la scosta poco più in là, abbastanza da riuscire a passare.

Ha in mano uno dei due ombrelli che abitano i portaombrelli all'ingresso, dimenticati da ignoti in epoche non identificate. Lo tiene per la punta, l'impugnatura sporge in avanti. Usa l'uncino dell'ombrello per arpionare il nido – che trema, aggrappato al sostegno, come un budino. Trema da dentro, perché è vivo. Lui però è fermissimo, i suoi gesti sono precisi. Poggia l'ammasso tremulo nel centro del negozio, sul bel pavimento di marmo che Marie-France ci fa spazzare due volte al giorno e che lui ogni sera lava con il detersivo disinfettante. Lei vorrebbe protestare, vorrebbe dire qualcosa, tutti vorremmo dire qualcosa ma nessuno dice niente. In mezzo a chilometri di tessuti, fra le stoffe pregiate e quelle sintetiche, fra i colori sgargianti, sembra di stoffa pure il nido, e in un certo senso lo è – la seta alla fin fine è bava di bachi, ma chissà perché tendiamo a dimenticarlo. Stoffa, ma una stoffa inquieta. Viva. Quanto tempo ci vorrà perché le larve che si sono infilate lì dentro ricaccino fuori i corpicini pelosi? Sempre senza una parola, sempre con l'ombrello in mano, Ben va alla cassa e dal ripiano sotto prende il liquido che serve per ricaricare gli accendini. Ne teniamo un flacone lì, per ogni evenienza, e lui lo sa – sa tutto del negozio, sa dove stanno le cose e anche dove dovrebbero stare. Stappa il flaconcino e asperge di liquido il nido che si affloscia all'istante, come una benda bagnata. Sentiamo un ronzio, forse lo immaginiamo soltanto; Ben tira fuori dalla tasca destra una scatolina di fiammiferi – avevo il sospetto che fumasse, perché quando arrivava in negozio e non mi accorgevo subito di lui, silenzioso com'era, ogni volta mi chiedevo se l'odore di fumo fosse una traccia del passaggio della Lorelei –, ne estrae uno e con l'unghia ruvida del pollice, un'unghia lunga da chitarrista, lo accende. Getta la fiammella sul nido al centro della stanza: una vampata, la minuscola pira arde, Marie-France di nuovo vorrebbe urlare e invece, come tutti noi, rimane lì a guardare in silenzio. Siamo sotto un incantesimo.

La fiamma brucia e si spegne da sola, rimane un mucchietto irrisorio di cenere. Con scopettino e paletta, in un batter d'occhio, Ben fa sparire anche quella traccia minima, puff, non c'è più nulla.

Rovescia il contenuto della paletta in un vaso di ficus, noi lo guardiamo interrogativi. «*Ash is good*» dice. «*Good for plants.*» Fa una carezza sulla testa di Elsa, che scodinzola piano, poi rinfila il suo cappotto, che sembra quasi un camice da laboratorio, e si avvia alla porta.

«*See you later*» ed è già fuori.

Noi rimaniamo lì impalati a guardare il pavimento immacolato. Elsa, vedendolo andare via, si avvicina al vetro e le sfugge un piccolo guaito. Forse è malinconia, forse a modo suo sa che grazie a lui l'incidente che le ha lasciato il muso dolorante è risolto, ora.

«Dove abita?» chiede la Lorelei, che ha spesso curiosità di questo tipo, apparentemente strampalate. In realtà le piace tenere le fila della trama, sapere cosa succede e cosa può aspettarsi.

Marie-France la guarda soprappensiero, come se ci riflettesse per la prima volta. «Non lo so mica, sai» dice a bassa voce.

La Lorelei fa un sorrisino tirato. *Vi rendete conto che non sappiamo niente di lui?* Lo sto pensando anch'io, ma non avrei osato dirlo.

Non sappiamo da dove venga, lui; non sappiamo dove abiti, e nemmeno come faccia di cognome. Sappiamo solo che ha risolto l'emergenza delle processionarie, e che si chiama Ben. Sempre che sia il suo vero nome.

18

La cena

Fu in quei giorni che, spinta da ragioni imperscrutabili, Marie-France ci invitò tutte a cena da lei: Marta, Micol e me, ma anche Isa e la Lorelei, e persino la signora Bogossian, di cui fino a quella sera non avevo mai sentito parlare se non per accenni fugaci. Sapevo che leggeva le carte, e che ogni tanto Marie-France le carte se le faceva fare, insieme alla Cacioni, perché sostenevano di non aspettarsi più granché dalla vita, ma non era mica vero.

Come sospettavo, Madame Bogossian era una donna eccentrica, con un'intensità addirittura superiore alle mie attese; l'ennesima bizzarra abitatrice del mondo privato di Marie-France. Che cercava la perfezione estetica nel suo lavoro, ma poi, quando si trattava di scegliersi le amiche, si circondava di soggetti sghembi, anomali, irriducibili a qualsiasi categoria. Le piacevano le persone che hanno l'aria di essere talmente fuori posto nella vita da trovarsi a proprio agio ovunque; quelle che ad adattarsi non provano nemmeno, che all'idea di rimpicciolirsi per infilarsi negli interstizi occupati dalla gente normale non ci pensano proprio: preferiscono rimodellare la realtà perché corrisponda alla loro sagoma. La gente normale, Marie-France la trovava terribilmente noiosa. *E annoiarsi è il peggiore dei delitti*, ripeteva citando non so chi, forse proprio sé stessa.

Madame Bogossian viveva in una guardiola al piano terra di un palazzo in ristrutturazione, poco lontano dal negozio. Ma, attenzione, non faceva la portinaia; aveva solo l'uso temporaneo dell'alloggio, come specificò Marie-France. Certo, secondo la precisazione di Isa, quell'uso temporaneo si protraeva da una quindicina d'anni, ma lei non era in alcun modo obbligata a fare quel che poi faceva, a suo dire, per dare una mano ai condomini: distribuire la posta, annaffiare le piante in giardino. Qualche volta non resisteva e dava una sbirciatina alle lettere prima di recapitarle, ma era una cosa innocente, e poi nessuno aveva il diritto di lamentarsi: lei stava comunque facendo un favore a tutto il palazzo, poteva capitare che la posta arrivasse un po' in ritardo, no?

Sosteneva di discendere dalla diaspora di un'antica famiglia armena, e di essersi salvata dal genocidio del '17, quando era appena una bambina, perché i suoi, che avevano notato in lei una profonda curiosità e prontezza di spirito, l'avevano mandata a soli sette anni a studiare a Venezia. Era stata la sua salvezza; non aveva più rivisto né la madre né il padre, e nessuno dei suoi otto fratelli e sorelle. Erano stati trucidati tutti, a eccezione di una prozia che viveva a Vienna e l'aveva presa con sé per insegnarle tutto quel che sapeva della vita. Aveva l'aspetto maestoso di un Buddha da night club. Trascinava con sé un carrellino per la spesa nero a pois bianchi. Se lo portava dappertutto, mi disse la Cacioni, ma nessuno aveva idea di cosa contenesse. Dopo molte cerimonie acconsentì a lasciarlo nell'ingresso.

Marie-France aveva invitato anche Giosuè, che veniva incluso nei nostri plurali femminili, unico uomo del gineceo; ma alla nostra anfitriona era ben nota la sua tendenza a tirare bidoni all'ultimo, come per l'appunto fece anche quella volta senza che lei si scomponesse. « È l'uomo più inaffidabile del mondo! » ci disse Marie-France accogliendoci sulla porta. « E dire che gli uomini sono già di loro inaffidabili... ma lui li batte, li batte tutti. Oggi si era dimenticato che doveva giocare a tennis con non so chi, al circolo, e avevano il campo già prenotato... vai a capirli, questi benedetti ragazzi! »

« Oltretutto sta per cominciare a piovere » borbottò Madame Bogossian. « Dio solo sa come si gioca a tennis sotto la pioggia. »

Mi parve che Isa Cacioni soffocasse una risatina, ma forse me l'ero solo immaginato.

« Comunque noi ci siamo, su, entrate, entrate. » Marie-France si fece da parte per cederci il passaggio.

Abitava in una palazzina liberty di eleganza appassita tutta avvolta in festoni di glicine. Il profumo entrava dalle finestre aperte in una penombra dolce; la luce della sera era tenue e le stanze erano buie come in tanti appartamenti romani, sia quelli antichi del centro, sia quelli più nuovi. A Milano, dove sono cresciuta, dentro le case il grigio dell'aria si trasforma in un riverbero diffuso che non permette segreti, mentre l'atmosfera celeste di Roma diventa un buio iridato, un buio di tende, di muri spessi, di finestre piombate; e così era scura anche la casa di Marie-France.

Per il resto, somigliava all'appartamento che mi aspettavo. Era zeppo di cimeli del suo passato di bellissima; c'erano delle vetrinette, come quelle in cui i collezionisti espongono statue votive etrusche comprate da antiquari di dubbia moralità, solo che queste erano piene di cappelli e cappellini e *fascinator*, quei minuscoli scampoli di copricapo che si appuntano ai capelli per le cerimonie. Velette, penne, piume, turbanti; c'era di tutto, un piccolo compendio di storia della moda dagli anni Venti agli Ottanta, calcato sulle teste di legno senza volto che stanno nelle vetrine dei cappellai.

«È una mia piccola mania, *ma mie*» mi fece Marie-France vedendo che li guardavo.

«La mia collezione è il mio orgoglio! Ho iniziato a comprarli da ragazza, al *marché aux puces* di Saint-Ouen.» Il vecchio mercato delle pulci ce lo nominava spesso, ci parlava del *café chantant* fra le botteghe che piaceva ai registi, agli stilisti e anche a lei ragazza: si sedeva lì la domenica pomeriggio, nel periodo in cui abitava a Parigi, ad ascoltare avvizzite epigone di Édith Piaf e la malinconia delle loro canzoni di amori finiti. «E poi gli amici, che lo sanno, me ne regalano uno ogni anno.»

«Ma li usi?» La domanda dal pensiero affiorò alle labbra.

«Oh! Mai! Dove potrei andare, conciata così? Qualche volta però» soffocò un sorriso e la timidezza la ringiovanì «me li provo, questo sì. Poi se volete ne faccio provare qualcuno anche a voi. Era il gioco preferito di Corinna da piccola... ma ora venite, venite...»

Lasciammo giacche e spolverini nel grande guardaroba dell'ingresso. Per arrivare al salotto si attraversava una di quelle cucine di cui la gente dice *si vede che c'è la mano dell'architetto* – una frase che all'epoca avrò sentito un'infinità di volte, e chissà perché, sempre a proposito delle cucine. C'era certamente la mano di un qualche architetto, che doveva aver pensato di rendere l'ambiente il più possibile simile a una macelleria di lusso, e il meno possibile, appunto, a una cucina: tutto marmo verde, l'acquaio, il piano di lavoro, il tavolo. I pensili invece di plastica dura e lucida, un verde bosco intenso. Tutto sembrava, fuorché il luogo in cui Marie-France si potesse cucinare la sera un uovo al tegamino avvolta in uno dei suoi kimono casalinghi. Ero sicura che ne avesse un assortimento, pur non avendo altra prova al di fuori della raffinata tenuta orientale in cui ci aveva accolte: casacca di seta con un disegno di rondini e fiori nei toni del verde e dell'azzurro – che le stavano così bene e dominavano, non a caso, fra gli arredi della casa – sopra un paio di pantaloni azzurri della stessa seta.

Pareva una cucina di rappresentanza, in cui qualcun altro preparasse per la signora i manicaretti che lei trovava pronti in frigo e riscaldava nel piccolo forno elettrico. E in effetti in un angolo, con discrezione, era appeso un camice da lavoro blu a cui i doppi bottoni dorati conferivano una vaga somiglianza con un soprabito militare... proprio come quello che portava Ben in negozio. Che l'aiutasse anche a casa?

Sul ripiano dei fuochi, dentro una pirofila di vetro infrangibile troneggiava un magnifico arrosto pronto per essere affettato, dall'aspetto brunito e tenero quasi fosse appena uscito da una natura morta, circondato da un piccolo esercito di cipolline perfettamente dorate. In un'altra teglia, patate *duchesse* deliziosamente vaporose, come fossili di onde. E poi il pesce finto, modellato alla perfezione, con il suo occhio di capperi e la bocca semiaperta disegnata dai cetriolini. E in una *glacette* di cristallo che scintillava alle luci della cucina, un pinot grigio appena stappato; e il pinzimonio su un vassoio, per aperitivo, e una grande scatola di Regoli a segnalare *les profiteroles* che riposavano nel frigo.

Da mesi Marta e io non mangiavamo altro che le nostre paste al tonno, o al burro, o al pomodoro, e la visione di tanta abbondanza ci allargava gli occhi e il cuore.

« È tutto pronto, tesori miei, fra poco ci mettiamo a tavola! » cinguettava Marie-France; doveva essersi resa conto degli sguardi bramosi che noi ragazze lanciavamo a quel bendidio. Ci portò in salotto, una stanza larga e spaziosa – *perfetta per le feste*, mi sussurrò con una risatina Micol, la quale sosteneva che Marie-France conducesse una vita sibaritica, di divertimenti sfrenati, che Marta e io giudicavamo implausibile. Noi, in lei, vedevamo la lavoratrice indefessa, la donna sola che doveva aver sofferto e che, alle prove anche dure cui gli anni l'avevano sottoposta, aveva opposto il suo caparbio giansenismo. Questa per la verità era una teoria mia che Marta, forse anche a ragione, considerava pretenziosa. Ma per me Marie-France vedeva nella bellezza, nella grazia, una forma di salvezza; per questo considerava una sventura così grave la decadenza dallo statuto di bella, come in tutte quelle storie di donne che *poi si erano rovinate*; una sventura diversa, ma grave quanto quella di non aver avuto in dote (*poveretta*) nessuna attrattiva. Per questo si adoperava con ogni mezzo al servizio della bellezza, sua e delle altre: era la sua missione, il suo modo per guadagnare il paradiso, o quantomeno per mettere a tacere le avvisaglie della rovina, che nella sua immaginazione corrispondeva alla decadenza fisica.

Per questo, pensavo, non ci faceva vedere Corinna – ammesso che le voci che insinuavano si trattasse di una ragazza bruttarella e sgraziata fossero vere. A essere sincera, una delle ragioni principali della mia eccitazione nel trovarmi lì – finalmente fra le mura entro cui conduceva la parte della sua esistenza invisibile a noi che la frequentavamo solo alla luce dei giorni lavorativi e ne avevamo dunque un'immagine lacunosa e parziale – era l'idea che avrei saputo qualcosa di più sulla sua relazione con la figlia: avrei raccolto qualche indizio, mi sarei magari, addirittura, imbattuta in un segno della sua presenza.

«Che bella casa!» e lo pensavo davvero; mi piaceva, quella casa, ma forse nell'entusiasmo del complimento vibrava il desiderio segreto di spingere Marie-France, lusingandone la vanità, a farci fare un giro completo dell'appartamento. Così avrei almeno capito qualcosa.

Funzionò. Ci fece visitare la sala da pranzo, dove il lungo tavolo di cristallo era già apparecchiato con un gran vaso di ortensie azzurre recise al centro della *mise en place*, tutta nei toni del blu (bicchieri blu di Murano, un servizio Richard Ginori con disegni di ispirazione art déco, blu e bianche le tovagliette all'americana, azzurri i tovaglioli di lino). Sui canterani erano accesi due candelabri antichi di bronzo, perché era la stanza più buia della casa, sospirò Marie-France.

«Il problema qui è che c'è poca luce, anche il cortile interno, vedete? È tutto buio in estate, colpa della vite americana» che cresceva rigogliosa sui balconi, a contrappunto col glicine dal lato della strada, e dava all'ombra una sfumatura verdastra che a me però sembrava molto bella – lo dissi e Marie-France sorrise di compiacimento, perché di certo pensava lo stesso anche lei, solo che per civetteria si schermiva.

Marta mi fece il verso, di nascosto da tutti, con un sorrisetto: un po' per scherzo, un po' no, insinuava che volessi adulare il Capo.

Intanto avevamo esplorato i due bagni, uno tutto marmi neri, uno a piastrelle bianche e blu, più piccolo, luminoso, sbarazzino – aveva tanto l'aria di essere il bagno di una ragazza – ed eravamo nella camera di Marie-France, con le pareti di un azzurro tenue che pareva un cielo marzolino e un letto alla francese, trapunta bianca e gialla sotto una marea di cuscini in tinta, compresi quelli a cilindro che si trovano in tutte le case di Francia. Il rito serale del coricarsi doveva prevedere dieci minuti buoni, solo per sgomberare quella zavorra. O forse si accontentava di buttare i cuscini da una parte, liberando lo spazio sufficiente per infilarsi sotto le coperte?

Proprio allora Isa proruppe nel suo strillo: « Ma scusa, questo non è il palazzo in cui viveva la marchesa? »

« No, ma è proprio qui accanto... via Puccini 9 » si affrettò a rispondere Marie-France.

« Ah ecco, volevo ben dire! Mi pareva che fosse da queste parti! Avevo un senso di... di déjà-vu. Io c'ero stata, sapete, per l'inchiesta... ah, Lorelei, quanto ti saresti divertita, tu! Ma ancora non eravamo abbastanza in confidenza, se ti avessi conosciuta come ti conosco ora ti avrei detto di venire. Fosse successo oggi... » e sorrideva di tale innocente voluttà che, vedendola, solo chi sapeva di lei quello che sapevamo noi avrebbe indovinato che l'inchiesta a cui si riferiva fosse legata a un truculento fatto di cronaca nera. La sua passione, e la passione della Lorelei, in quanto giallista; e pure la mia, da aspirante giallista ansiosa di trovare da qualche parte l'ispirazione per riuscire a scrivere il romanzo che mi avrebbe sistemata per il futuro, senza più bisogno di lavorare alla boutique.

Il fattaccio fu raccontato con dovizia di particolari da Isa con la collaborazione di Marie-France, molto ben informata – ovvio, pensai, visto che abitava a due passi dalla palazzina del delitto – mentre ci dirigevamo in sala da pranzo passando davanti a una porta chiusa (*no, tesoro, qui non c'è nulla, solo una gran confusione*), e prendevamo posto a tavola, dove nel frattempo mani invisibili – allora c'era davvero qualcun altro, qualcuno che con discrezione aiutava Marie-France, o si trattava di un incantesimo? – avevano disposto le leccornie intraviste in cucina.

Giravano i piatti; il pesce finto, delizioso, poi l'arista, così tenera, e le patate *duchesse*; e Marie-France apriva una seconda, poi una terza bottiglia di pinot, i bicchieri tintinnavano, le risate salivano di tono, i tovaglioli di lino si accartocciavano, la Lorelei si accendeva una Muratti dietro l'altra e Marie-France cercava di spingerle vicino il posacenere di cristallo, che lei bellamente ignorava. Ma malgrado la sovreccitazione della tavola, se qualcuno fosse entrato di soppiatto e avesse colto la scena così com'era, senza aver seguito il filo della conversazione, avrebbe pensato che stessimo parlando del più e del meno, di innocui pettegolezzi da cena, magari degli uomini che ci avevano deluse, dell'imminente matrimonio di Carolina di Monaco o del taglio delle giacche che sarebbero andate di moda in autunno. Invece era saltata fuori una storia cruenta e aveva calamitato l'attenzione di tutte.

A pochi metri di distanza, al civico 9, anni prima si era consumato l'orribile delitto del marchese. Si era sparato dopo aver ucciso la moglie e l'amante di lei, che lui stesso la incoraggiava a frequentare. Per molto tempo, prima dell'epilogo sanguinoso, erano stati al centro di una ridda di pettegolezzi proprio per via del vizio che lui aveva di spingerla fra le braccia di altri uomini, a patto di poter assistere agli incontri che immortalava con il consenso degli amanti avventizi (e ben remunerati). Naturalmente le fotografie dopo il dramma finirono in un fiume di pubblicazioni scandalistiche. Lei era giovane, bella, e veniva dalla provincia più angusta e più dimessa, ma sposando il marchese si era acquistata una parvenza di nobiltà che, per quanto ormai pleonastica dato che la monarchia era storia vecchia, le dava un tono e un titolo consoni alle cronache mondane; ma chissà se il fatto di essere nata in un paesino remoto, con poche prospettive e pochi soldi, non avesse avuto un ruolo nella sua condiscendenza al bizzarro contratto matrimoniale.

Chissà, poi, cosa innescò la tragedia. Quale sarà stata la scintilla, cosa sarà successo – quali parole, quali rumori avrà trasportato l'aria di quella stanza affacciata su una via tranquilla, in una sera di fine estate.

La Cacioni era particolarmente affezionata a quella storia perché l'aveva coperta lei, per non so più quale giornale. Già all'epoca non doveva essere più di primo pelo, ma era comunque tredici anni più giovane, nel pieno della passione per il lavoro a cui aveva consegnato notti insonni, giorni passati a pedinare un'indiscrezione, un pettegolezzo, ore febbrili a dettare i pezzi dai telefoni a gettone. Tutte le espressioni spiate, rubate, ascoltate, tutte le frasi dette e scritte; tutto consacrato a quella sua mania, alla vocazione di essere la prima a raccontare, a diffondere le parole sue e altrui. Ricordava ancora i dettagli agghiaccianti, l'ispettore sconvolto dal fluido biancastro che, sulla scena del delitto appena perpetrato, stillava goccia a goccia dal seno di lei, colpito sotto la veste da camera di raso nero.

« Si era rifatta le tette, una cosa che all'epoca non faceva NES-SU-NA! Era andata fino in America. Era silicone, ma lui lì per lì vedeva questo liquido chiaro, come latte, in mezzo a tutto quel sangue... » Marie-France aveva gli occhi accesi: scandalizzata, turbata, affascinata?

« E il marito l'ha colpita proprio lì... forse sperava di non farle male, così? Di attutire il colpo? »

Un pensiero del genere poteva concepirlo solo lei. Chissà cosa pensava di chi si rifaceva il seno – della chirurgia estetica in grado di ingannare il decadimento che l'atterriva. Non ebbi mai l'occasione di chiederglielo, ma quell'osservazione la ricorderò per sempre: l'idea di un omicida, presto anche suicida, che centra il cuscinetto di plastica per anni palpato da altri sotto i suoi occhi, perché non è un seno di carne, perché schermerà il colpo. Perché la plastica non muore.

Ma il cuore sì.

« Ma che dici, Marie-France? Figuriamoci, quello voleva farla fuori eccome, oltretutto davanti all'amante. Ha premuto il grilletto come tante volte aveva premuto il pulsante della macchina fotografica! E ha puntato proprio dove puntava l'obiettivo... una crudeltà, un'umiliazione in più, altroché! »

Per un attimo, gli occhi di Isa Cacioni dentro le orbite scavate mi fecero spavento.

« E sapete la cosa più strana? Avevano un sacco di persone di servizio. Una cuoca, una governante, un cameriere-maggiordomo tuttofare: marito, moglie e cognata. Insomma, una famiglia al completo. E forse avrebbero potuto salvare qualcuno, se fossero saliti prima... se avessero aperto la porta quando hanno sentito gli spari. Invece avevano ricevuto l'ordine di *non disturbare*, e hanno obbedito. »

Anche dopo aver sentito uno sparo.

Non hanno disturbato.

Presumibilmente, avranno sentito un urlo.

E poi un secondo sparo.

E il terzo.

Il seno di silicone della signora era esploso – sarebbe stato possibile salvarla? Forse no, in ogni caso. Ma finché non era tornata da un viaggio con gli amici la figlia del marchese, sorpresa che nessuno si fosse presentato a prenderla all'aeroporto, i domestici non avevano osato nemmeno avvicinarsi alla porta.

« Non se ne trova mica più, di personale così! » sghignazzò Madame Bogossian dal suo angolino.

Avevo immaginato che non stesse seguendo il discorso, forse per via della sua aria straniera – e non per la fisionomia, che pure aveva qualcosa di esotico negli occhi distanti, probabilmente molto belli prima che la vita l'ammaccasse, accartocciandola come cartapesta, senza risparmiare il viso: era soprattutto l'espressione assente, all'apparenza assorta in un pensiero segreto, a farcela sentire forestiera. Invece lei ascoltava, e ricordava, e registrava ogni cosa.

Tutte ascoltavamo quella storia con gli occhi spalancati dalla curiosità e dall'orrore – e dal vergognoso, sottile senso di coinvolgimento che storie simili invariabilmente sanno produrre, per qualche ragione che all'epoca preferii non indagare.

Intanto continuavo a rimproverarmi di non essere riuscita a raccogliere informazioni sulla presenza in casa di Corinna. Ero certa che avrei trovato delle risposte dietro la porta che non mi era stato permesso di aprire – ma come potevo aggirare il divieto? Morivo di curiosità.

Oltretutto avevo scoperto – la cosa mi aveva stranita – che la stessa Isa Cacioni metteva piede lì per la prima volta quella sera. Eppure erano tanto amiche; si trattavano con la confidenza affettuosa, leggermente condiscendente e qualche volta bizzosa, tipica delle amicizie di vecchia data. Si prendevano in giro con dolcezza, riconoscevano l'una all'altra il diritto di farsi beffe dei rispettivi difetti; si vedevano quasi ogni giorno, sapevano tutto delle rispettive vite passate... eppure la Cacioni non era mai stata da Marie-France. Da vaghi accenni avevo intuito invece che, al contrario, da Isa Marie-France era di casa. Cercò persino di rifilarle, sostenendo che sarebbe stata benissimo sulla sua tavola di faggio, una tovaglia di Fiandra che tirò fuori dal cassettone dell'ingresso – gliel'aveva lasciata per un prezzo ridicolo il suo fornitore di casalinghi. Mi chiesi se non fosse solo una scusa un po' goffa per far accettare un regalo all'amica senza che dovesse sentirsi in debito. Anche fuori dal negozio continuava a trasformare, con gli oggetti che le parevano più adatti, le vite delle persone con cui aveva a che fare. Da questa asimmetria trassi le mie conclusioni: se persino una persona con cui era tanto in confidenza non aveva mai messo piede nell'appartamento di via Puccini, doveva essere perché Marie-France non invitava nessuno a casa sua. Chissà come mai proprio quella sera aveva deciso di contravvenire alla sua abitudine. E Corinna dov'era, in quella sera speciale?

Nel bagno bianco e blu avevo notato un beauty case semplice, di plastica rigida, chiuso ma non ermeticamente, come se fosse lì nell'eventualità che qualcuno dovesse metterlo in valigia in fretta e furia; mentre in quello di marmo, che chiaramente era il regno di Marie-France, sul ripiano sotto lo specchio si ergeva una vera ziggurat cosmetica. Rossetti Chanel, boccette su boccette di profumo (a quanto pareva, non ne consumava mai una intera, perché quasi tutte, nei tre o quattro centimetri più vicini al fondo, risplendevano dei nettari ambrati con cui si profumava i polsi e dietro i lobi), l'intero armamentario Estée Lauder – *una donna straordinaria*, diceva ogni volta che le capitava di nominarla, *di una libertà scandalosa*, e la Cacioni le faceva eco con sapienti cenni d'intesa, come a sottintendere di averla conosciuta davvero, di persona, nei suoi anni a New York: e per quel che ne sapevamo noi poteva anche essere vero.

Era un indizio, insomma, quel beauty case solitario? Era lì per praticità, perché Corinna magari lo utilizzava quando tornava a casa, senza doversi portare spazzolino e lucidalabbra avanti e indietro dal convitto dov'ero sempre più sicura che vivesse? Non avrei saputo dirlo. Ma da quando avevo superato la porta del regno di Marie-France mi era presa una curiosità morbosa. Avrei voluto che i muri parlassero.

Ma naturalmente i muri non parlano. Parlava invece, eccome, Madame Bogossian, dopo essersi sciolta la lingua con l'ennesimo calice di porto, *contrariamente alle sue abitudini* (intanto il pinot ce l'eravamo scolato tutto). Io mi distraevo e perdevo il filo, fissandomi sui dettagli della tappezzeria consumata intorno agli interruttori, su una lunga traccia rossa sul muro della cucina che pareva esito dello strusciare di un'unghia laccata – Dior 999, lo smalto di Marie-France, era perfettamente compatibile: ma possibile che proprio lei si fosse concessa un gesto così fuori misura, che avesse rovinato la parete immacolata di casa sua? Mentre cincischiavo, l'attenzione della tavola ormai ingombra di bottiglie e piattini vuoti si era riversata tutta, come per effetto di un incantesimo, sulla zazzera bianca di Madame Bogossian, sulle sue mani deformate dall'artrite, pesanti di anelli d'argento lavorato, forse eredità della sua famiglia estinta.

Aveva tirato fuori dal marsupio che portava (altra scelta singolare di cui non ero riuscita a indovinare la ragione) un mazzo di carte francesi. «Mica dobbiamo giocare, adesso?» chiesi sottovoce a Micol, seduta accanto a me, già annoiata all'idea di sentirmi rispiegare per l'ennesima volta le regole del burraco o dello scopone, che per qualche ragione sono incapace di memorizzare.

«Non sono carte!» mi soffiò Micol nell'orecchio. Sembrava tesa. «Sono tarocchi. Marsigliesi.»

Andiamo bene, pensai. Madame Bogossian aveva qualcosa della cartomante da fiera, persino nel nome che evocava perduti sincretismi di primo Novecento; ma soprattutto – me ne resi conto osservando la reverenza profonda (intimorita?) di Micol – aveva qualcosa che ti faceva credere, quando ti guardava, che ti stesse leggendo dentro. Che ti scrutasse e sapesse, di te, più cose di quelle che sarebbe stato ragionevole aspettarsi. Che fosse capace di leggere il futuro mi sembrava francamente poco plausibile; il mio scetticismo si ribellava a quell'idea, peraltro del tutto fuori luogo, perché, come ci spiegò lei stessa mentre mescolava il mazzo prima di chiedere a Micol di tagliarlo, «i tarocchi non predicono proprio niente».

E allora a che servono?

«Ti mostrano dove guardare» fece lei come se fosse la cosa più ovvia del mondo. Come se ci fosse bisogno di un mazzo bisunto di carte, per sapere dove guardare. Certo però, anche se il futuro non era in discussione, solo il pensiero dei suoi occhi posati sul mio presente mi inquietava.

Forse fu proprio il mio scarso entusiasmo a indurla a cominciare da me. Il brusio tacque – avevano cercato di spiegarmi che non si trattava di una vera e propria lettura, ma di uno schema a una carta. Un consiglio, praticamente. Avevo un dilemma, una domanda?

Dio solo sa se ne avevo. Il mio sguardo, però, era rivolto nella direzione sbagliata – come chi cammina per la strada badando a non inciampare in una pozzanghera, mentre un grosso vaso di fiori sta per cadergli sulla testa da un balcone. Pensavo ad Andrea, che non mi aveva mai cercata, che non mi aveva telefonato, che chissà quante donne aveva per le mani: era così inconcepibile che fossimo destinati, non dico a passare la vita insieme, ma almeno a incontrarci un'altra volta? Forse mi sarebbe bastata per fargli vedere che ero una donna anch'io, non una ragazzina come mi aveva dimostrato di pensare la sera della festa.

La domanda ce l'avevo, sì, e non potevo parlarne con nessuno, perché era una domanda da niente.

«Pensa alla tua domanda» mi disse Madame Bogossian.

Io chiusi gli occhi e pescai una carta.

19

Ancora quella donna

C'erano due omini, quasi buffi – perché avevano la bocca aperta, forse per lo sforzo? – che si arrampicavano su un muro lungo e stretto. Solo che non era un muro, forse era una torre? Alla base, comunque, bruciava.

« Ha pescato la maison-Dieu » disse Marie-France in un soffio. Il suo tono mi bastò a comprendere quanto rispettasse le carte.

« E l'ha pescata a rovescio » le fece eco la Lorelei, altrettanto concentrata.

Dunque, gli omini non stavano scalando la torre.

Stavano precipitando. E non avevano la bocca aperta per lo sforzo – come avevo potuto crederlo? Avevano la bocca aperta per urlare.

Urlavano, perché stavano cadendo giù.

L'incendio non era alla base della torre – era un fulmine che l'aveva colpita, scoperchiata. Troppo alta per sfuggire alla folgore, è così che succede. Mi ingobbii. « Stai dritta. » Marie-France mi diede un colpetto alla spalla.

Il fulmine aveva appiccato l'incendio.

« Cosa vuol dire questa carta? » Mi parve che Madame Bogossian si sforzasse di non ridere. Che si prendesse gioco del mio spavento. Ma non era colpa mia se ero superstiziosa; era per quello che non volevo giocare.

« Non è un gioco, tesorino; ma non c'è mica bisogno di

metter su quella faccia da funerale.» Mi sfiorò una guancia, io per poco non rabbrividii. Aveva le dita ghiacciate, ossute, in contrasto con la sua pinguedine.

«Non è una cattiva carta. Può voler dire tante cose.»

Il vento gonfiò la tenda. La finestra era ancora aperta.

«Sta arrivando il temporale» disse la Lorelei tetra, schiacciando un mozzicone nel posacenere di cristallo. Ecco perché Marie-France aveva aperto la finestra.

«Uh! Il fulmine è già qui, allora!» ridacchiò la Cacioni. Madame Bogossian la raggelò con lo sguardo.

«L'ha pescata capovolta...» ripeté la Lorelei.

«Cosa vuol dire? Non ci sto capendo niente.»

«Non preoccuparti.» Madame Bogossian mi teneva una mano fra le sue mani gelide. «Non c'è mai un significato unico, negli arcani. Questa carta può indicare una svolta, come quando uno tocca il fondo e poi risale. Un cambiamento, una rivoluzione. Certo, potrebbe anche essere un grosso ostacolo. La torre, vedi?, prende fuoco, non ci si può più rifugiare dentro... Naturalmente di per sé la torre indica la superbia, la... come si dice? Protervia, ecco.» La Cacioni sorrise, chissà che non le avesse insegnato lei quella parola rara. «Protervia punita, come per la torre di Babele. Ma potrebbe voler dire semplicemente che sta per arrivare la soluzione di uno stallo. E oltretutto, è uscita capovolta. Questo rende il significato più forte... più esplosivo. Potrebbe indicare un licenziamento imminente» ammiccò a Marie-France, strizzando i suoi occhi lucenti in un reticolo di piccole rughe. Non mi ero accorta che avesse gli occhi blu. Marie-France sorrise di rimando, per rassicurarmi. Forse avevo l'aria allarmata? Non volevo che Marie-France mi licenziasse. Non volevo nemmeno esser costretta a saltare dalla torre per salvarmi. Ma come sarei potuta scampare, altrimenti, alle fiamme?

« Fammi vedere la mano, su. »

Era un po' troppo, eppure non osai sottrarmi. Anche perché della mia mano si era già impadronita. Avevo paura che nelle linee del palmo potesse vedere qualcosa di più preciso – io non volevo nessun cambiamento, non volevo un futuro esplosivo.

Soprattutto, non volevo sapere cosa aspettarmi.

Non volevo che vedesse se la linea della vita era breve. Come avrei fatto, se mi avesse detto che lo era? Come sarei sopravvissuta, col pensiero che da un giorno all'altro potesse abbattersi su di me una profezia? Da giovani siamo convinti che una vita lunga sia in ogni caso preferibile a una breve. Ci sbagliamo, ma lo crediamo davvero – lo credevo anch'io, allora.

« Apri gli occhi, tesorino! Non c'è bisogno di essere così tesa. »

Non mi ero resa conto di averli chiusi. « Sorridi, su. » E nemmeno di aver digrignato i denti. Come se aspettassi una sentenza, o direttamente una condanna.

« La linea della vita... » balbettai; non sapevo nemmeno se volessi davvero concludere la domanda.

« Siete tutte uguali, voi ragazze! È bella, lunga, definita, non ti preoccupare. Non c'è niente di strano nella tua mano. E meno male che avevi quell'aria sostenuta di chi non crede a queste cose! » ridacchiava, e di nuovo affiorò la rete minuscola delle rughe. « Certo, l'unico problema è che c'è sempre di mezzo quella donna. »

Quale donna? stavo per chiedere.

« Sai benissimo a chi mi riferisco. »

Non lo sapevo.

Non ne avevo la più pallida idea.

Chi era mai quella donna? Che fosse la donna di Andrea? Sempre ammesso che ne avesse solo una, un tipo come lui, con quel fare da uomo di mondo che scivolava di festa in festa... O forse Marie-France? Come mi venne il pensiero che potesse trattarsi di lei, è una domanda a cui non ho trovato risposta se non a posteriori. Perché in un certo senso era proprio lei, la donna che dava forma alla nostra idea di noi. La donna che senza saperlo stavo per tradire.

Fu proprio allora che saltò la luce. Lo ricordo con certezza: lì per lì, credetti a uno scherzo. Pensavo che volessero farmi spaventare – e nel caso, ci erano riuscite perfettamente. Una ventata fece sbattere le porte, i vetri della finestra tintinnarono e Marta si alzò di scatto per chiuderla. La corrente aveva fatto tremare una porta che dava sulla sala da pranzo – quella della stanza a cui poco prima, quando eccitate come bambine esploravamo il regno di Marie-France, ci era stato interdetto l'accesso. Quella della camera che immaginavo essere di Corinna.

La Lorelei e Isa, afferrati all'unisono i rispettivi accendini, avevano riacceso le mastodontiche candele al centro del tavolo. La luce danzava sulle pareti; e ora le carte sparpagliate, i festoni di vite americana che si agitavano fuori dalla finestra, il baluginare della maniglia della porta di Corinna, tutto aveva un'aria funerea. Un'ora, due ore prima – da quanto tempo eravamo lì? – non avrei mai detto che quella casa potesse essere tanto tetra. Un tuono fece tremare il pavimento – *è l'impiantito antico, ma biche, non è nulla*, sussurrò Marie-France che doveva avermi vista sussultare. Un altro fulmine – di nuovo scintillò la maniglia. La porta della stanza si era aperta. Senza pensare, pensai che fosse la mia occasione: balzai su per richiuderla. Volevo approfittare dello slancio per sbirciare dentro? Forse.

Quella porta doveva restare chiusa.

La mano di Marie-France in un istante fu sulla mia, artigliata sopra la maniglia, e tirò forte, da farmi crocchiare le giunture: la porta era richiusa, non ero riuscita a vedere nulla, nemmeno un'occhiatina all'interno. Aveva reagito d'impulso, uno strappo alla sinuosa placidità di sempre. Non avrei dovuto toccare la maniglia, non mi sarei dovuta alzare; e adesso? Ero in piedi come una stupida. Per fortuna, nel buio rischiarato a malapena dalle candele, evitare il suo sguardo fu facile.

Sentii solo la voce, nel buio. La voce di Marie-France, ma diversa dal solito – come se fosse invecchiata di colpo. Io mi guardavo i piedi. La voce diceva: *è lei, è lei*.

Ci voltammo come marionette. Aveva sollevato il braccio e indicava un punto verso il fondo della stanza – un punto qualsiasi nell'ombra. Avrei giurato che non ci fosse nulla, era impossibile stabilirlo, l'oscurità era fitta. La Cacioni fece luce con l'accendino. Solo la fuga delle stanze verso il salottino che dava sulla strada. Da fuori, nel silenzio improvviso, arrivava lo scrosciare della pioggia, come un pianto.

« Marie-France, stai bene? » Aveva gli occhi assenti. Abbassò il braccio. Per fortuna ero accanto a lei, le impedii di cadere quando si afflosciò. Marta accorse con un cuscino, le sistemammo la testa ben dritta. E sempre Marta, più pronta di me che ero rimasta interdetta, le sollevò le gambe. Mi stupii di quanto fosse mingherlina, vista da quella posizione.

«Non è successo niente, una sincope» disse la Cacioni che con fare esperto le aveva alzato una palpebra per controllare le pupille. La cosa mi impressionò più del dovuto.

«Dove sono gli interruttori?» strillava Micol dall'ingresso. La sentimmo armeggiare, imprecare sottovoce, poi la luce tornò.

Marie-France aveva riaperto gli occhi e non sembrava ricordare proprio niente.

«Chi hai visto?» le chiese la Cacioni, così brusca che capii che si era spaventata.

«Visto? Io? Ho avuto un calo di pressione, Isa, non è niente. Qualche volta mi capita... colpa mia che ho scordato la pastiglia. *Ma biche*, mi andresti a prendere il blister che sta in cucina, nel cestino di vimini accanto al frigorifero?»

Corsi in cucina, tutto sommato sollevata che avesse scordato l'incidente della maniglia. Era meschino da parte mia, eppure non potevo impedirmelo. Tornai con le pastiglie e un bicchiere d'acqua. Marie-France si era alzata a sedere ed era già impegnata a convincerci a lasciarla in pace.

Non era successo nulla.

Solo un abbassamento di pressione.

La stanchezza, l'eccitazione di averci a cena – si era dimenticata la pastiglia.

Non c'era bisogno che l'aiutassimo a rigovernare.

Non c'era bisogno che rimanessimo con lei.

L'unica cosa di cui aveva bisogno era andare subito a letto, una bella dormita e il giorno dopo sarebbe stata come nuova.

E per rigovernare? «Ah, tesoro, ma domani mentre io sono alla boutique qui viene il mio aiuto. Per quando torno la casa sarà uno specchio! » Sorrideva e insisteva tanto, che nonostante la strenua resistenza di Isa Cacioni non ci fu possibile convincerla a lasciare che almeno una di noi rimanesse a farle compagnia. Finimmo per sentirci quasi scortesi – era chiaro che voleva andare a dormire. Con dolcezza ci spinse fino alla porta, trovò persino il modo di rifilare a noi ragazze la scatola con i dolci avanzati. « Per domani a colazione, *mes biches*! »

Stava bene, era tornata lei. Certo, lasciarla sola in quella casa spettrale... Per le scale non dicemmo una parola. Giù al portone, per qualche ragione sentii di dover rompere il silenzio. Ancora oggi mi chiedo quanto sarebbero state diverse le cose, se fossi rimasta zitta.

« Ma almeno nei fine settimana non sarà sola, vero? »

« In che senso? »

« Be', vive da sola tutta la settimana, ma domani è venerdì e rientrerà Corinna, no? O passa anche il sabato e la domenica al convitto? »

Mi fissarono inorridite.

« Se è uno scherzo... » cominciò Micol.

Le guardai allibita. Non capivo cosa intendessero, intuivo di aver detto qualcosa di fuori luogo, un pensiero che avrei fatto meglio a tacere; ma nessuna di loro sembrava volermi aiutare. Mi facevano anzi un po' paura, nella semioscurità dell'androne. Fuori scrosciava la pioggia, non passava neanche un taxi. Volevo andarmene di lì.

Rimasero in silenzio a soppesarmi, come se stessero giudicando della mia sincerità.

Poi Isa Cacioni sospirò.

« Barbara, ma in che mondo vivi? »

Già, in che mondo vivevo? Nello stesso mondo suo, ma per qualche ragione non mi accorgevo mai di niente. Altro che detective. Madame Bogossian, sbracciandosi in mezzo alla strada, era riuscita non so come a richiamare due taxi. Accostarono, gialli sotto la pioggia battente.

Isa Cacioni si tuffò dentro al primo. Mi piantò gli occhi addosso dal fondo dell'abitacolo.

« Corinna è morta. Lo sanno tutti, cocca, su. Svegliati un po'. » Tirò su il finestrino. « Via Condotti 16, per favore. »

20

Aceto di mele

Quella notte non chiudemmo occhio. Micol, a dire il vero, dormiva della grossa; ma forse per via dell'agitazione che le era rimasta addosso dopo la cena, pensò bene di farsi venire uno dei suoi attacchi di sonnambulismo.

Noi c'eravamo abituate, anche se ogni volta mi prendeva un colpo, a sentire i passi nel buio del corridoio. Ci alzavamo piano, con Marta, ben attente a non svegliarla – non sapevamo cos'avremmo rischiato, contravvenendo a quella regola aurea, ma sembrava più saggio evitare di scoprirlo.

Elsa non voleva saperne di dormire nella sua cuccia in cucina e, come se qualcuno le avesse imposto il compito di sorvegliare il nostro sonno, divideva le sue notti in tappe: si sdraiava sul pavimento, ai piedi dei nostri letti, a turno. Ormai rassegnata ai risvegli incoscienti di Micol, non abbaiava più: doveva aver capito, chissà come, che non era il caso. Sollevava la testa e si riaccoccolava con un uggiolio, come chi sbadiglia per protestare che la notte è fatta per dormire – ma senza esagerazioni, anzi, con una misura discreta e molto sobria.

Dal corridoio arrivò una ventata di gelsomino. Piano piano, i piedi nudi sulle piastrelle fresche, attente a non fare rumore, Marta e io ci mettemmo sulle tracce della sonnambula. Micol aveva aperto la finestra e si teneva in bilico sul cornicione. Lo faceva spesso; era sempre uno spettacolo agghiacciante ma ogni volta ci spaventava meno. *Ci si abitua a qualsiasi cosa*, diceva Marie-France, e anche su questo aveva ragione. Per fortuna, oltre il davanzale c'era il balcone su cui affacciava la portafinestra lì accanto: non rischiava troppo, e ci congratulavamo con noi stesse per averle lasciato proprio quella stanza e non l'altra, la nostra, a strapiombo sulla via. Come facesse ad arrampicarsi fin lassù rimaneva un mistero; aveva di nuovo spostato all'indietro la scrivania per inerpicarsi sul marmorino liscio e scivoloso del davanzale. Nella luce della luna la sua silhouette era spettrale, la camicia da notte di seta (un regalo di Marie-France, naturalmente, che sosteneva che dormire in pantaloni fosse una scelleratezza foriera di gravi ripercussioni estetiche) si gonfiava come una vela, i ricci rossi aggrovigliati in un gran nodo selvatico. Nel silenzio vibrò il richiamo di un rapace, forse un gufo.

« Ma ci sono i gufi, in città? » bisbigliai a Marta che mi zittì con un cenno. Piano, senza rumore, una da destra e una da sinistra prendemmo le mani di Micol. Lei si rovesciò all'indietro, per poco non ci mandava a gambe all'aria tutte e tre. La scrivania fu lì lì per ribaltarsi ma Marta acchiappò in tempo il piano del tavolo. A piccoli passi riportammo Micol a letto.

La mattina dopo, in cucina, le nostre occhiaie erano scure, quasi doloranti. Quando non dormo bene ho sempre la sensazione che la mia faccia, più ancora della testa, rimanga anchilosata.

Micol tirò fuori dal congelatore sei cucchiaini. Erano tutti quelli che avevamo.

« Ah! Ecco, i cucchiaini in freezer e io qui a girare il caffè col coltello del burro » borbottò Marta, ma non sembrava arrabbiata. Non più imbronciata di quanto fosse ogni altra mattina. Non era vero e proprio malumore; era più una corrente sotterranea di pessimismo, che sapeva dominare con improvvise impennate di allegria.

« Ma ti dico che è un metodo infallibile! E di certo non possiamo presentarci in negozio con queste facce, vi siete viste? »

Micol ci mostrò la procedura – gliel'aveva insegnata sua madre quando era ancora una bambina ignara del problema delle occhiaie. I cucchiaini devono riposare una mezz'oretta nel congelatore: non di più, altrimenti ti bruciano la pelle con il gelo, non di meno, altrimenti è tutto inutile; bisogna solo applicarli per qualche minuto sotto gli occhi e le borse spariscono.

« È una faccenda di vaso... vasocose, non mi ricordo bene » specificò con aria assorta. « In pratica ti fa ripartire la circolazione e ti riassorbe i gonfiori sotto gli occhi! » Era raggiante, con la testa inclinata all'indietro in modo che i cucchiaini non cadessero. Non si era accorta che, con uno di quelli che le aveva porto, Marta stava girando il suo caffellatte. Inclinai la testa anch'io, come Micol.

« Non è assurdo che ci si possa ustionare anche col freddo? »

« Sono sempre gli opposti che ti fregano » fece Micol, la testa rovesciata, la voce che quasi gorgogliava.

« Gli estremi, non gli opposti » puntualizzò Marta con insolita flemma, mentre sciacquava tazza e cucchiaio nel lavandino. « Non dovrebbero esistere. »

*

Essendo un venerdì, quella mattina eravamo d'accordo che aprissi io. Era il mio turno: anche se i cucchiaini non avevano giovato affatto e mi sentivo la faccia gonfia e la testa istupidita dalla carenza di sonno, troppo grande era il timore della fredda collera di Marie-France (che detestava la sciatteria del ritardo) perché mi permettessi di perder tempo lungo la strada, anche solo a spiare il mio riflesso nelle vetrine. Avevo una giacca Blumarine di cotone sottile, con le spalline e i doppi bottoni d'oro. Era di un blu scuro come la notte, bordata di nero. Mi divertiva l'idea che le persone incrociate per strada pensassero che quelli erano i miei vestiti, ignorando che si trattava delle uniformi che ogni settimana Marie-France ci assegnava, assortendo le nostre *mises* in quella che le pareva una perfetta armonia provvisoria, prima di rimescolare tutto il lunedì successivo. Per loro era ovvio che fossero i miei vestiti: quali elementi avevano per immaginare il contrario? Cosa ne sapeva la cassiera del bar dove mi fermavo a prendere il caffè quando ero felicemente in anticipo, o il portinaio portoghese che spazzava il portone del 29 e omaggiava i passanti di un largo sorriso luminoso, o la segretaria dell'avvocato del 43, con i suoi tailleur e gli occhiali dalla montatura d'oro – cosa ne sapevano, loro, della mia vita, di quello che mi succedeva fuori dal perimetro del quartiere, dei pensieri che mi stormivano in testa mentre camminavo a passo spedito, la mattina, per evitare le occhiatacce di Marie-France? E cosa ne sapevo io delle vite loro, del colore dei loro divani, dei loro malumori mattutini, delle speranze segrete che covavano, dei dolori che tentavano di allontanare?

Niente, nessuno sa niente degli altri. E quindi, chissà com'era successo che qualcuno avesse deciso di seguire proprio me, di tutta la fiumana di gente che sciamava sul marciapiede in quella bella mattina di un venerdì primaverile. L'unica cosa sicura era che qualcuno mi stava tenendo d'occhio: mi girai una volta, due, ma non riuscii a capire da dove arrivasse lo sguardo. Eppure me lo sentivo incollato alla nuca, alla coda di cavallo – è impossibile ingannarsi sulla percezione di essere osservati, checché dicesse Marta delle mie paranoie. La sensazione di due occhi che ti seguono è qualcosa di primordiale, di indelebile. E io due occhi me li sentivo addosso; ma, per quanto mi voltassi – *piano, ché altrimenti è inutile, piano, senza farti notare* – non riuscivo a isolare nella folla il viso che dardeggiava lo sguardo. C'era una donnina bionda, tarchiata – le proporzioni bombate di un piccolo comò –, con una sciarpa verde al collo. *Bionda, alta più o meno così...* corrispondeva alla descrizione. Per un istante, senza nemmeno formulare il pensiero fino in fondo, mi attraversò l'idea che potesse essere la moglie del sopracciglione, quella che era venuto a cercare in negozio e non aveva trovato.

Che idiozia!

Faceva proprio la mia stessa strada, ma in passato non l'avevo mai notata da quelle parti. Erano le otto di una mattina fresca, ventosa, sotto l'ombra liquida dei platani; un orario da abitudinari. Chi si avventura in un quartiere in cui non vive né lavora, alle otto di un venerdì mattina?

Tornai a darmi della stupida da sola: figurarsi se una bionda tracagnotta non può aggirarsi la mattina presto per una strada dei Parioli! Magari è in visita da parenti o amici, magari è in giro per commissioni. Magari, semplicemente, si è appena trasferita; oppure è passata di qui migliaia di volte e tu non l'hai mai notata, perché è una bionda tracagnotta come tante, e nemmeno stamattina ci avresti fatto caso... se non fosse per quella fissazione che ti è presa, di essere osservata.

Eppure senti che ti sta seguendo. Probabilmente sa anche che quella che indossi è una divisa, non una giacca tua. Che le giacche Blumarine tu non te le puoi permettere, perché sei solo una commessa. E che lavori da *Joséphine*, ecco lì l'insegna, la tenda ripiegata da abbassare, la saracinesca da sollevare.

Mi fermo e la bionda non la vedo più. Allora mi sbagliavo, non mi stava seguendo! Tiro un sospiro di sollievo mentre mi chino a girare la chiave nella grata. Per terra, infilata sotto la griglia di ferro, c'è una busta. Il primo pensiero è che sia caduta a qualcuno: mi sollevo di scatto, tendo la mano – e per poco non sfioro la sciarpa verde, ma è già lontana. Era lei.

E con la certezza inspiegabile dei cattivi presentimenti, so che *davvero* mi stava seguendo. Raccolgo la busta, la mostrerò a Marie-France, a Giosuè; non l'aprirò. Di certo non è per me, sarà per loro, e comunque è bene che lo sappiano. Stanno succedendo troppe cose da quando quel tizio è entrato a cercare la moglie, mi dico, e spingo il vetro della porta.

Il bruciore di uno schiaffo, tale e quale; solo che mi cola negli occhi qualcosa di liquido, vischioso. Fa male. Strillo, ma tanto non c'è nessuno. La cosa più orribile però non è il dolore, è la sensazione che vicinissimo alla mia faccia, mentre strizzo gli occhi perché non ci goccioli dentro quel liquame orrendo, l'aria vibri, si muova – come se delle ali frullassero a pochi centimetri da me. Non vedo niente, ma ho per un istante la sensazione di un'ala – un'ala quasi calda, coperta di peluria – che mi sfiora la guancia.

Poi non sento più. Cado, mi accascio a terra. Così almeno mi racconta Marie-France quando apro gli occhi. Bruciano ancora, ma adesso tutto sommato è un male sopportabile. Con una pezzetta fresca di batista, scampolo di chissà quale lavoretto di sartoria, mi tampona la fronte; i piedi me li ha poggiati su una sedia, gambe in alto e testa in giù come lei ieri sera. Sto meglio.

«Sei cascata come un sacchetto di carote, *ma biche*» dice, e non so perché dica sacchetto di carote e non sacco di patate.

«Puff, sei andata giù così! Io stavo arrivando, per fortuna, ti ho chiamata dalla strada e ti ho vista cadere. Mi è preso un colpo, sai? Che spavento! Per puro caso proprio in quel momento stava passando anche l'infermiera del dottor Bisenti, Carola. Ti ha dato uno sguardo lei, e mi ha passato l'acqua borica per ripulirti gli occhi. E lo sai cos'è stato?»

Me lo chiedevo anch'io. Con un movimento impercettibile tastai la tasca della giacca: la lettera era ancora lì. Ero sicura che avesse un legame con l'imboscata che avevo subito – ma quale? E per quale ragione Marie-France era così garrula?

Parlava a macchinetta, come se avesse paura del silenzio. Forse voleva rassicurarmi, o rassicurare sé stessa – che tutto andava bene, che non era successo niente di grave. Che la responsabilità non era sua.

Ma no, mi dissi. È perfettamente normale un momento di nervosismo, quando vedi la tua dipendente che si affloscia a terra mentre apre il negozio. Perfettamente normale e comprensibile.

«È arrivato di corsa il dottore, *ma mie*, per sicurezza ho mandato Carola a chiamarlo. D'altra parte per lui non è stato neanche un gran disturbo, ha dovuto solo attraversare il cortile, ma ci tenevo che ti desse un'occhiata, sai, mi sono presa uno spavento, lì per lì... anche se non è nulla, assolutamente nulla. Gli manderò *les profiteroles* di Regoli, ne va matto, mi ha detto Carola, anche se ha il colesterolo alle stelle. Ma ha sempre la scusa pronta. *Il medico sono io o siete voi?* Insomma io gliele mando, poi vedrà lui... ecco, comunque ti ha già dato un'occhiata, non hai nemmeno picchiato la testa, per fortuna...»

«Sì, ma cos'era quella *cosa* che mi ha spruzzato quel... quel...» Non sapevo nemmeno come chiamarlo.

«Ah, *ma biche*, ecco l'assurdità! Ho visto che avevi qualcosa di colloso sulle ciglia, non riuscivo a capire. Il dottore dà una controllata e mi fa: *avete visto processionarie, nelle ultime settimane, magari sugli alberi qui davanti?* E noi certo che le avevamo viste, ti ricordi? Ecco, quelle bestiacce... quelle bestiacce non sono solo bruchi. Sono bruchi che diventano farfalle. Devono aver fatto un altro nido, là sull'ultimo scaffale, quello dei golfini difettati che nessuno prova mai... l'ha trovato adesso Giosuè, è lì che fanno la muta. Ma non preoccuparti, l'ha portato in cortile con la paletta e gli ha già dato fuoco. Oh, ma come stai? Hai ancora gli occhi rossi rossi, povero tesoro... ora vai al bar e ti prendi una bella orzata, una cioccolata, quello che vuoi.» Estrasse dalla tasca una banconota frusciante: cinquemila lire. Doveva averla preparata quando ancora ero svenuta; Marie-France pensava sempre a tutto.

«Ma stanno proprio fra i maglioni? Possibile? E noi che credevamo di aver risolto l'altra volta... Pensavo che avessero bisogno, ecco... della natura.»

«Si vede che le larve non erano tutte nel nido che aveva distrutto Ben. Hanno questa cosa speciale, che quando sono bruchi possono bruciarti se li tocchi, com'era successo a Elsa, e quando poi diventano farfalle... farfallacce, falene, o quello che è, sanno spruzzarti un liquido, lo fanno per difendersi, quello che ti hanno spruzzato in faccia. Come le seppie, ma per fortuna non è inchiostro, non lascia la macchia!»

Non lasciava la macchia, no; ma bruciava, altroché! Marie-France si alzò. Si infilò una mano nello scollo della blusa di seta e ne estrasse la catenina a cui aveva attaccato una serie di piccole chiavi. Ne scelse una, andò al tavolo degli occhiali e aprì la bacheca di cristallo. Prese un paio di occhiali scuri di Celine con lenti grandi, affusolate.

«Ecco, per oggi puoi tenere questi, se la luce ti fa male. Ha detto il dottore che dovresti essere a posto, ma ora vai un momento al bar, ti bevi qualcosa, ti tranquillizzi.»

Non potevo crederci: mi avrebbe fatta lavorare anche quel giorno. Non protestai, sapevo che con Marie-France era inutile. Conoscevo la sua etica: lei, al mio posto, avrebbe lavorato. Oltretutto, come mi sarei sentita, da sola in casa dopo quello spavento? A passi lenti, nascosta dietro i miei grandi occhiali da sole, mi avviai al bar.

Il dottore aveva ragione: gli occhi non mi bruciavano più, ci vedevo come prima. Eppure... eppure c'era qualcosa che non tornava. Mi stavo suggestionando? Ma anche nella premura di Marie-France mi pareva di vedere qualcos'altro. Qualcosa di poco chiaro. Fino al giorno prima avrei trovato quasi commovente la sua sollecitudine: la banconota pronta, gli occhiali Celine, il medico chiamato di corsa, *les profiteroles* per ringraziarlo. E invece mi parevano indizi di cattiva coscienza. E nemmeno mi aveva dato il giorno libero! Possibile che fosse così maniaca del lavoro, così spilorcia, da non permettermi una giornata tranquilla dopo una disavventura di cui in fondo in fondo era responsabile lei? Quegli stupidi maglioncini, Giosuè aveva proposto da mesi di passarli alla parrocchia all'angolo. Nessuna delle nostre clienti avrebbe mai comprato materiale di seconda scelta!

Solo quando fui al bar e riconobbi di spalle la zazzera bionda, mi resi conto di cosa mi avesse turbata davvero. Non la falena con il suo liquido urticante, non l'inflessibile devozione di Marie-France al lavoro.

Era la storia di Corinna. E Isa Cacioni, che si voltò come se avesse indovinato che da dietro gli occhiali la stavo guardando, di sicuro su quella storia sapeva tutto quanto c'era da sapere.

« Cocca mia! Buongiorno! Ma che hai? Ti stanno lacrimando gli occhi... » Mi porse con inaspettata gentilezza un tovagliolino con cui mi tamponai la guancia sotto la montatura degli occhiali.

« Ah! Ora va meglio », e si accese una sigaretta. Tanto per cambiare.

« Niente... è stata una farfalla! »

« Una farfalla? Ma di che parli? » ridacchiava. « Non sarà magari che ieri hai bevuto un bicchierino di troppo? »

Lei ridacchiava, io no. Sentivo anche una sorta di sconforto – mi bruciava la gola come quando sta per manifestarsi un poderoso raffreddore, al pensiero della figuraccia della sera prima. Era imbarazzo, non raffreddore; tanto peggio per me.

Feci uno sforzo per tenere ferma la voce. La Cacioni non era il tipo di donna che apprezza i toni queruli.

«Ma io, Isa, non avrei mai voluto... Insomma, mi rendo conto che ho detto una stupidaggine, ma non volevo. Io, ecco, pensavo che Corinna vivesse in un convitto, in qualche collegio per ragazze...»

«Non ne sapevi nulla? Com'è possibile? Giosuè non ti ha mai raccontato?»

Alzò gli occhi al cielo. Non sapevo che dire. Mi chiesi se non avessi dimenticato o frainteso qualcosa – possibile? Possibile che mi fosse sfuggita una verità così enorme, una ferita così profonda, solo perché magari non avevo colto un sottinteso, non avevo capito un cenno? Sarebbe stato ben strano, ma non mi sentii di escludere l'ipotesi; una persona distratta non può permettersi di escludere mai nulla che possa essere imputato alla sua distrazione.

Così la Cacioni mi raccontò la storia.

Era stata una disgrazia. Non un incidente, proprio una disgrazia. Lo ripeté due volte, come se fosse la cosa più importante.

«Sai com'è Marie-France, la conosci... per lei, avere una figlia come Corinna era quasi un affronto. Ma le voleva bene, e volerle bene aggravava il suo dispiacere.»

Parlava come se fossero ovvietà. Mi sfuggiva qualcosa – Marie-France, così affettuosa, materna, così chioccia con noi, come poteva aver considerato una figlia alla stregua di un affronto? Addirittura.

«In che senso... in che senso il dispiacere?»

«È che non hai mai visto Corinna, altrimenti capiresti! Era una ragazzina difficile. Certo, si potrebbe anche pensare che fosse difficile perché si sentiva... fuori posto, ecco. Fuori misura. Non somigliava per niente a Marie-France. A lei non interessavano le cose che sua madre adora. Non le importava dei vestiti, non le importava dei ragazzi. Finché era piccola sembrava un atteggiamento normale, un'insofferenza ordinaria. Sua madre le faceva le treccine con i nastri abbinati al vestitino ricamato e due minuti dopo la trovava a rotolarsi per terra, le trecce disfatte, il vestito strappato. Era una bambina vivace. Un maschiaccio... usavamo tutti questa parola. Un maschiaccio, ecco. A un certo punto ha iniziato a usarla anche lei per descrivere sé stessa. Stava crescendo e non sopportava più che sua madre la conciasse come una pupattola. Oltretutto, sai com'è: Marie-France, diciamo, non era proprio entusiasta che si potesse calcolare la sua età vedendo quanti anni dimostrava la figlia. Ma Corinna cresceva, anzi lievitava; era una ragazzona. E sua madre la strizzava dentro questi vestitini ridicoli, da bambina piccola, da bambola. Lei, che iniziava ad avere dieci, dodici anni, si arrabbiava e si intristiva. Un giorno tornò da scuola con i capelli tutti appiccicati di gomma da masticare: sostenne che era stata una compagna, che l'aveva fatto per infastidirla, per spregio. Io però ho pensato che forse... forse l'aveva fatto da sola, o comunque magari aveva, ecco, facilitato la compagna. Perché Marie-France fu costretta a tagliarle i capelli cortissimi, non c'era nient'altro da fare, tanto erano impiastricciati. La gomma non andava via, non voleva saperne, e dire che le aveva fatto degli impacchi con non so quali intrugli, persino con la passata di pomodoro, con le uova... tutto il frigo ci aveva buttato, ma niente. Corinna però, con quel nuovo taglio, con i capelli corti corti, stava bene. Era contenta. Diceva: *finalmente sembro il maschiaccio che sono*, e rideva. Non aveva mai riso così. Sua madre invece non era contenta affatto: conciata in quel modo, Corinna aveva davvero l'aria di un ragazzino. Insomma, i capelli ricrebbero piano piano, più scuri. Corinna se li accorciava con le forbicine nel bagno; Marie-France le nascose le forbicine. I capelli ricrescevano, e non erano più biondi com'erano stati. Per Marie-France, che Corinna fosse bionda era importante: *la ingentilisce*, diceva. Sai, non riusciva a perdonarsi di aver fatto una figlia bruttarella. Io le dicevo che era l'adolescenza, che si sarebbe fatta carina, che sarebbe migliorata crescendo... glielo dicevamo tutti. E poi, comunque, parliamoci chiaro: non è che se una nasce bruttina dev'essere per forza una tragedia, no? Guarda la Lorelei... poverina, dai, si scherza, non c'è bisogno di far quella faccia. Comunque, lei è diventata una scrittrice e ha avuto una vita piena, ha avuto anche i suoi amorazzi, se mi capisci. Eppure non è esattamente il massimo della leggiadria. Ma non casca mica il mondo! Per qualche ragione, anche se è tanto intelligente, Marie-France si era convinta che sua figlia fosse condannata all'infelicità solo perché non era saltata fuori bella come lei. E non si rendeva conto che invece era proprio lei a renderla infelice. Le faceva venire di quei complessi... »

« Ma in che senso? Le diceva che era brutta? »

« No, no, per carità. Sai com'è fatta, però, non riesce a nascondere niente. » Di questo non ero più così sicura. Mi aveva nascosto, ad esempio, di aver perso una figlia. Non era abbastanza per scuotere la sua fama di trasparenza? Ma non osai dirlo.

« Ecco » continuò lei, e mentre parlava si tormentava un anello al dito, uno smeraldo montato in oro bianco, molto simile a quello che portava Marie-France. Pensai, chissà perché, che gliel'avesse forse regalato proprio lei: Isa Cacioni non era il tipo che si compra gioielli veri. «Cercava in tutti i modi di correggerla. L'aveva convinta che quei capelli, che ricrescevano sempre più scuri, dovessero essere schiariti con una miscela di acqua e camomilla. Acqua, camomilla, e una punta di candeggina per fare da fissante. Solo che la camomilla non era troppo efficace, così giorno dopo giorno aumentava la quantità della candeggina. Preparava la mistura in una tazza, ogni volta che Corinna doveva farsi lo shampoo, e lei stessa le applicava con un pennello l'impacco sui capelli. E non era tutto: ogni mattina, prima di colazione, le faceva bere l'aceto di mele. Diceva che purificava l'organismo, che faceva miracoli e che era un trucco che usava anche Liz Taylor ai tempi in cui girava *Cleopatra*. In realtà sperava semplicemente che la facesse dimagrire, perché Corinna era robusta, e più passava il tempo, più le si ispessivano le spalle, le braccia, le cosce. A Marie-France questo non piaceva, era esasperata: non le stava bene niente...»

Pensai al suo entusiasmo quando aveva deciso di aprire la boutique alle ragazzine. Alla gioia che le zampillava dagli occhi davanti alle collezioni Cacharel. Era una riparazione, un risarcimento?

«Corinna era sempre più cupa. I capelli si stavano bruciando, spelacchiati come piume di un brutto pulcino. Non dimagriva affatto, ma l'aceto bevuto di prima mattina, be'... di certo non le addolciva l'umore. Un giorno Marie-France era dovuta uscire presto, aveva qualche commissione in negozio, forse arrivava una nuova collezione, non mi ricordo neanche più. Era un martedì, e il martedì sera Corinna si lavava i capelli. L'aveva ritirata dal convitto, temeva che succedessero cose poco chiare, là, fra tutte quelle ragazzine. Sai, aveva paura che le chiacchiere sull'essere un maschiaccio, ecco, nascondessero... un'inclinazione. Era convinta che non l'avrebbe sopportato. Insomma, uscì presto. Sul ripiano della cucina aveva preparato la tazza con l'aceto di mele, e la tazza con la candeggina per la sera.»

Mio malgrado iniziavo a capire.

«Ma quindi... Corinna era sola quando...?»

«Marie-France poi tornò a casa, quella mattina. Aveva dimenticato il registratore di cassa, quello che si porta sempre avanti e indietro perché dice che è pericoloso lasciarlo in negozio la sera, metti che scoppia un incendio o qualche altra calamità... Ecco. Tornò a casa e io l'accompagnai. Non avevo niente da fare, era una bella giornata. L'ho lasciata sotto il portone, le ho detto: *ti aspetto qui, mi fumo una sigaretta.* Ho finito la sigaretta e poi me ne sono accesa un'altra. E allora ho pensato, finita pure quella: *che strano, non scende più.* Non è da lei, sai, perdere tempo. Ho suonato al citofono e non rispondeva nessuno, mi è presa una gran paura. Sono salita insieme alla portiera.»

Quindi c'era già stata, a casa di Marie-France... Certo non proprio nell'occasione migliore per una visita. Non ero sicura di voler sentire il resto. Ma nessuno poteva fermare Isa Cacioni quando raccontava una storia. E poi, lo volessi o no, *dovevo* sapere com'era andata a finire.

«Siamo salite di corsa, cioè, per quanto possono correre due mezze sciancate, io con il ginocchio rovinato, la portinaia con le anche ribaltate a furia di strofinare gradini. La porta era socchiusa, come quando entri in casa per prendere una cosa in fretta e furia. Abbiamo trovato

Marie-France inebetita, non diceva niente, sembrava che nemmeno ci vedesse, davanti a Corinna che era caduta per terra. Ma era viva. *Hai chiamato l'ambulanza?* E lei niente, non rispondeva. Ho chiamato io. Hanno provato a salvarla ma era tardi. Povera bambina, povera Marie-France. Non riusciva a piangere. Era impietrita. È impietrita... è come se dentro di lei qualcosa fosse diventato di gesso. Ci hai fatto caso? Certe volte è come se... come se si riassorbisse in sé stessa.»

Forse ci avevo fatto caso, forse no. Non sapevo più cosa pensare. L'unica certezza era che non avevo mai conosciuto Marie-France. Avevo visto la sua sicurezza e i suoi chignon, avevo preso per oro colato i suoi consigli di bellezza. Avevo sorriso della sua ossessione per la morte e per le malattie, della sua ipocondria, della sua mania per l'eleganza. Non avevo mai capito chi era davvero.

La sera, togliendomi la giacca, sentii il cartoncino duro della lettera. Mi era rimasta in tasca dalla mattina, in tutto quel trambusto. Mi ero dimenticata di darla a Marie-France: dieci ore prima gliel'avrei consegnata senza aprirla.

Ora le cose erano cambiate.

La busta non era sigillata, eppure era appiccicosa come se qualcuno l'avesse maneggiata con le dita impiastricciate di zucchero. Dentro c'era un cartoncino quadrato di quelli su cui si scrivono parole di auguri.

APRITE BENE GLI OCCHI

Ma io ero stanca, le palpebre mi bruciavano ancora, ero stanca e stufa di tutte quelle emozioni; e, strano a dirsi, non solo non mi spaventai di quella calligrafia sbilenca, né del brutto scherzo delle falene, che il biglietto rivelava orchestrato dalla stessa mano; i miei occhi li chiusi, e scivolai nel sonno senza sogni di chi non ne può più dei capricci del mondo.

21

Un'amica che non hai

Una nuova lettera arrivò alla fine di agosto, il secondo giorno dopo la riapertura. Avevamo chiuso per tre settimane, quella di ferragosto e le due successive, perché *rimanere aperti è inutile, in città non resta nemmeno un cane, ma mie*, diceva Marie-France come a volerci rassicurare che dopo le ferie il negozio, quasi deserto per tutto luglio, sarebbe tornato a riempirsi di voci e di risa. L'estate era fuggita in un soffio. In città eravamo rimaste, per lo meno, un cane – Elsa – e io, che non sapevo dove andare e avevo pensato di approfittarne per proseguire con la tesi.

Marie-France aveva raggiunto in Costa Azzurra una sua cugina *che aveva sposato una fortuna*, ed era tornata con le efelidi sul naso e gli occhi più chiari. Giosuè era partito per un imprecisato campeggio. Marta, sfumata l'ipotesi della Croazia, era stata dal padre e dalle sorelle e aveva passato tutto il tempo a litigare. Micol era stata invitata a una crociera in barca a vela da non so più quali amici miliardari, ed era tornata sfavillante nell'abbronzatura.

Io mi ero trascinata in settimane ristagnanti, mi svegliavo tardi, intontita dal caldo. In casa vivevo nella penombra per schermare l'afa e dimenticavo sempre di comprare il latte. La sera spalancavo tutto, tiravo su le tapparelle e lasciavo entrare il ponentino. L'aria sapeva di polvere e zampironi, le strade erano vuote, ci aggiravamo, noi che eravamo rimasti, galleggiando nella luce, ci sorridevamo fra estranei come si fa in montagna. Facevo lunghe passeggiate con Elsa, verso sera, e mi compravo un supplì all'unica rosticceria aperta. Qualche volta andavo a vedere un film in seconda visione al cinema all'aperto. I giorni erano identici, mi cullavo nell'illusione di non conoscere nessuno. Era riposante. Ogni mattina mi ripromettevo che dopo il caffè avrei cominciato a scrivere, poi pensavo che ormai era tardi, che Elsa doveva scendere, compravo una fetta d'anguria al chiosco, risalivo ed era già ora di pranzo. Mi preparavo gli spaghetti e poi il caldo m'insonnoliva, leggevo sdraiata con Elsa ai piedi del letto, sulle piastrelle fresche. Leggevo romanzi francesi, gialli americani, vecchie raccolte di poesie rinascimentali prese a casaccio nella libreria dell'appartamento; dovevano essere libri di Marie-France, chissà in quale epoca della sua vita li aveva comprati, chissà se poi li aveva letti. Io leggevo fino a che si faceva tardi abbastanza da costringermi a rimandare la stesura della tesi all'indomani, sapendo benissimo che l'indomani avrei fatto lo stesso.

Una sera, verso la metà della mia fase di abbrutimento, andai al cinema a vedere *Zelig*. Ero conciata da far pietà, se mi avesse vista Marie-France sarebbe inorridita – ma lei era in Costa Azzurra e io al Savoy, con una maglietta celestina tutta sbrindellata, pantaloni di lino da odalisca e i vecchi sabot di quando ero la studentessa di filosofia che non riuscivo a tornare a essere malgrado i miei blandi tentativi. I capelli mi erano cresciuti in un cespo informe, non avevo un filo di trucco. L'ultima persona che mi sarei aspettata di incontrare era proprio lì, all'uscita del cinema. Avrei scommesso che fosse in qualche posto selvaggio e bellissimo, quei posti che solo i *bons vivants* conoscono e dove nessuno avrebbe mai invitato una come me. Invece era a Roma, portava una camicia di lino ed era venuto al cinema con un amico, tale Franco, un tipo abbronzato con i capelli sale e pepe e una catena d'oro al collo, che parlava con voce profonda di catrame. Non riuscivo a immaginare come si conoscessero, ma esauriti i convenevoli quello disse che doveva andare da qualche parte – non si prese nemmeno la briga di inventare una scusa – e si dileguò lasciandomi sola con Andrea. Il quale mi spiegò che Franco era il cameriere della trattoria dove pranzava sempre, che però quel giorno era chiusa, e quindi si erano dati appuntamento al cinema, convinti di essere gli unici due superstiti nell'estate romana.

E invece c'ero anch'io, e avevo aspettato così tanto quel momento che ora mi pareva irreale. C'ero anch'io che sorridevo con una timidezza per cui mi detestavo, e accettavo l'invito di Andrea ad andare a bere qualcosa, e ancora non potevo credere che stesse succedendo davvero. Mi maledicevo per non essermi ripassata il silk-épil, mi maledicevo per aver scelto di vestirmi come una scappata di casa, ma ormai non potevo tirarmi indietro e camminavamo fianco a fianco, ci sedevamo a un tavolo dell'unico bar aperto nel giro di chissà quante centinaia di metri, lui ordinava un negroni, io per darmi un tono un Fernet-Branca, lui rideva di me perché era un digestivo, io replicavo con sussiego che mi piaceva come aperitivo.

Parlammo e parlammo e venne fuori che era a Roma di passaggio, il giorno dopo avrebbe preso un aereo, addirittura, per un'isola delle Canarie di cui non capii bene il nome, anche perché dopo il Fernet, vergognandomi della mia insipienza, l'avevo seguito nel secondo giro di negroni, ed ero a un passo dall'ebbrezza.

Parlammo e parlammo come si parla quando si flirta, almeno per come intendevo io, allora, l'arte del flirt; che, inutile specificarlo, padroneggiavo poco e male. Ma lui sembrava così intenerito e interessato a ogni cosa che dicevo, che cominciai a sentirmi potente e bellissima.

Finché non pronunciò il nome di una donna – Carmen, o qualcosa del genere – e fui sicura che era da lei che stava andando. La nuvola di gioia su cui galleggiavo si afflosciò, dissi che dovevo tornare a casa dal cane, avendo cura di mantenere il viso ridente, gli occhi allegri. Mi accompagnò fin sotto casa a piedi, nonostante le mie proteste. Mi salutò con un bacio sulla guancia, e mentre io morivo di malinconia mi disse una cosa che non riuscii più a scordare: « Tu ridi tanto, ma secondo me ridi perché sei una che sa anche piangere ».

Come si replica a una frase del genere? Per fortuna avevo la parlantina del Fernet, del negroni. Oggi un'osservazione simile mi offenderebbe; allora, passai la notte a pensarci. Era così vero.

Elsa sognava, una caccia, un inseguimento, qualcosa. Faceva dei piccoli versi nel sonno, a scatti, come se stesse correndo.

Io non dormii e poi per giorni pensai solo a quello che mi aveva detto. Così vero che forse non voleva dire proprio niente.

In capo a tre settimane, pallida e più stanca di prima della pausa, tornai al lavoro. Ci riabbracciammo e mi resi conto di quanto mi fossero mancati tutti. Marie-France mi appioppò, subito al secondo giorno, il turno della mattina.

Così ero sola, ancora, quando trovai un nuovo cartoncino infilato nella serranda. Busta piccola color crema, stesso modello: un altro di quei biglietti che si appuntano ai regali. Stavolta almeno non era appiccicosa. Sulla busta non c'era né mittente né destinatario. Forse l'avrei aperta anche se avessi saputo con certezza che non era indirizzata a me; ma, dal momento che non offriva nessun indizio, non ebbi nemmeno da affrontare la sensazione velenosa di violare un segreto per curiosità. D'altra parte, dalla sera della cena sentivo il bisogno di capire, di sapere qualcosa in più: sulla vita di Marie-France e sulla boutique, il posto in cui passavo tanto del mio tempo, su cui convergevano le mie forze e i miei pensieri, che lo volessi o no. Senza farci caso ero scivolata in quella vita giorno dopo giorno, e ne avevo fatto il mio orizzonte. Mi ero inabissata nel luccichio dei bottoni, nelle mille piccole regole di cui fino a un anno prima non avevo idea; la boutique aveva cancellato la persona che ero, come in un'esistenza passata.

Forse, malgrado il ricordo delle falene, qualche recesso del cuore particolarmente sensibile alle illusioni si lasciò solleticare dal pensiero che potesse trattarsi di un bigliettino galante, che venisse da Andrea: non aveva mosso un dito per cercarmi, dopo la famosa sera a cui ripensavo continuamente, ma magari aveva solo voluto aspettare, per sorprendermi con un gesto così antico, così sicuro; se il ricordo non mi inganna – ma non posso più esserne sicura – feci persino in tempo a sentirmi lusingata, mentre esploravo con le dita la superficie ruvida della busta. Somigliava proprio a quelle che il fioraio all'angolo appuntava ai mazzi di fiori che il fattorino veniva a consegnarci in negozio; ma non c'era scritto, come su quelle, PER MICOL a grandi lettere sgranate.

Di nuovo la busta non era stata sigillata, chi l'aveva chiusa si era limitato a infilare la punta del triangolo di carta fra i lembi ripiegati della parte inferiore. Aprirla non aveva nulla di irreversibile. Il cartoncino mi saltò nella mano come un piccolo grillo, una pulce, un insetto scattante e inaspettato.

E fu chiaro subito che invece aprire quella lettera era stato un gesto irreparabile. Che non sarei più tornata indietro.

Era scritta in stampatello, uno stampatello infantile; ma si vedeva che non era una scrittura di bambino. Le prime lettere di ogni riga parevano scosse da un tremito, come se la mano avesse vibrato nel tracciarle con l'inchiostro rosso – rosso come le unghie laccate di Marie-France, rosso come i numeri che lei segnava nel grande libro contabile quando c'era da registrare un ammanco o un ordine in sospeso. Non era proprio quella che si chiama una scrittura a zampe di gallina; sembrava, però, la traccia lasciata da un animale. Un insetto, di nuovo. Per di più, una traccia rossa.

Passato il disorientamento per la grafia, le tracce tremolanti che ballavano davanti ai miei occhi si composero in un vaneggiare decifrabile:

QUI INTORNO TUTTI LO SANNO GIÀ
E ASPETTANO IL GRANDE GIORNO.
FAI PENA.
UN'AMICA CHE NON HAI

Cosa diavolo potesse significare, era al di là della mia comprensione. Mi sedetti per terra dietro la cassa perché nessuno mi vedesse dalla strada, e sentii una gran voglia di piangere come si piange a volte da piccoli, per la stanchezza. Come si piange quando si è certi che qualcuno ci saprà consolare; ma io non avevo nessuno. Non c'era nessuno di cui mi fidassi davvero, fra tutte quelle persone con cui trascorrevo i miei giorni e le mie sere, ma che con me non avevano diviso nemmeno mezzo segreto.

Ora sapevo con certezza che la lettera non era per me, perché io di segreti non ne avevo; non ero abbastanza interessante.

Non mi sfiorò il pensiero che questa innocenza ce l'attribuiamo tutti, fino a quando non si fissa su di noi l'occhio di chi decide di frugare nella nostra vita – che ci pare tutta presentabile, tutta alla luce del sole, finché qualcuno non ci infila le mani dentro e saltano fuori faccende sordide che non immaginavamo potessero riguardarci. Perché sono sordide solo agli occhi di chi non sa, e avidamente tenta di sapere. Perché ci sono sguardi che violano senza pietà, che scoprono, sospettano e diffondono, mentre noi non sappiamo di essere osservati.

Ma questa è una verità che solo nel tempo ho compreso. Allora un pensiero del genere non mi sarebbe passato per l'anticamera del cervello. Allora non ragionavo sulle leggi eterne a cui obbedisce l'umanità, anche nell'errore, anche nella malafede, nell'imbroglio: ero così sciocca che volevo soltanto, e subito, la chiave del mistero.

Trovare un colpevole, risolvere la questione.

Volevo dirmi, prima di addormentarmi la sera, che io non c'entravo niente. Non riuscivo ad ammettere che, più di ogni altro dettaglio fuori posto, a turbarmi era il pensiero di non potermi più fidare ciecamente di Marie-France, ora che conoscevo la storia di Corinna.

Poteva essere proprio per lei, il biglietto. O per Micol. O persino per Giosuè – cosa sapevo, io, di loro? Isa Cacioni mi aveva aperto uno spiraglio sul passato di Marie-France, ma era servito solo a mostrarmi la profondità del buio che l'avvolgeva.

E ora avevo in mano una lettera anonima di minacce. Cos'era quel riferimento a un grande giorno che tutti aspettavano? C'era una sola cosa ragionevole da fare: dovevo mostrarla agli altri con il primo biglietto; allora, insieme, avremmo capito.

Invece la ripiegai e me la infilai nella tasca sinistra, quella che non uso mai. E così non ci pensai più, non mi chiesi nemmeno il perché del mio gesto. Volevo indagare, capire chi l'avesse mandata? Era la mia grande occasione.

E se volevo avere un segreto, finalmente l'avevo. Non mi preoccupai di proteggere nessuno.

22

Ho visto un'ombra

Quando le cose cambiano, sembrano identiche a com'erano prima. Almeno finché non è troppo tardi per tornare indietro: per questo è così difficile ricostruire il momento esatto della rottura.

Dopo la cena a casa sua, Marie-France si comportava come aveva sempre fatto, eppure indovinavo in lei qualcosa di diverso – però non ero in grado di metterlo a fuoco. E comunque, tutto procedeva. A occhio nudo non si notavano differenze, se non minuscole crepe, dettagli.

Come se apprendendo la storia di Corinna avessi perso una forma d'innocenza a cui ero rimasta aggrappata fino a quel momento, mi pareva di essermi trasformata – in cosa, non lo sapevo. La vita di ogni giorno era una recita stanca.

Stancamente sollevavo la serranda, e di tanto in tanto mi pungolava una fitta angosciosa, eredità dell'incidente della falena. Stancamente mi trascinavo per il negozio. Mi chiedevo se fosse l'immaginazione a ingannarmi, mostrandomi le ore velate da una ragnatela di presentimenti, o se davvero le visite delle ragazzine in negozio si fossero diradate. Forse per quello, quando mi capitava di sentire le loro risate, i loro strilli nei camerini, mi parevano più alti, più acuti, più esasperanti? Marie-France contava i soldi a fine giornata e non si lasciava sfuggire commenti. Dovevamo dedurne che gli affari non soffrivano di quell'ottundimento generale? Forse era solo l'estate che declinava, mi dicevo; e se avessi osato confidare a Marie-France il mio torpore e il mio tedio, ero certa che mi avrebbe detto la stessa cosa.

Solo che dal giorno della cena non mi era più capitato di parlarle faccia a faccia. Non le avevo detto nulla di come stavo, di quel che mi pareva stesse accadendo alla boutique, a noi tutti. Non le avevo chiesto nulla di lei. Non che fosse una scelta calcolata; semplicemente, l'occasione non si presentava mai.

«Sei strana» mi disse Marta un pomeriggio. Ero seduta nel magazzino. «Che cos'hai?»

«Non ho niente, mi sto solo riposando un po'.»

«Seduta sul pavimento lercio, con gli occhi sbarrati?»

«Perché, non posso? Io mi riposo come mi pare, tu pensa a farti gli affari tuoi!»

«Ehi, ehi, ehi! Che c'è, Barbarè? Sei nervosa, è un bel pezzo che ti vedo così...»

«Scusami, hai ragione. È che sono proprio stanca. Qui ultimamente mi sembra di non capire più niente, come se avessi perso il senso...»

«Il senso?»

«Sì, il senso di quello che facciamo. Non so, mi pare che ci sforziamo tanto, ma per cosa poi? Per niente!»

«Be', tu sei qui in attesa di finire la tua tesi, mi pare che il senso ci sia eccome. O no? Quante sessioni vuoi perdere? Hai detto che ti serviva l'estate, e ora l'estate è passata, forse sarebbe il momento di tornare alla tua vita vera.» Riconoscevo il tono pragmatico dell'uomo d'affari che sapeva essere.

«Non ho scritto una riga, quest'estate, fai un po' tu...»

«Ma è normale, succede! Succede di avere un periodo

un po' fiacco. Riprenderai, e finirai, e troverai un lavoro bellissimo e pieno di senso. E anche Micol, prima o poi arriverà il suo momento, imbroccherà un provino, farà un film e sarà sulla copertina di *Amica*. E noi la ritaglieremo e l'appenderemo dietro la cassa... »

« Già... e tu? »

« E io cosa? Io sono nata per questo lavoro, me lo dice sempre anche il Grande Capo, no? »

« Ma Marie-France non potrà lavorare per sempre, non ci pensi? E poi la moda cambia, il mondo cambia, una boutique così fra dieci anni è finita e lei... lei non è mica più tanto giov... »

« Sei pazza? Vuoi che ti senta? Ti ricordo che può entrare da quella porta da un momento all'altro. Se ti sente dire così non so che succede. »

« Lo so io. Le spezzerei il cuore. »

« Ecco, brava. E tu vuoi spezzarle il cuore? »

« No. »

« Allora stai zitta e smettila di fare questi pensieri da depressa che ti vengono le rughe. »

« Oddio, stai iniziando a parlare come lei! »

« Sì, ha creato un mostro » ghignò Marta e guizzò fuori dal retrobottega. Mi lasciò lì, per terra, a sorridere stupidamente. Davvero mi sarebbe dispiaciuto, spezzarle il cuore?

Anche solo un pochettino, quel poco che poteva bastare a ricordarmi che nella vita c'era altro – oltre alla boutique e agli accorgimenti che una signora doveva adottare per evitare che si notasse che invecchiava, che viveva, che sbagliava. Solo quel poco che sarebbe bastato a farmi sentire che ero ancora in tempo a riprendermi la mia vita, se fossi riuscita a capire cosa volevo ottenere, chi volevo essere, e magari a inventarmi un modo per non soccombere all'angoscia di scoprire una ruga o una macchia scura sul dorso della mano, di essere da buttar via, di aver dissipato i giorni nell'inutile sforzo di brillare – per chi, poi?

Micol arrivò eccitatissima, ma non voleva dirci perché. I suoi occhi avevano un bagliore che nella penombra del negozio li faceva sembrare viola; Marie-France andava in visibilio per quel genere di riflessi.

«Oggi sei risplendente, *ma biche*! Che ti è successo? Lasciami indovinare... un appuntamento?» Ridacchiava come se avesse avuto quindici anni. Micol era arrossita impercettibilmente. «Non ci vuoi dire nulla, tesoro? Ma sì, hai ragione tu! Sono fatti tuoi. È molto riservata questa signorina qui, e senz'altro ha i suoi motivi, vero Giosuè?»

«Con te, essere riservati è impossibile» bofonchiò Giosuè. Ma sapeva che non era vero: la sua impenetrabile vita privata era la prova lampante del contrario.

«Uh, figurarsi! Per te, poi, che sei il signore dei segreti...» Marie-France gli fece persino l'occhiolino. Era di ottimo umore.

Pareva che non ci fossero nuvole nel suo cielo. Bionda, leggera, spumeggiante come una meringa. Si sganciò un bracciale sottile con un pendente di perla di fiume. Fece un cenno a Micol che docile tese il polso verso di lei.

«Ecco qui, questo sta meglio a te che a me.» Sorrise.

Che bisogno c'era di farle un regalo, mi chiesi senza volerlo.

«C'entra qualcosa, per caso, l'avvocato Scotti?» Aveva

buttato lì la frase come niente fosse, come soprappensiero, come se non si aspettasse risposta.

E infatti non arrivò nessuna risposta. Micol abbassò gli occhi sul bracciale, mi sembrò per un istante che le guance le si fossero colorite – ma forse era la luce, la stessa che le faceva gli occhi viola. Se stava per sorridere, si trattenne. Marie-France sembrava tranquilla, soddisfatta. Non mi sarei stupita se avesse cominciato a fare le fusa.

Pensai che le aveva fatto quel regalo per la ragione più semplice di tutte; perché era bella, e lei gliene era grata.

Le grucce andavano disposte a quattro centimetri di distanza sulle relle, mi misi al lavoro senza che nessuno mi dicesse nulla.

Era da un pezzo che a me Marie-France non faceva regali. Era da un pezzo che non mi lanciava uno di quei suoi commenti che mi facevano sentire speciale. Mi chiesi se non fosse anche per questo che avevo in gola un'amarezza pronta ad annodarsi in un groppo di pianto. Uno, due, tre, quattro, contavo e ricontavo le grucce, le disponevo in ordine perfetto, non avrei permesso che l'amaro nella gola mi impedisse di lavorare. Marie-France mi passò accanto e mi fece un buffetto alla guancia. Sorrisi come quando da bambina mi facevano il solletico.

Allora non era arrabbiata con me. Non mi aveva dimenticata.

« Stai dritta Barbara, o ci toccherà metterti il busto! »

Ero a tanto così dal pianto, ma forse era solo perché sentivo di potermi rilassare, finalmente. Marta se ne accorse e mi passò una delle sue Chiaravalle dal pacco di emergenza che teneva nel retro. Le comprava quando andava a trovare i suoi, perché stare con loro senza fumare come un turco era inconcepibile – lo diceva lei, ma sapevamo entrambe che era il cowboy a parlare. Come ogni volta, l'idea di fumare sigarette marchigiane – pensate, prodotte e d'abitudine fumate solo nelle Marche – bastò a scacciare la nuvola di malumore.

Me ne stavo davanti al negozio, avvolta nel fumo, quando vidi arrivare le ragazzine.

La luce accendeva i capelli come aureole, avevano qualcosa di irreale. Abbacinanti, indaffarate nelle loro chiacchiere, sembravano angioletti, uno spettacolo quasi stucchevole. E molto, molto lontano dalla realtà – a vederle così, però, ingannavano l'occhio più esperto. O almeno, ingannavano il mio.

« Vi dico di sì, anche la sorella di Cristina l'ha detto! Ha detto che succedeva pure quando lei aveva la nostra età, solo che non c'era la collezione ragazze, era un posto per signore e se avevi tredici anni ci dovevi andare con tua madre, quindi era più raro. »

« Ma allora come faceva a succedere? »

« Perché loro drogavano anche le madri, no? Non ci arrivi da sola? »

« E com'è possibile che nessuno abbia mai detto niente? Che non siano finiti sui giornali? »

« Com'è possibile? Ma perché sono *protetti*, no? Hanno degli amici importanti, ai giornali... alla polizia... »

Non avevo idea di cosa stessero farneticando, ma non potevo impedirmi di sentire. Tenevo gli occhi fissi sulla strada, seduta sul bordo della fioriera. Davo le spalle alle tre ragazze, che non dovevano nemmeno essersi accorte di me.

« E perché hanno così tante protezioni? »

« Ma insomma, Ginny! Com'è che non capisci mai

niente? È perché sono *ebrei*, no? Quelli sono protetti da tutte le parti, santo cielo! »

Entrarono nel negozio in un'unica falcata. Io rimasi fuori a misurare il tempo della mia pausa, un tiro dopo l'altro. Non avevo mai pensato alla questione in questi termini, o meglio: ci avevo pensato e avevo ricacciato indietro il pensiero. Ora infine mi concedevo di formularlo tutto intero: come mai Marie-France non aveva avvertito la polizia, dopo quelle assurde incursioni in negozio? E neppure dopo le processionarie – di che altro aveva bisogno, per allarmarsi sul serio? Neppure Giosuè aveva mosso un dito per chiamare aiuto. Era come se si vergognassero di qualcosa. Temevano l'effetto *al lupo al lupo*?

O avevano ragione le ragazze, ed eravamo protetti comunque?

Perché io ero con loro, anche se non ero una di loro.

E non riuscivo più a capire, loro, chi fossero davvero.

Marta e io ce ne tornammo a casa nella luce della sera che calava piano, spettegolando di Micol che era uscita proprio con l'avvocato Scotti, secondo noi, anche se non aveva voluto dirci una parola – avremmo saputo cavarle qualche dettaglio al suo ritorno: quando era brilla non riusciva a tenere la bocca chiusa. L'avremmo aspettata alzate, approfittando dell'attesa per sistemare le mensole della cucina. Per sistemare, Marta intendeva *riordinare*, io intendevo *dipingere di verde*, con uno smalto speciale che avevo trovato dal ferramenta quando ero scesa a cercare un nuovo stendibiancheria – quello vecchio l'avevo schiantato sotto il peso del bucato fradicio che gli avevo schiaffato sopra, senza rendermi conto che la centrifuga avesse fatto cilecca. Il che, se non altro, mi dispensava dall'occuparmi della lavatrice per le settimane successive; ma per farmi perdonare avevo deciso di comprare io il nuovo stendino. Oltretutto il ferramenta era il mio negozio preferito. « Se ti sentisse il Capo! » sghignazzava Marta, e in effetti era meglio che il Capo non lo sapesse.

Sapeva, in compenso, che l'avvocato Scotti aveva una moglie e tre figlie che si servivano da noi. Ciononostante, e malgrado il patente rossore di Micol, non le aveva detto niente.

« Non ti sembra un atteggiamento un po'... equivoco? Non dico che l'abbia incoraggiata, però, be', le ha pure dato il suo braccialetto! »

« Non è mica nostra madre. Sa benissimo che Micol farebbe comunque di testa sua, come te, come me. Cioè, tu no, tu sei una santarellina e pensi solo al tuo amore impossibile, ma io i miei danni li ho fatti, cara mia... » sorrideva sorniona. Forse aveva ragione; a me mancava l'esperienza. Non ero una donna di mondo come lei. Come Marie-France, come tutte quelle che mi circondavano. Persino le ragazzine sapevano, della vita, più cose di quante ne sapessi io.

« Piantala di commiserarti sempre! » fece Marta quando fummo a casa, con Elsa allungata sul pavimento a prendere il fresco delle piastrelle, versandomi un bicchiere di Mateus. Lo compravamo per la bottiglia a forma di goccia, ma ora anche perché piaceva a Micol. Sosteneva che non le dava alla testa e così ne beveva sempre troppo. E pensare che i suoi corteggiatori spendevano fortune in champagne.

« È un finto esemplare ad alto mantenimento » sghignazzava Marta, che mi aveva spiegato il concetto di alto e basso mantenimento – io non lo avevo mai sentito. Ma lei leggeva un'infinità di riviste e qualche volta si comprava pure quelle americane, all'edicola di via Veneto. Le piaceva raccontarmi di tutto quello che scopriva, far volare le ore chiacchierando, le piaceva immaginare che il divano su cui eravamo sedute per magia scomparisse dal nostro quartiere romano e ricomparisse in qualche città sognata solo per il nome. New Orleans, Chicago, New York, per noi non c'era differenza. Se non che lì avremmo capito facilmente se eravamo persone ad alto o basso mantenimento. Io appartenevo alla seconda categoria, con ogni probabilità, dato che il mio negozio preferito era il ferramenta e comunque all'occorrenza bevevo senza protestare il Mateus di Micol.

La quale si manifestò sulla porta, quasi che con i nostri scherzi l'avessimo evocata. Come un fantasma. Ci morì la risata sulle labbra; aveva gli occhi rossi di chi ha pianto a lungo, era scarmigliata. Teneva le scarpe in mano, i collant di nylon tutti impolverati.

«Avete lasciato la porta aperta.»

«Sei tornata a casa scalza?» Marta era trasecolata.

«Mi si è rotto un tacco.» Mi tese la scarpa.

«Ora te lo riparo subito, ho la colla Artiglio proprio qui nel cassetto!» Sorrisi. Per istinto, senza riflettere sul perché o il percome, cercavo di allentare la tensione.

«Ma com'è successo?»

Marta le aveva fatto posto sul divano marrone, anzi *maròn*, come diceva Marie-France, della cucina. Micol ci si lasciò cadere sopra. Teneva gli occhi chiusi.

«Micol... tutto bene?» Marta le porse un bicchierino di genziana. Per lei era la soluzione a qualsiasi problema.

Aveva delle scorte che le mandavano i suoi da casa. *Fa il sangue buono*, diceva, e penso che ci credesse proprio.

Le avevano rubato la borsa. Per strada, mentre tornava. Non ci fu verso di farle aggiungere nulla. L'avevano scippata, si vergognava. Non ci disse come mai tornava da sola, com'era andata a finire la serata con l'avvocato, com'era stata la cena, perché era rientrata così presto, e a piedi. Non ci spiegò se il tacco si fosse rotto mentre cercava di trattenere lo scippatore; chi fosse, se volesse sporgere denuncia.

Su quest'ultimo punto fu Marta a non ammettere cedimenti: *domani ti porto dai carabinieri*, disse in un tono che non ammetteva repliche.

Micol se ne stava seduta con gli occhi chiusi, barricata nel suo silenzio. Aveva perso la sua ariosa frivolezza, quell'attitudine spumeggiante che metteva buon umore e induceva a perdonarle qualsiasi sbadataggine.

« Andiamo a letto? » fece Marta a mezza voce, come se parlasse a una bambina, e Micol si alzò piano, le si appoggiò alla spalla e si lasciò quasi trasportare nella sua stanza, come un sacco pesante.

Io non sapevo proprio cosa dire, così non dissi niente. Mi sentivo avvolta da una stanchezza densa, come se tutta la fatica delle ultime settimane mi fosse piombata addosso in un colpo solo.

Nessuna di noi si preoccupò di chiudere la porta a chiave. Nessuna di noi si preoccupò nemmeno del fatto che nella borsa di Micol, la borsa che le era stata rubata, c'erano le chiavi di casa – quindi, dopotutto, non chiudere la porta a chiave fu una dimenticanza trascurabile. Eravamo stanche, eravamo giovani, non pensammo proprio a niente.

Quella notte sognai di essere sveglia, e che un uomo entrava nel buio in casa nostra, e ci fissava, stese nei nostri letti, senza dire nulla.

Nel sogno però non avevo paura.

La mattina dopo non ci fu nessuna spedizione dai carabinieri. Micol non si sentiva bene e ci chiese di coprirla al lavoro, di aprire al posto suo. Certo, che si riposasse un po'. Se non ci sostenevamo fra di noi, come avremmo potuto sopravvivere?

« Cazzo! » ci richiamò quando eravamo sulla porta.

« Che c'è? »

« Nella borsa c'erano le chiavi del negozio... se lo sa Marie-France... oddio! »

« Ma dai! Chiunque ti abbia scippata, mica sa dove lavori! Non è scritto sulla carta d'identità, no? »

« No, e poi quella l'avevo lasciata a casa. » Sorrideva da un orecchio all'altro, sollevata.

« Ma allora ti facciamo rifare una copia dal ferramenta e il Capo non si accorgerà di niente. Stai tranquilla! »

E ce ne andammo, avendo cura di chiuderla dentro, dopo averle lasciato il mio mazzo di chiavi casomai fosse dovuta uscire, anche se ci assicurò che avrebbe passato la giornata a letto a poltrire. Ne aveva bisogno, per lo choc, sosteneva Marta.

Choc o non choc, a letto la ritrovammo la sera, rientrando con una gigantesca teglia di lasagne che Marie-France aveva ordinato per noi dalla rosticceria, *così quella povera ragazza si tira un po' su*. A giustificare l'assenza avevamo addotto un generico malessere, senza menzionare lo scippo; se ci fossimo soffermate a riflettere avremmo capito che la ragione per cui l'avevamo omesso era di per sé, invece, un'ottima ragione per parlarne con Marie-France. Ma eravamo troppo pigre per lasciare che lei ci obbligasse, come senz'altro avrebbe fatto, ad andare dai carabinieri.

D'altra parte, nemmeno il Capo aveva coinvolto la polizia in quelle faccende di scritte sul marciapiede, di voci strane – no? Stavamo semplicemente seguendo il suo esempio.

La sera Micol era riposata e fresca, rosea di pomelli come un'albicocca che comincia a maturare. Ci disse di aver sonnecchiato tutto il giorno.

« A un certo punto, verso l'ora di pranzo, mi sono alzata per andare a prendere la focaccina che mi avevate lasciato. »

« A proposito, la tua gratitudine mi commuove! » la interruppe Marta, che fingeva di scherzare perché detestava che non le venissero riconosciuti i suoi sforzi.

« Hai ragione, grazie, era squisita... ma vi stavo dicendo un'altra cosa! Mi sono alzata e mi è sembrato di vedere un'ombra in corridoio. »

« Sarà stato un gioco di luce, un albero... »

« No no, era proprio l'ombra di una persona... come se stesse attraversando il corridoio, ti dico! »

« E... hai visto qualcuno? »

« No. Ho controllato e non c'era nessuno. Strano, vero? Ho guardato in tutta la casa. Lì per lì ho avuto anche una discreta strizza. Sono tornata a letto; dopo un po', ero mezza addormentata, mi è parso che ripassasse di nuovo... ma a quel punto forse stavo sognando. »

« Te la sarai immaginata anche la prima volta! Mica esistono ombre che se ne vanno a spasso staccate dalla gente » fece Marta e le passò il piatto pieno.

E, con la sublime superficialità dei nostri vent'anni, nessuna di noi tre dedicò all'incidente un secondo di più.

23

Tu non sai perché, ma lei sì

Con il senno di poi avrei detto che fu proprio dopo lo scippo a Micol che le cose scivolarono alla deriva. Ma il senno di poi è un'illusione ottica. Spariglia le carte e toglie alla realtà la sola cosa che la renda accettabile – quella patina di piatta prevedibilità per cui dopo un po' ci si abitua a tutto, per cui dopo un po' le cose ci diventano indifferenti. C'è chi la chiama abitudine, ma è assuefazione.

Ci eravamo assuefatte alle voci, ai bisbigli. Ai pettegolezzi e alle risatine, alle parole – *giudei*, *rabbini* – sibilate in soffi che arrivavano al nostro orecchio. Ci eravamo assuefatte a controllare le mani delle ragazze che correvano agli zainetti, alle cartelle, per infilarci di soppiatto un orecchino a pastiglia, un bracciale; e noi con discrezione, con gentilezza, a domandar loro di aprire la borsa. Delicate, per non offenderle.

Noi. Noi non offendere loro, che apertamente ci sfidavano.

Le ricerche della ragazzina scomparsa rimanevano infruttuose, la vita andava avanti. Un giorno venne in negozio un nuovo gruppetto: sembravano un po' più adulte delle nostre solite clienti del pomeriggio, potevano essere studentesse universitarie. Una aveva l'aria particolarmente smarrita.

«La vedi, quella?» mi disse Marta prendendomi in disparte. «È la sorella di Marisa.»

L'aveva riconosciuta per averla vista in televisione. Lei sì che era fisionomista; io evidentemente stavo cominciando a perdere colpi. Distolsi lo sguardo come se fosse disdicevole che mi scoprisse a fissarla. In effetti lo era. Chissà quante persone, come me, avevano in quei mesi distolto lo sguardo, quanti l'avrebbero distolto negli anni a venire. Se avesse infilato un cerchietto nella sua borsa Naj-Oleari non l'avremmo mai saputo – non le chiedemmo di aprirla, nessuna di noi osò. Ma sono certa che non aveva preso nulla.

Intanto noi ci abituavamo a un'aria nuova, a sguardi in tralice che non si preoccupavano di essere scortesi, così come ci eravamo abituate ai manichini manomessi. Era facile: fu una cosa talmente graduale... Cambiamenti impercettibili, interferenze. Ma il fatto era che si sommavano: e, per quanto trascurabili, erano cambiamenti veri e propri. Ce ne rendevamo conto senza metterli a fuoco. Era come se un velo di negligenza si fosse posato sulla vetrina. Ogni cosa, in negozio, prendeva un che di sciatto. Marie-France dava la colpa a noi, era nervosa.

E pensare che non sapeva nemmeno del furto delle chiavi. Le chiavi sparite con la borsa di Micol, l'ombra nell'appartamento. Se l'avessimo messa al corrente, avremmo ancora potuto salvare tutto? Chissà. Per noi, giorno dopo giorno, era più importante salvare noi stesse dalle ire improvvise, compresse, della nostra giunonica principale.

«Possibile che vi si debba sempre dire le cose due volte? C'è un disordine terribile. » Ma non c'era disordine affatto. Avevamo ripiegato tutti i pullover, aspirato la moquette con il Folletto, annaffiato le piante, disposto le grucce sulle relle alla distanza di quattro centimetri.

Eppure qualcosa non andava. C'era disordine, sì. Ma non il disordine che eravamo abituate a domare col lavoro.

Un giorno dal dito di Crevette scivolò l'anello di plastica dura che le avevamo infilato – erano spagnoli, ne avevamo comprata una marea dal grossista, e in effetti alle ragazzine piacevano. *Plic*, fece l'anello rimbalzando a terra. E Marie-France sollevò gli occhi dal registro, come faceva lei, alzando appena un sopracciglio – il segno che mi toccava andare a vedere cosa fosse successo. Aprii la porta di accesso alla vetrina, l'anello era scivolato perché la mano aveva subito una torsione di 180 gradi. Lo recuperai senza fatica, glielo rinfilai, ripiegai la mano. E fu allora che li vidi, i manichini ribelli.

Sbrindellate le giacche, spettinate le parrucche. Uno sembrava fare un gesto osceno con le braccia; un altro aveva la testa voltata come in un episodio di possessione, con gli occhi in corrispondenza della schiena.

Allora finalmente mi decisi a chiamare Marie-France. Rimase in piedi, in silenzio, a guardare una a una le donne di celluloide, l'ammutinamento che le aveva rese mostruose. Che, per qualche balzana ragione, le faceva apparire più vive nella loro statica illogica.

Mi aspettavo che desse in escandescenze, che ci accusasse di essere state noi – non per trascuratezza, ma deliberato sabotaggio: tutte e tre, ammutolite dentro la vetrina, eravamo pronte a giustificarci e a piagnucolare, a cercare di dimostrare la nostra innocenza di fronte a un'opera vandalica, crudele.

Invece non disse niente. In silenzio, non senza solennità, sistemò i manichini nella postura originaria, riaggiustò l'inclinazione delle parrucche, accomodò le pieghe dei vestiti.

Poi, quando ebbe finito, trasse un sospiro profondo, si chinò e uscì dalla porticina. *Ecco perché sembrava tutto in disordine*, fu il suo solo commento. Aveva gli occhi tristi e, chissà perché, il fatto che non si fosse arrabbiata, che non se la fosse presa con nessuno, ci turbò. Se ci avesse sgridate l'avremmo trovata forse ingiusta, ma ci saremmo sentite alleggerite dalla sua collera. Quella rassegnazione invece aveva l'aria di un cattivo presagio.

E infatti dopo quel giorno cominciarono a succederne di tutti i colori.

Qualche volta arrivavamo la mattina e pareva tutto a posto, tutto come doveva essere. Solo che c'era qualcosa, una dissonanza sospesa nell'aria, nel pulviscolo fresco. Così guardavamo meglio. Ci fermavamo davanti al vaso di un ficus, o davanti alla rella dei vestiti Cacharel, e guardavamo. E a guardare meglio comparivano le incongruenze. Qualche volta il terriccio di un vaso era stato smosso, e dentro si trovava qualcosa che non doveva esserci – poteva essere una manciata di caramelle che qualcuno aveva acchiappato dalla ciotola vicino alla cassa e sepolto lì dentro, un gesto insensato e proprio per questo inquietante. Forse era la rabbia sottintesa a turbarci, a farci paura sottotraccia. Se non per rabbia, perché prendersi la briga di ricoprire di minuscole bilie di polistirolo dieci vestiti di lana appesi in fila a quattro centimetri l'uno dall'altro? Staccare le palline antistatiche era un'impresa improba, e pure noiosissima. Perché imporcela, se non per rabbia? Le dovevamo staccare una per una, in punta di dita. E poi infilarle nelle buste trasparenti. Marie-France ci sorvegliava da vicino, e ancora non diceva niente.

Una volta arrivammo, Marta e io, di prima mattina. La strada era deserta. Dentro il negozio sembrava tutto in ordine, una calma assoluta. Era come la spiaggia in un'alba di fine estate. Quella perfetta quiete marina ci infondeva il senso di un ristoro intenso e dolce dopo la fatica dei giorni precedenti.

« Ma secondo te perché il Grande Capo non vuole chiamare la polizia, con quello che è successo ieri? Non son mica scherzi normali! »

« Perché sa benissimo che nel momento in cui chiamiamo la polizia, chi ci sta facendo questi scherzetti raggiunge il suo scopo. »

Il giorno prima era successo un fatto che nessuno di noi aveva saputo interpretare. Nessuno, tranne forse Giosuè, che però si atteneva alla linea di Marie-France: non chiamare aiuto, non sollevare ulteriore clamore. Tanto più che non era nemmeno così chiaro cosa fosse, il segno sul muro, sotto il nome del negozio.

« Come, non è chiaro? È una svastica » aveva borbottato alzando le spalle. Marie-France scuoteva la testa, stringeva gli occhi forse per mettere a fuoco meglio il segno. Era una traccia grassa, sbavata – come quando si passa la fiamma dell'accendino su un tappo di sughero per bruciarlo quel tanto che basta a disegnarsi un paio di baffi e far sorridere i bambini. I contorni erano incerti. Poteva essere una croce – una svastica, come diceva Giosuè? Forse. In ogni caso era presto scomparsa, lasciando solo un alone poco più scuro del gialloverde dell'intonaco.

Giosuè, dopo essere rimasto in silenzio a osservare lo sfregio – che fosse uno sfregio, quantomeno, era indubitabile –, aveva preso un panno bianco e una bacinella di acqua e sapone, quella che usavamo quando ci toccava pulire la vetrina. E con tutta la sua pazienza, la figura alta un po' curva, le spalle che spiovevano verso il basso, fermandosi ogni tanto a scuotere la testa all'indietro perché i ricci non gli impedissero di rimirare la sua opera, senza curarsi dei passanti stupiti di vedere un signore tanto elegante, in giacca scura e mocassini Gucci, con una bacinella di acqua sempre più torbida e un panno sempre più sporco, aveva cancellato il segno.

Adesso non rimaneva che l'ombra. Se avessimo avuto bisogno di prove da mostrare alla polizia... be', non ne avevamo. Pur di fare tutto da soli, ci eravamo isolati: chi avrebbe accettato di proteggerci, se la minaccia era invisibile?

« Alla fine, secondo me, comunque ha ragione il Capo » disse Marta. Aveva l'aria molto assorta.

« In che senso? »

« Questi stronzi sono furbi più di noi. Sanno benissimo che la polizia cerca prove, e non gliene farebbero trovare. Anche il segno di ieri, l'hanno fatto in modo che potesse sembrare tutto e niente. E allora se chiamassimo la polizia l'unico effetto sarebbe quello di gridare *al lupo al lupo*, per poi non farci ascoltare più. Vedi stamattina, per esempio? Se qualcuno venisse mandato qui dal commissariato a controllare che succede, cosa troverebbe? »

« Niente... »

« Già. E non faremmo una figura ridicola, una figura da stupide, a chiamare aiuto? E poi per cosa? Per un manichino con il polso piegato, qualche caramella in un vaso di ficus...»

«Ma io non capisco cosa vogliono questi qui da noi. E chi sono, poi?»

«Ne so quanto te. Secondo me vogliono solo spaventarci.»

«Ma perché?»

«Forse perché pensano che c'entriamo qualcosa con la storia della ragazzina sparita? Forse è una vendetta per qualcosa che io e te nemmeno sappiamo... ci hai pensato?»

Una vendetta. No che non ci avevo pensato. E non avevo nemmeno pensato, a dirla tutta, all'effetto *al lupo al lupo* – una mania di Marie-France, che citava l'espressione a ogni piè sospinto. *Non bisogna lamentarsi, ma biche, altrimenti nessuno ti prenderà sul serio quando vorrai lamentarti davvero. Chi grida al lupo al lupo non l'ascolta nessuno, lo sai?* Era sempre un momento proiettato nel futuro, un momento lontano, quello dell'emergenza.

E se invece fosse stata imminente?

Se l'emergenza è adesso, cosa dobbiamo fare?

In quell'istante preciso, come se qualcuno fosse stato in ascolto non solo del nostro dialogo, ma addirittura dei miei pensieri, si sentì uno stridio sgraziato, acuto e ininterrotto, come il grido di un uccello ferito. Un lungo lamento insopportabile.

«Che cavolo è?»

«Non lo so. Viene da fuori.» Marta si tuffò in strada. Io mi tappavo le orecchie, il suono mi perforava il cervello.

«Non capisco.» Si guardava intorno, la strada era deserta. Poi il rumore cessò e lei rientrò in negozio tutta soddisfatta. In mano aveva un bastoncino di legno incurvato. «Ci credi che ci hanno infilato uno stecchino nel citofono?»

«Non è uno stecchino, è un fiammifero.»

Un fiammifero di quelli lunghi, infilato nel citofono. Per farlo suonare senza requie. Era il tipico tiro mancino che si fa il sabato notte agli insegnanti poco amati, o quando ci si ritrova la sera in prossimità degli esami di maturità – con l'indirizzo del preside o del professore di matematica scoperto grazie a qualche spedizione tattica in segreteria.

Ma noi non avevamo niente a che fare con la scuola, non insegnavamo certo matematica. E allora, chi aveva concepito l'idea? Chi compra fiammiferi lunghi, se non per accendere la pipa?

Era solo uno scherzo, una sciocchezza, eppure, nel silenzio sterminato della mattina, strideva troppo forte.

Venne qualcuno, in quei giorni, a chiederci di nuovo della ragazzina scomparsa. Un uomo sui cinquanta che prima di entrare schiacciò la sigaretta sotto la suola di una scarpa inglese di cuoio delicato, davanti al negozio. Venne e aveva con sé una foto dell'amica di Rossana. Chiese notizie a Micol, che stava alla cassa. Marie-France accorse dal retro scalpicciando su un paio di stivaletti alti. Indossava un dolcevita con collo e polsini di pelliccia, svolazzava – eterea, aerea – come un cigno nero. Mi accorsi quando chinò la testa di quanto si fossero diradati i capelli biondi intorno alla scriminatura. Seguiva – *sorvegliava* – le parole che uscivano dalla bocca di Micol. Presente, muta, attenta, apprensiva.

«Sì, è venuta qualche volta» diceva Micol al tizio con le scarpe inglesi, e Marie-France era lì, col fiato sospeso, pronta a intervenire.

«Avete notato qualcosa di particolare?»

«N-no, erano un gruppo di ragazzine... le altre continuano a venire, cioè, sono tornate anche senza di lei» fece Micol incerta, ma la sua esitazione, che non era sfuggita a Marie-France, non parve impressionare l'uomo. Neanche un po'.

«Ricorda l'ultima volta che è entrata qui? Ricorda che giorno era?»

Allora Marie-France non si trattenne più. «Mi scusi.» Sfoderò il suo più zuccheroso sorriso, tirando indietro gli angoli della bocca a scoprire i canini, che non avevo mai notato: erano aguzzi, lunghi, molto più aguzzi e più lunghi del normale; o forse era solo l'espressione a darle quell'aria affilata, vampiresca? Forse il contrasto con il rossetto, Estée Lauder Pure Color Envy n. 143 – come sapevo bene per esser stata incaricata di ordinarlo in profumeria ogni sette settimane circa –, conferiva al candore della dentatura un che di serpentino, di letale.

«Mi scusi» continuò. «Ma lei chi è, che credenziali ha per fare queste domande alla mia dipendente? Si qualifichi, per favore, prima di parlare!»

Mai avrei pensato di sentire da Marie-France quel tono algido, burocratico. *Si qualifichi!*

«Ha un tesserino, qualcosa?»

«Ho tutto il diritto di fare le domande che mi pare, cara la mia signora, dato che ho ricevuto diverse segnalazioni da queste parti.»

«Sì, ma mi dica, lei chi è? Lavora per la polizia?»

«Lo so io per chi lavoro, e non la riguarda.» L'uomo

divenne improvvisamente aggressivo. Marie-France gli si era avvicinata di qualche passo; lui impercettibilmente era retrocesso, camminando all'indietro, verso la porta.

«Se ne vada! Non ha nessun diritto di star qui, a meno che non mi mostri un distintivo o un tesserino!» Gli occhi di Marie-France lampeggiavano. Aveva capito che quello non si sarebbe sbottonato. Che fosse un investigatore di polizia, un agente sotto copertura? Probabile. Ma poteva anche non essere nessuno – un curioso qualsiasi, un impostore. Non ci sarebbe stato di che stupirsi: la scomparsa era di dominio pubblico, e la boutique per qualche ragione aveva attirato troppe attenzioni. Ma lei poteva, e sapeva, e desiderava, difendere i confini del suo regno anche di fronte all'ostinata forma di maleducazione che ai suoi occhi rappresentava la prepotenza prevaricante e meschina di quell'individuo inclassificabile. Un verme, l'avrebbe definito poi; un verme speculatore, avrebbe aggiunto dopo aver confabulato con Giosuè e la Cacioni, quando approdò a una provvisoria conclusione sulla sua identità. Che si trattasse cioè di un investigatore di mezza tacca, spontaneamente propostosi alla famiglia della ragazza.

Chissà che non lo fosse davvero. Non avevamo modo di saperlo; la sola cosa che Marie-France poteva fare era ricacciare indietro lo sconosciuto, evitando che Micol raccontasse dettagli di per sé perfettamente insignificanti, ma che potevano prestarsi a qualsiasi interpretazione. Marie-France non aveva intenzione di lasciare che il primo venuto entrasse nella sua boutique a lanciare illazioni.

«Non finisce qui!» strillò il tipo con le scarpe inglesi dal marciapiede dove si era radunato un piccolo capannello di persone. C'era anche la signora Sollima – evitò di incontrare il mio sguardo. Avevano tutti inalberato un'espressione di corruccio, di sgomento collettivo; e la cosa che più mi fece impressione, ricordo, era la sensazione che cercassero di vedere dentro il negozio, frugando con gli occhi fra i ficus e i vestiti appesi e i manichini, ma senza guardare noi. Come qualcuno che ha paura di sfiorare con la mano un insetto, quando infila il braccio in un angolo buio per trovare l'interruttore della luce. Erano perfettamente compatti, lì sul marciapiede, e quando Marie-France lo scaraventò fuori dalla vetrina nessuno chiese al tizio cosa fosse successo, né che cosa mai *non finisse lì*.

Non avevano bisogno di chiedere: sapevano. Sapevano molte cose con più chiarezza di noi.

24

L'assedio

Aveva ragione l'uomo delle scarpe inglesi.

E la cosa fu lampante già la mattina presto. Gli ingranaggi dovevano essere in movimento da giorni, solo che noi non avevamo visto niente, non avevamo sentito. Ci aveva assordate lo squillo continuo del citofono, ci avevano accecate i dettagli fuori posto. Ci aveva rese insensibili, impermeabili, perdute, l'angoscia dei giorni in cui forse avremmo dovuto chiedere aiuto.

Ma come diceva Marie-France, a gridare *al lupo al lupo*, nessuno poi ti prende sul serio.

E allora noi non avevamo gridato. Eravamo rimaste in silenzio, pacate, tranquille.

Zitte. Zitte, ragazze, nessuno verrà ad aiutarvi se continuate a fare confusione. Se non vi date una calmata. Se non dimostrate, voi per prime, che non avete paura. Se non vi fate vedere inattaccabili, come pensate che smettano di attaccarvi?

E noi non avevamo fatto rumore. Non ci eravamo agitate.

Ma nessuno, proprio nessuno, arrivò in nostro aiuto.

Il quartiere intero ci riteneva responsabili di quel che dicevano le voci. E le voci si propagavano come un incendio in un campo. La ragazzina sparita, traffici poco chiari. Cosa succedeva nei camerini? Se avevamo bisogno di protezione doveva essere perché qualcosa avevamo pur fatto. Non faceva una piega: ce l'eravamo andata a cercare. Era impossibile, assolutamente inconcepibile, che dietro la persecuzione non ci fosse qualcosa di opaco, di storto, di sbagliato. Se qualcuno ci tormentava doveva avere le sue buone ragioni.

Si sa, non c'è fumo senza arrosto.

Qualcosa avranno pur fatto. Era il pensiero di tutti. Lo indovinavamo nel nuovissimo silenzio del negozio. E mi era capitato di sentirlo sibilare, senza la minima preoccupazione che sentissi, da due nostre ex clienti – una era la signora Sollima, la mamma di Cinzia; l'altra, la moglie dell'avvocato Scotti, che era uscito con Micol la sera dello scippo.

« Lei, *ma biche*, ha delle corna... alte così! » mi aveva detto una volta Marie-France a proposito della signora Scotti. L'avvocato, a quanto pareva, intratteneva una ventennale relazione con una *bambolona* (definizione di Marie-France), una bionda di Cefalù, segretaria di non so più quale studio dalle spiccate ambizioni artistiche, che aveva sistemato in un appartamentino dalle parti del Pantheon dove andava a trovarla tutti i giorni dispari, e con cui alle feste comandate cenava e pranzava raddoppiando il pranzo o la cena ufficiali, a casa con la moglie e i suoceri. La bambolona di tanto in tanto si scopriva una nuova vocazione e l'avvocato investiva qualche milioncino nell'incoraggiarla: le aveva organizzato un paio di mostre in una galleria di via Margutta, era riuscito a farla apparire una volta o due in un programma televisivo di seconda serata. L'amante era un po' invecchiata, nel corso di quei vent'anni, ma era invecchiato anche l'avvocato e gli stava bene così; si sentiva un giovanottone stagionato, moderatamente scavezzacollo, senza velleità che non potesse lui stesso soddisfare con minimi sforzi. Una vita forse non proprio felice, ma quanto di più simile al sogno di benessere che aveva in mente.

Era filato tutto liscio per vent'anni. Un matrimonio allargato, non c'era molto altro da aggiungere. E invece a quell'addizione già sballata incautamente si era aggiunta la nostra Micol, con i suoi occhioni ingenui, la sua voce di panna montata, gli zigomi sublimi e i suoi ventisei anni, meno della metà dell'età reale, se non di quella dichiarata, non solo della moglie, ma anche dell'amante ufficiale dell'avvocato Scotti.

Mi ero chiesta spesso cosa spingesse uomini brizzolati e carichi di responsabilità a inseguire conquiste sempre nuove. Mi chiedevo, soprattutto, cosa spingesse le donne a lasciarsi lusingare dal tratto grossolano dei complimenti e delle conferme adoranti, da promesse fatte per pura esagerazione, non per essere mantenute – eppure ci cascavano in tante, donne giovani e piene di attrattive come Micol, ma anche donne giovani in un'epoca che sbiadisce nell'amarezza delle scuse biascicate al telefono, nella resistenza di una ruga ai benefici degli unguenti più costosi, nella luce spietata che rivela le stanchezze di ogni singolo giorno appesantito dall'estenuante ciabattare del tempo.

Non si rendevano conto di essere diversivi, distrazioni passeggere, conquiste da sfoggiare? Era possibile che non sentissero, sotto le superficiali schermaglie della seduzione, la tristezza prosaica di quelle compravendite – dita troppo spesse che strofinano la pelle tenera sotto il mento, sospiri esagerati dal trasporto quasi suino, il russare soddisfatto di una stanchezza di piombo, impenetrabile e stolida. E poi i complimenti lanciati senza delicatezza, ancora più desolanti se sinceri – la voce avvezza al comando che si sdilinquisce per il profilo di un alluce o di un capezzolo: che noia, che angustia, che claustrofobia!

Ma no. A Micol, abituata com'era a portare scompiglio con la sua sola presenza, a essere il bersaglio mobile di tutti gli sguardi ogni volta che metteva piede in una stanza e l'attraversava con la sua camminata obliqua che pareva fendere, a ogni passettino, un immenso invisibile panetto di burro, non dava proprio nessun fastidio essere la destinataria di questo tipo di attenzioni: anzi, lei per principio non accettava inviti a cena da uomini che non avessero almeno quindici, vent'anni più di lei. Un po' perché i nostri coetanei, sosteneva, non sanno nemmeno che ti devono aprire lo sportello dell'auto e non si sognerebbero mai di spostarti la sedia al ristorante. Un po' perché convinta che, data la differenza d'età, il vecchio amante avrebbe continuato a pensarla giovanissima per un tempo esponenzialmente più lungo di quello che sarebbe bastato a un coetaneo per cominciare a vederla come una donna in declino: in sostanza, dunque, orientarsi su uomini maturi significava a suo parere assicurarsi sedie spostate e portiere aperte per un lasso di tempo decisamente più vasto.

«E se poi schioppano?» interveniva di solito a questo punto Marta con spiccato pragmatismo.

«E poi, le portiere, le sedie, le sai benissimo maneggiare da sola» non potevo esimermi dall'osservare.

Lei sorrideva e strizzava gli occhi.

«Non è la stessa cosa. Io fra cinque anni al massimo ho intenzione di tirare i remi in barca e di non fare più il minimo sforzo.»

«Ma non pensi che sia stato proprio questo il ragionamento di tutta quella schiera di mogli e amanti ufficiali che devono vivere con l'ansia di essere scaricate da un momento all'altro perché arriva una come te? »

« Ragazze, vi devo insegnare tutto! » sghignazzava Micol e intanto, in piedi davanti allo specchio, faceva smorfie con la bocca a culo di gallina, come diceva Marie-France, perché secondo lei la ginnastica facciale era fondamentale per prevenire le rughe, e certo non c'era il rischio di cominciare troppo presto. « Non è importante essere il primo amore di qualcuno. L'importante è essere l'ultimo! »

E scoppiava a ridere, malgrado la ginnastica facciale non lo prevedesse; e noi con lei, fissando i suoi occhi dentro lo specchio.

Quando squillò il telefono Marie-France si precipitò a rispondere, come negli ultimi giorni faceva sempre – lei e Giosuè avevano sfoderato una prontezza che ci lasciava a bocca aperta, scattavano come molle al primissimo trillo, proprio loro che fino a qualche tempo prima fingevano di non sentire l'insistenza delle telefonate perché fossimo noi a occuparcene; ma quel giorno, per una volta fui più lesta di lei. Ero più vicina al ricevitore, immagino; o forse era solo che *davvero* volevo rispondere? Mi ero resa conto che arrivavano chiamate strane – si concludevano troppo presto, non lasciavano il tempo alla replica. Marie-France, e qualche volta Giosuè, riagganciavano con labbra pallide e rimanevano per un poco in silenzio.

« Allora, per quella consegna di carne fresca? » La voce era soffocata. Sembrava che uscisse attutita da un bavaglio, uno straccio – qualcosa che la schermava.

«Carne fresca?» Non trovai niente di meglio che ripetere le ultime parole della voce, tanto ero spiazzata. «Credo che abbia sbagliato numero, mi scusi...»

«Ma cosa ti scusi! Non hai capito che sono *loro*?» Marta mi aveva strappato la cornetta di mano e sbraitava nel ricevitore: «Non siamo una macelleria, capito? Piantatela!»

Buttò giù con foga. Nessuno, fino ad allora, aveva mai chiuso la comunicazione di quel telefono con tanta veemenza. Era, in tutto e per tutto, un telefono da boutique. Non si sarebbe mai aspettato di essere trattato con qualcosa di meno di una sussurrata delicatezza.

«Ma chi sono *loro*?» chiesi a Marta che per la rabbia aveva quasi il fiatone, le guance tutte rosse come se avesse corso.

«*Loro!* Quelli che stanno mandando fuori di testa Marie-France!»

La gomitata di Micol non arrivò in tempo. Ci voltammo all'unisono; Marie-France era dietro di noi, ma sembrava che non avesse sentito, che non avesse visto niente. Fissava un punto sopra le nostre teste, oltre la vetrina, con occhi assenti. Era come se non fosse più lei. Prima che ci potesse rimproverare ci eravamo già messe al lavoro.

«*Loro*, quindi, chi sono?» soffiai a Marta, ma lei mi dava le spalle e con ostentata efficienza ripiegava gli spolverini di tulle che tenevamo sullo scaffale a sinistra della vetrina.

25

Calunnie

« Avranno pur combinato qualcosa, loro, no? »

Fiorenza faceva lettere, avevamo preparato insieme gli esami di latino I e latino II. Viveva in una casa grande e cupa, con un padre vedovo dal vocione possente e una governante curva come un uncino, che preparava il miglior caffè di Roma – almeno a sentire il padre, che di quel caffè parlava sempre. Forse ci teneva a giustificare l'affetto per la donna che gli aveva tirato su la figlia a coratella e coda alla vaccinara; forse il caffè gli piaceva davvero così forte. A me faceva venire la tachicardia, ed era una delle ragioni per cui avevo preparato entrambi gli esami di latino con Fiorenza, che per il resto non mi era granché simpatica. Aveva l'aria perennemente annoiata, un'espressione che di tanto in tanto ritrovavo sui visi delle nostre clienti, in particolare le mogli dei notai. Aveva una gran testa di ricci perché si faceva la permanente due volte al mese. L'avevo incontrata per l'appunto mentre usciva dal parrucchiere, a cento metri dal negozio, con la solita smorfia schifata.

« Che ci fai qui? »

Non so perché non le dissi del negozio. Forse mi vergognavo di non essermi più fatta vedere all'università, della mia tesi che non progrediva, delle sessioni che avevo saltato. Da quando ero scivolata nella vita della boutique, nelle manie di Marie-France, senza pensarci avevo perso il ritmo. La vita era continuata, io ero rimasta indietro. Non avevo più la tachicardia, e dunque non combinavo più nulla.

Fiorenza masticava una Brooklyn, come sempre, e come sempre tutto il suo viso pareva concentrato in quell'atto, come se la ruminazione richiedesse massima, costante diligenza. Non si aspettava che rispondessi davvero alla sua domanda. Anche in questo non era cambiata.

« Stasera mi vedo con Patrizia e Ricco, forse vengono pure Manlio e Ruggero con Sabrina » continuò, ciancicando la sua cingomma al limone. « Perché non vieni, così ci raccontiamo un po'? »

Mi diede appuntamento in un bar vicino a piazza Euclide. Non avevo potuto dire di no: anche se ci avessi provato, lei non avrebbe sentito.

E quindi eccomi al cospetto dei miei vecchi compagni di università.

Fiorenza e io li raggiungemmo che erano già seduti a un tavolino. Non sembravano troppo sorpresi di vedermi; per loro facevo parte di un paesaggio abituale, anche se da mesi non li frequentavo. Ero io a essermi disabituata a loro. Chiacchieravano di qualcosa che non avevo afferrato.

« Chiaro che hanno combinato qualcosa! Quelli fino a mezzo secolo fa dissanguavano i bambini, non lo sapete? »

Manlio, che a un certo punto aveva provato a farsi chiamare Mario, faceva supplenze in un liceo sulla Cassia. Si era laureato a luglio in lettere antiche, e continuava a pubblicare articoli a firma del suo relatore. Si aspettava di entrare in ruolo da un momento all'altro, ci disse; e non sulla Cassia, ma al Giulio Cesare, l'unico liceo degno di questo nome, sospirò con sussiego in una boccata di Marlboro.

Proprio la passione per il latino, anzi, come diceva lui, per l'età classica della latinità, l'aveva riconciliato con il nome che gli avevano dato i suoi. Per quanto non avessi dimenticato la fase in cui aveva provato a nascondere le ascendenze della sua famiglia, le simpatie fasciste di suo padre, c'era qualcosa che doveva aver messo radici. E le radici per lui erano importanti. Pure troppo.

Istintivamente mi tenni sul vago, quando mi chiesero cosa stessi combinando: non avevo intenzione di render conto a loro degli ultimi mesi della mia vita. Ma mi domandai, per un attimo, se la mia reticenza non avesse un legame con la cena a casa di Marie-France, quando per la prima volta dietro la donna splendente e perfetta che mi aveva imbambolata, dietro la *bonne vivante* per cui per tanto tempo ero stata fiera di lavorare, avevo visto aprirsi una crepa; e dentro la crepa indovinato qualcosa che non volevo guardare.

Non volevo che lo vedessero nemmeno loro. Dissi che stavo facendo ricerche per la tesi alla Biblioteca Nazionale, mi chiudevo in un bugigattolo dell'emeroteca. Sì, ma su cos'era la mia tesi? Risposi senza pensare: sulla storia della moda fra le due guerre. Schiaparelli, eccetera. Nessuno osò chiedere di più.

E per fortuna non gli venne in mente di domandarmi del relatore, che non avevo, perché quella tesi non esisteva; in realtà ero impelagata nel mio annoso lavoro su Husserl, che non avrei finito mai.

Ma se n'erano dimenticati; facevo parte del paesaggio, niente di più. Tutti ci dimentichiamo delle persone che non vediamo ogni giorno. E persino di quelle che invece vediamo.

« A proposito di moda » fece Fiorenza, che masticava

un'altra Brooklyn, stavolta alla cannella. « Ma stavate parlando della storia del negozio? Me l'ha raccontata Bruna... »

« Che storia? » Sperai che non si riferisse a un negozio di mia conoscenza.

« Ma come, non lo sai? Proprio lì, vicino a dove ci siamo incontrate oggi. C'è un negozio... mia madre ci andava, qualche volta, quando ero piccola. Di una signora francese... »

Deglutii.

« Sì, vabbè, francese! Guarda che quelli sono giudei, me l'ha detto mio padre » disse Manlio, dimenticando gli sforzi che aveva fatto solo pochi anni prima per accreditarsi, nelle aule universitarie, come Mario e uscire dall'impasse. Ormai con noi, anzi, con loro, con il gruppo di amici con cui si era laureato, sentiva di poter allentare le redini. Si lasciava andare.

Io quella storia avevo l'impressione di non conoscerla. Immagino che le cose siano sempre molto diverse quando non puoi vederle dall'esterno. Rimani all'oscuro di parecchi particolari, quando riordini i camerini, quando pulisci il pavimento con acqua e aceto, e magari ti capita di imbatterti in un dettaglio inatteso. Ma non hai tempo di fermarti a pensare perché la vita è quella, e tu la vivi dentro l'acquario, al di qua del vetro, visibile alla strada intera ma non a te stessa. Le cose sono molto diverse, se conosci i nomi delle persone e le piccole rughe agli angoli dei loro occhi quando sorridono, e la consistenza dei loro capelli, e il rumore dei tacchi mentre camminano. In questi casi, non ti verrebbe mai in mente di usare le parole nel modo in cui le usava Manlio.

E nemmeno di snocciolare gli altri dettagli che seguirono.

«Mi hanno detto» fece Sabrina con pupille spiritate «che sono scomparse ventotto ragazzine, lì dentro. Ventotto! Vi rendete conto?»

«Non pensi che ne avremmo letto sul giornale?»

Fui molto grata a Ricco che manteneva il suo aplomb, leggero e sarcastico com'era ai tempi in cui ci incontravamo a lezione e lui se ne stava sempre all'ultimo banco in fondo, con l'aria di non ascoltare niente, di essere lì per caso, e invece sentiva tutto.

«Be', di una ho letto... solo una, però, mica ventotto!»

«Siete proprio nati ieri! Queste notizie non vengono fuori, perché si tratta di... di loro!»

«Loro chi?»

«*Loro*. I rabbini. Ma non capite? Sono coperti dai giornali, dalla polizia... sono storie che vengono fuori solo col passaparola. Quelli sono ammanicati come non vi immaginate nemmeno. Saranno anche tirchi, eh, ma evidentemente sanno ungere le ruote giuste.»

E fu qui che tutti risero. E io? Io risi con loro. Che forse non ci fecero nemmeno caso; ma io sì. Ridevo e la risata mi andava di traverso. Ridevo per essere una di loro, ma non lo ero. E se avessi avuto un po' più di coraggio avrei ammesso che non lo desideravo nemmeno.

Anzi.

«Queste storie di cui parli, che vengono fuori col passaparola, si chiamano calunnie» fece Ricco col suo sorrisetto. Lui aveva il coraggio che mancava a me. Ma Sabrina, che come al solito non capiva niente, prese ad accalorarsi.

«Me l'ha detto Flaminia, la mia amica che abita lì vicino, quella riccia che dici che somiglia a Raquel Welch, hai presente? » Manlio annuì con uno sguardo da tordo. « Dice che il negozio è una copertura. »

« Sì, infatti! » Patrizia era appassionata di leggende metropolitane, non so più quante volte mi aveva raccontato, con gli occhi accesi, degli alligatori nelle fogne di New York. Mi aveva confessato che prima di sedersi sul gabinetto lei cercava sempre di guardarci dentro, perché *non si sa mai*. Ora gli occhi mi parvero, più che accesi, spiritati. « È una stazione della tratta delle bianche, anzi, la prima! Le raccolgono lì, le reclutano, non so come dire... ma loro mica lo sanno! Hanno creato delle scarpe speciali, con una piccola siringa infilata nella suola. Tu ci vai pensando di provarti le scarpe, e zac! Ti pungi senza accorgertene, in tre minuti stai dormendo. Quando vedono che sei addormentata, da dietro i camerini schiacciano un bottone che apre una botola nel pavimento, così rotoli nella cantina, e da lì una galleria sotterranea arriva fino al Tevere, dove ti imbarcano, di notte, su un sommergibile che va verso Ostia e poi ai bordelli dell'Algeria, della Tunisia, non so più... »

« Non sai più? Perché fin qui invece mi pare molto realistico! Il sommergibile nel Tevere? »

Non ero mai stata tanto felice della presenza di Ricco in vita mia. Ma era chiaro che la sua logica non attecchiva troppo sugli altri.

« Hanno pensato proprio a tutto » sospirò Sabrina con aria meditabonda. « Ma vi rendete conto? Poi dicono che scelgano ragazzine di quindici, sedici anni... »

« E voi allora di che vi preoccupate? Siete troppo vecchie! » si sganasciava Manlio. Mi parve che Patrizia lo fulminasse, ma forse fu solo un'impressione. Lo seguirono tutti, nella risata, tranne Ricco e me, ma solo perché mi sentivo la bocca secca. Altrimenti avrei riso di nuovo.

«Non è vero, non solo quelle di sedici anni! Anche se ovviamente con quelle è più semplice, è per questo che hanno iniziato a vendere anche cose per adolescenti.»

«Stai bene? Hai le labbra bianche!» Ero rimasta in silenzio e pensavo quasi che mi avessero dimenticata, ma Fiorenza si era resa conto del mio pallore.

Mi venne anche il dubbio che avesse mangiato la foglia. Che avesse capito cosa facevo, malgrado la mia reticenza. Forse questa Flaminia...

Un'idea assurda, non stava in piedi. «Guarda caso, dove ci sono *loro*, vengono fuori sempre queste storie. Che poi non è per dire, ma ci sarà qualcosa di strano, no? Ovunque li metti nascono dei casini... e però non si può fiatare, per carità, anche se un bel pogrom all'antica...» sbraitava Manlio, che chiaramente non si poneva più il problema di mascherare il suo strisciante antisemitismo. Se avessero saputo dove lavoravo, non si sarebbero mai permessi. O sì?

Risero tutti dell'esacerbato entusiasmo di Manlio come di un'intemperanza comprensibile, un lieve eccesso caratteriale da scusare con un sorrisino. Anche Ricco ora rideva.

Dissi che non stavo tanto bene e che preferivo tornare a casa, loro avrebbero proseguito la serata al Piper. Vidi con la coda dell'occhio Fiorenza che mi scherniva, un gesto a significare che ero la solita noiosa. Li salutai uno per uno, con un bacio sulla guancia. Ci salutavamo sempre così, anche se ormai ero abituata ai tre baci di Marie-France. *On se fait la bise*, diceva lei. Loro invece non dicevano niente. Solo Ricco, quando mi avvicinai alla sua guancia ruvida di barba di qualche giorno, mi sussurrò qualcosa che forse non compresi del tutto – ma ero tanto inebetita che non mi parve il caso di insistere.

Possibile che mi avesse detto *stai attenta*?

Il giorno dopo andai al lavoro tutta sottosopra. Avevo bevuto troppo, senza dubbio, ma non era solo quello il problema: spiegava il cerchio alla testa, non il fatto che sentivo qualcosa di nuovo nell'aria.

Qualcosa di elettrico, come nell'ora che precede un temporale.

Marie-France sembrava assente, meccanicamente spuntava le bolle della merce ricevuta, meccanicamente spostava le grucce perché fossero alla distanza che lei aveva in testa; solo che le grucce erano già a quella precisa distanza, dato che le avevamo appena rimesse a posto secondo le sue indicazioni. L'aria era pesante, il cielo plumbeo, tanto che mi chiesi se fossero davvero coincidenze meteorologiche quelle per cui nelle giornate di tristezza l'uggia pesa nelle nuvole basse, o se non sia, semplicemente, che quando si è tristi si fa più caso al cielo.

Stai attenta: sì, ma a cosa? A cosa dovevo fare attenzione?

Pensavo alla botola, a quelle idee da romanzo di Verne. Come poteva esser venuto in mente ai miei compagni di corso, che avevano studiato la storia delle persecuzioni degli ebrei nella Russia zarista, che conoscevano il falso dei protocolli dei Savi di Sion, che avevano letto e riletto, per l'esame di storia medievale, delle dicerie sugli omicidi rituali.

Stai attenta.

Stavo attenta. Stavo all'erta. E così fui l'unica, la sera, mentre chiudevamo, a notare un nuovo biglietto incastrato nell'interstizio fra la saracinesca e il muro.

Avrei detto che la grafia era la stessa dell'ultima volta, ma sapevo che era volutamente contraffatta. Poteva benissimo essere un'altra mano.

NON C'È FUMO SENZA ARROSTO
MA A VOLTE BASTA UN MUCCHIO
DI LETAME FRESCO

Un concetto bizzarro, come minimo. A pensarci poteva anche far sorridere. *Non c'è fumo senza arrosto* – l'avevo pensato spesso anch'io. Forse l'avevo pensato anche la sera prima, mentre ascoltavo i miei amici di un tempo, mentre facevo finta che la mia vita non mi appartenesse.

Forse, dopotutto, lo pensavo ancora.

Chissà cosa mi spinse a fare di nuovo di testa mia, a non fidarmi. A non avvertire nessuno. A sbagliare di mia iniziativa.

Stai attenta.

Attenta, sì, ma a cosa?

26

Non c'è fumo senza arrosto

La ragazzina entrò nella tarda mattinata, recalcitrante al seguito della madre. Era chiaro che la matrona (mai vista prima in negozio) non aveva sentito ragioni, benché la bambina avesse tentato di dissuaderla.

« Le serve un vestito per la cresima di sua cugina » tuonò il donnone, indicandoci la figlia, con il petto gonfio come quei piccioni che tubano girando in tondo a passetti. « Avete qualcosa sul giallo, insomma sul chiaro? »

Marie-France, che per quanto avesse l'aria assente non aveva perso la sua attitudine al comando, con un gesto misurato della mano mi spedì nel retro. Era appena arrivato uno scatolone di vestitini Cacharel dai toni pastello, tornai con le grucce sul braccio. C'erano due modelli, uno con le maniche a sbuffo e una fantasia di fiori rosa e gialli, e uno smanicato, a tubino, sull'azzurro che virava al blu. Marie-France storse il naso, le piazzai in mano il vestitino chiaro e corsi a nascondere l'altro.

« Servono scarpe! » sibilò prima che me ne andassi.

Tornai con un paio di ballerine Repetto rosa pallido scamosciate.

« Queste sono solo per vedere l'effetto, ma sono morbidissime, è difficile resistere! » sorrise cerimoniosa Marie-France passandole alla ragazzina che era già entrata nel camerino e aveva tirato la tenda.

Nell'aria, da ore, si sentivano canzoncine infantili, diffuse a ripetizione dal mangiadischi di plastica arancio con cui Marie-France si era presentata quella mattina: lo teneva sottobraccio, come una valigetta.

« Era di Corinna » ci disse. « Sto cercando di liberare un po' di spazio e ho pensato che sarebbe stato carino averlo qui. »

L'aveva appoggiato al banco e l'aveva acceso senza più spegnerlo. Mi chiesi se il disco che si ostinava a far ripartire non appena arrivava in fondo alla sua corsa fosse rimasto lì dentro dall'ultima volta che ce l'aveva infilato Corinna. Nel caso, con ogni probabilità, l'evento doveva risalire a parecchio tempo prima della disgrazia: era un disco di melodie inglesi per bambini.

Itsy bitsy spider climbed up the waterspout.
Down came the rain
and washed the spider out.

Il coro di vocine era insopportabile. Giosuè aveva tentato – una, due, tre volte – di spegnere il mangiadischi; invano. Con l'aria di niente, Marie-France l'aveva riacceso, senza una parola, sorridendo.

« Ma cos'ha in testa oggi? » Marta parlava piano, come per non disturbare. Marie-France portava, arrampicato sullo chignon, un cappellino nero, che poteva essere uno di quei modelli inglesi da appuntare ai capelli oppure un cappello da bambina.

« Secondo me era di Corinna » mi spifferò nell'orecchio.

Out came the sun
and dried up all the rain
and the itsy bitsy spider climbed up the spout again.

Ma sì, avevo anch'io l'impressione che fosse un cappello da bambina. Poteva essere plausibile che avesse deciso di riaprire la porta della stanza di Corinna, di liberare quel piccolo mausoleo dalla prigione del tempo fermo?

La ragazza intanto era uscita dal camerino. Si era infilata il vestito con le maniche a sbuffo.

« Deliziosa » fece Marie-France senza guardarla. La madre sorrise di compiacimento.

« Carla, ma che fai con quelle scarpe? » Aveva tenuto le sue Superga blu, con i calzini di pizzo bianco. « Stanno malissimo, vai a metterti quelle che ti ha dato la signora, così vediamo l'effetto. E togli i calzini, che ti tagliano la gamba! » La madre strizzò l'occhio a Marie-France, un gesto d'intesa che cadde nel vuoto. Ma la donna-piccione non si perse d'animo. « Su, Carla, non abbiamo tutto il giorno. »

« No » disse Carla in un sussurro.

« Come no? Ci metti un attimo, non farmi perdere tempo. »

« No » ripeté Carla a voce più alta, fissando sua madre negli occhi.

« Mi hai proprio stufata! Prendi quelle ballerine! »

In men che non si dica, la madre si era inginocchiata davanti a Carla e scioglieva i lacci delle scarpe da tennis. Le sfilò un piede, che la ragazzina teneva rigido, tirò via il calzino bianco che cadde per terra, e fece per metterle la Repetto. Senonché Carla si buttò all'indietro, strillando come un'aquila, e si precipitò per la strada.

«Ci sono gli aghiiiiiii!»

Urlava a squarciagola. La madre, imbarazzata, in mano una scarpa della figlia che sul marciapiede rimaneva in equilibrio sull'altro piede, raccolse con pazienza la felpa e i jeans della ragazzina. «Scusatela» disse con timidezza a Marie-France. «In questo periodo mi fa disperare. Immagino che prenderò il vestito, se lo terrà addosso.»

«Sta bene?» chiese Giosuè indicando con un cenno del mento la ragazzina. «Vado a vedere.»

Uscì sul marciapiede mentre io battevo lo scontrino e la donna-piccione pagava. Micol aveva infilato in uno dei sacchetti di cartoncino con il nome *Joséphine* a lettere nere la felpa, i jeans, il calzino e la scarpa.

La ragazza, all'avvicinarsi di Giosuè, ebbe uno scatto come se avesse visto un serpente. «Stammi lontano! Stammi lontano!» strillava. Dal bar di fronte si erano affacciate un paio di signore del quartiere, nostre antiche clienti che da qualche settimana non avevamo più visto entrare. Scuotevano la testa.

La donna-piccione, che non sembrava troppo scossa dal comportamento di sua figlia, senza scomporsi pagò con un assegno, salutò, prese la figlia sottobraccio e se ne andò. Giosuè rimase solo davanti alla vetrina a studiarsi le unghie della mano destra, come faceva sempre quando era in difficoltà. Guardai Marie-France, che durante tutta la scena si era comportata come se non stesse succedendo nulla che non fosse perfettamente normale. Aveva di nuovo gli occhi vuoti; però, nei modi, sembrava quasi presente a sé stessa. Pian piano si riavvicinò al mangiadischi e lo fece ripartire.

Di nuovo le vocine. Mi stavano trapanando il cervello.

«Le avevo comprato questo disco in un negozio del

centro, sai, *ma biche*, un pomeriggio che eravamo uscite a far compere io e lei da sole.»

Per la prima volta mi sorpresi a pensare a quanto tempo dovevano aver passato, da sole, loro due. Alla crescita esponenziale, dopo la morte di Corinna, della solitudine di Marie-France.

«Era solo una bambina, ma le piaceva da matti ascoltarlo, perché voleva imparare l'inglese. Sai, da grande voleva fare la hostess. Le avevo detto che le hostess hanno gambe lunghissime, bellissime, e lei voleva diventare una di loro.»

Non sapevo proprio come replicare.

«Non ci sarebbe mai riuscita, povera figlia mia. Aveva preso dal padre... una gamba corta, tozza. Eh, lì non c'è nulla da fare sai? Puoi provare il nuoto, il tennis, l'equitazione. Ma difficilmente poi ti prenderanno come hostess. Sì, sarebbe stato proprio difficile, poverina.»

Itsy bitsy spider climbed up the waterspout.
Down came the rain
and washed the spider out.

Gli occhi di Marie-France mi inquietavano, ripensai alle parole della sera prima. *Stai attenta*. C'era davvero qualcosa di strano.

Non c'è fumo senza arrosto, pensai. Senza dire niente – una volta tanto nessuno mi fece domande – mi avviai verso il retrobottega. Passai in rassegna tutti i possibili campanelli d'allarme. Cosa potevo aver sottovalutato? Pensai e ripensai. Aprii la porticina che dava sulle scale della cantina. Possibile che avessero congegnato quel sistema di botole? Certo che no, non era possibile. *Ma qual-*

cosa doveva pur esserci. Avevo letto da qualche parte che a volte le fughe di gas sono talmente lente da avvelenare a poco a poco le persone, che nemmeno si accorgono di respirare effluvi letali. Che ci stesse succedendo qualcosa di simile? Forse era meglio dare un'occhiata alla caldaia. Una volta mi era capitato di doverla controllare, nella casa in cui avevo abitato ai primi anni di università: c'era una chiavetta da girare, per chiudere il gas e poi riaprirlo, o qualcosa del genere... ero sicura che vedendola mi sarei ricordata quel che andava fatto. Marie-France lo diceva sempre, che il corpo conserva nei muscoli la memoria.

Out came the sun
and dried up all the rain
and the itsy bitsy spider climbed up the spout again.

Scesi le scale, la porta del locale caldaia era aperta.

27

L'inizio della fine

L'ultimo giorno di vita della boutique era sorto come ogni altro giorno. La condanna probabilmente era già stata pronunciata; il verdetto emesso senza possibilità di appello. Solo che noi non lo sapevamo. Non lo sapevano i manichini, malgrado i loro occhi stolidi fissi sulla strada. Non lo sapevano le cataste di maglioncini e le relle su cui le grucce riposavano a quattro centimetri esatti l'una dall'altra. Non lo sapevano i ficus nei vasi di plastica rosso lacca, né il telefono che da giorni non squillava più, se non per sparute chiamate che lasciavano Marie-France pallida, con le labbra strette. *Non è qui*, scandiva ogni volta, poi riagganciava; dopo l'unica mia sortita, non c'era stato verso che ci lasciasse rispondere. Al primo squillo si precipitava all'apparecchio come chi aspetti una telefonata importante.

Forse l'aspettava davvero, chissà. Forse anche per lei era arrivato il momento di chiedere aiuto a qualcuno, ma non si risolveva a farlo. Ancora una volta pretendeva di salvarsi da sola, senza domandarsi quali fossero realmente le possibilità di riuscirci.

Da quando avevo sentito in che termini i miei vecchi amici dell'università parlavano del negozio, era come se dentro di me fosse avvenuto uno di quegli smottamenti quasi impercettibili che, in certe circostanze meteorologiche, innescano una valanga.

Un minuscolo scivolamento dei pensieri, una minima oscillazione dell'idea che avevo – di Marie-France, di Giosuè, del loro rapporto. Del nostro lavoro, delle facce che vedevo ogni giorno, delle sagome improsciuttite o smilze delle signore e delle ragazze che avevo aiutato a infilarsi tubini e gonne a ruota, che avevo abbottonato, allacciato, annodato. Tutta quella carne, tutta quella pelle sotto le mie mani, sigillata in gabardine e mussole, tulle e satin, protetta da zip e alamari, bottoni automatici e velcro, tutta quell'intimità immotivata e forse ingiustificabile, un brufoletto rosso sulla mezzaluna di una natica che la mia mano armata di cerniera chiudeva nel lino di un vestito smanicato, lo smarrimento degli occhi che nello specchio non riconoscono la silhouette a cui la mente si era assuefatta. Tutta quella confidenza, quella fiducia, quella smania di apparire belle – ma perché, per chi?, non ce lo chiedevamo mai, e probabilmente a ragione: se avessimo cominciato a cercare risposte, le nostre esistenze sospese su quel momento di indefinibile vicinanza fra sconosciute si sarebbero sfilacciate, disfatte come un lavoro ai ferri quando ci si rende conto di aver sbagliato una maglia –, tutta quella fatica insomma, e quella vita compressa in cinquanta metri quadri, tutto quello sforzo a cosa ci aveva portate, che ci aveva lasciato?

Niente.

Il negozio vuoto, l'indifferenza del cielo sopra i platani. La calma eccessiva che precede i terremoti.

Il telefono che dall'apertura del mattino non aveva mai squillato.

Il silenzio e la fronte aggrottata di Marie-France che faceva i conti schedando nei suoi raccoglitori di cartoncino spesso, con la costa blu, mazzette di cambiali, ricevute fiscali, bolle.

Io che giù, nel locale caldaia, non ci sarei più scesa per niente al mondo. Mi ripetevo che non era grave che avessi spezzato la chiavetta di plastica del boiler – se le fanno di plastica, sarà perché non succede nulla se anche si rompono, no?

E poi non ci pensai più, me ne dimenticai. Non poteva essere grave.

Non avevo ancora capito che quel che si può rompere e quel che rompere non si dovrebbe, spesso, sono un'unica e sola cosa.

Visto che non entrava nessuno, Marie-France in un guizzo della sua antica autorevolezza ci spedì a inventariare il contenuto delle consegne arrivate qualche giorno prima. Era una giornata fresca. Una gazza in visita in città si fermò a becchettare qualcosa sulla soglia del negozio – nessuna di noi aveva intenzione di concentrarsi sull'inventario. Ormai sapevamo che l'unica scusa per alzarci, interrompere il lavoro e uscire era andare a fumarci una sigaretta, *che calma anche l'appetito*, diceva Marie-France nei giorni in cui non la prendeva l'ipocondria e con quella il terrore per gli effetti nefasti del fumo.

L'aria, fuori, era deliziosa, quasi mi dispiaceva sciupare quella freschezza azzurrina con il fumo catramoso della Chiaravalle. Ma se non l'avessi accesa non avrei avuto la scusa per quel momento di silenzio; se non l'avessi accesa non sarei potuta rimanere lì sul marciapiede, a guardarmi intorno con la distratta benevolenza che forse quel giorno abitò il mio sguardo per l'ultima volta. Al bar di fronte i bambini facevano merenda con cornetti alla crema e succhi di frutta. La portinaia del palazzo accanto, che spazzava il passaggio davanti all'ingresso, non rispose al mio saluto; ultimamente non mi rispondeva mai. Non ci facevo troppo caso, Giosuè e Marie-France scherzavano spesso su quanto fosse scorbutica. Ebbi la sensazione, un paio di volte, di cogliere alle mie spalle un movimento furtivo; un guizzo che si dileguò immediatamente, come quando qualcuno ti si avvicina per farti lo scherzo di bussarti con l'indice a una spalla.

Rientrai, riprendemmo l'inventario. Le ore passavano lente nella noia di quell'occupazione statica, che richiedeva una concentrazione difficile da racimolare con quel cielo, con quel languore di autunno incipiente. Eppure noi ci provavamo e riprovavamo, gli occhi fissi sui fogli da spuntare. 15 paia di ballerine Repetto – toh, come quelle che la ragazzina non aveva voluto infilare. Chissà quale ottimismo aveva spinto Marie-France a ordinarne altre. 5 bauletti Naj-Oleari – eccoli lì, da disporre sugli scaffali in alto; spuntavamo la voce. Da quando avevamo aperto alle ragazzine, dopo l'iniziale entusiasmo, gli affari erano andati sempre peggio. Ma Giosuè e Marie-France sostenevano che dovevamo solo insistere, che era questione di pazienza. Tornammo a chinarci sui fogli.

« Dio, quanto vorrei che succedesse qualcosa! » sospirava Micol, sempre melodrammatica. « Qualcosa che ci permetta di andarcene e di uscire all'aria aperta in questa giornata così bella! »

Ma il cielo doveva essersi oscurato, perché non arrivava più, dalla vetrina, il riverbero blu, né il profumo dell'estate che finiva. L'aria era scura, adesso. Non c'era più la fragranza lieve di viole che arrivava dai giardini vicini. Al suo posto un odore pungente, campagnolo.

«Che schifo! Ma cos'è questa puzza?» Marta come sempre non usava mezzi termini. Si precipitò fuori, la seguimmo.

Il sole c'era ancora, ma davanti al negozio si era raccolta una piccola folla che lo schermava. Per questo l'aria, dentro, s'era fatta buia.

Erano tutti lì, con le facce disgustate, irriconoscibili. Passanti, clienti, pure il portinaio del 29. In silenzio guardavano un punto sulla soglia della boutique. Marie-France pallida, dritta come un fuso accanto a Giosuè, aveva il viso di una che sta cercando parole e non le trova.

E sullo scalino della soglia, l'origine di quella che ora era diventata una puzza insopportabile.

Un mucchio di letame fumante.

Comparso chissà come, chissà da dove. Chi si era sobbarcato l'ingrato compito di trasportare quella montagnetta di escrementi di cavallo? Pensai che potesse venire dalle scuderie di Villa Borghese. Ma che importava da dove venisse, che importava chi – e come – l'avesse trasportato, in pieno giorno, in piena città, fra gli spolverini pastello delle signore e i soprabiti chiari degli uomini? La sola cosa importante era che se ne stava lì davanti al negozio, in quel silenzio che pareva solido. Come diceva il biglietto.

Ma a volte basta un mucchio di letame fresco.

E bastava. Non so come, in tutta quella tensione Marie-France riuscì a riprendere il controllo. Ci spedì dentro.

«Non diamo spettacolo» sussurrò fra i denti. Erano tutti lì per guardarci, per assistere all'umiliazione. Erano lì per noi.

Rientrammo come niente fosse. Giosuè aveva delle occhiaie profonde, per la prima volta mi resi conto di quanto doveva essere stanco. Rientrò e abbassò a metà la serranda, cosa che esasperò definitivamente Marie-France.

«Tanto chi vuoi che entri? Non vedi che ci hanno isolati? Che non si farebbero vedere qui dentro per nessuna ragione al mondo?»

La gente era ancora lì fuori, il chiacchiericcio entrava a onde. Ora che non eravamo più sotto i loro occhi si sentivano liberi di parlare.

Correvano parole sussurrate da settimane, dalle labbra dell'uno all'orecchio di un altro. Ora però le voci si impennavano, salivano.

Scomparse, bianche, aghi, sottomarini.

Il borbottio cresceva come il motore di un tram che si carica. Il tram delle voci sfondava la vetrina, ci si infilava nelle orecchie. Marie-France aveva le labbra bianche, seduta dietro la cassa.

Arrivava l'eco di parole che avevo sentito dai miei amici.

Giudei.

Rabbini.

Finalmente capivo chi era la donna delle carte. Come mi aveva detto, Madame Bogossian? *C'è sempre di mezzo quella donna*. Avevo pensato che potesse essere una delle tante che facevano parte della vita di Andrea; oppure una di quelle che frequentavano il negozio, donne tradite, abbandonate, forse destinate a rovinarsi, a finire male. Che potesse essere qualcuna come la moglie, o la vecchia amante, dell'avvocato Scotti, o persino Micol, venuta a mostrarci cosa significava portare su di sé uno splendore che offusca tutto quanto intorno.

Invece, come mi era balenato nella mente in un lampo che non avevo saputo interpretare, era proprio Marie-France. Era Marie-France che avevo sempre di fronte, che aveva trasformato anche me, da ragazzotta informe, in una donna bella di cui però non c'era da andare troppo fieri. Era Marie-France che avevo tanto ammirato per poi tradirla come tutti gli altri, ridendo di lei. Era lei. Che mi ricordava chi ero, chi potevo essere, chi non sarei mai stata.

Presi il mio coraggio a due mani, come un manubrio da sollevare: non che pesasse, non che ne avessi molto, non ne avevo mai avuto. Ma mi sentivo responsabile perché non avevo difeso la boutique davanti allo scherno dei miei amici – sempre che amici potessi chiamarli, non ne ero così sicura. Era il momento di riparare a quel torto che pure Marie-France non sospettava: lo sapevo io, però, e ora che vedevo con chiarezza l'estensione del disegno distruttivo di cui le chiacchiere facevano parte, ora che le parole avevano perso ogni pretesa di innocenza, non potevo permettermi di non fare nulla. Sollevai un poco la saracinesca, quel tanto che bastava per passarci senza chinarmi troppo, e uscii in strada. Avevo una scopa, una paletta, un sacchetto. Vincendo la nausea mi avvicinai al mucchio di letame. Il ribrezzo era irresistibile – sono sempre stata un tipo schizzinoso. Cercai di vincermi, ma più ci provavo, più i conati mi salivano in gola. Io stringevo i denti. Per lo sforzo avevo le lacrime agli occhi. Quando il piccolo monte di merda fu in bilico sulla paletta, a piccoli passi perché non si squilibrasse e non cadesse, mi avviai verso il cassonetto che stava in fondo al marciapiede.

E tutto successe in quell'attimo. Mentre mi allontanavo, passò un Ciao con sopra due... avrei detto due ragazzi, ma chissà, erano in jeans, maglione e casco integrale. Correvano, per quanto si possa correre in due su un Ciao. E con imprevista precisione, quando furono davanti al negozio lanciarono una bottiglia; scivolò sotto la saracinesca che avevo sollevato.

In piedi accanto al cassonetto sentii il boato prima di vedere le fiamme. Iniziarono a suonare a squarciagola gli allarmi delle auto parcheggiate lì davanti. La gente sul marciapiede, il nugolo dei curiosi, ora si disperdeva fra le grida, un drappello di pennuti spaventati. Uscirono di corsa, carponi, come soldati, strisciando sotto la saracinesca semibloccata dall'esplosione, Marie-France con Micol che aveva gli occhi chiusi, poi Giosuè che tirava per un braccio Marta. Sul marciapiede, lontano dalla vetrina che subito esplose, si abbracciarono. Io rimasi in disparte, lontana.

Pensai alla chiavetta di plastica che avevo rotto: non ne avevo fatto parola con nessuno, per vergogna della mia goffaggine. Per paura di essere sgridata, o che qualcuno mi chiedesse che diavolo ci facevo nel locale caldaia. Sarebbe stato meglio, a quanto pareva, che non si fosse rotta. Lo sentivo per istinto, non avevo bisogno di leggere sui giornali che la bravata della molotov non sarebbe stata sufficiente a causare tanti danni, se non fosse stato per una lieve ma costante perdita di gas che aveva riempito di energia esplosiva compressa il sotterraneo del negozio.

I maligni avrebbero detto che era stato tutto orchestrato per nascondere le prove – le prove che ero andata a cercare quando avevo tradito, anch'io, Marie-France.

Quando avevo creduto che non c'è fumo senza arrosto.

Che qualcosa di vero doveva pur esserci, dietro le accuse, dietro le parole.

Quando non avevo visto che la donna nelle linee della mia mano non era una sbiadita rivale in amore. Non era nemmeno la signora Scotti, umiliata e vendicativa, che con occhi crudeli scansava la sagoma di Micol seduta sul marciapiede, china ad abbracciarsi le ginocchia. Non era una donna che dovevo temere: era la donna che avrei dovuto proteggere.

E ora la nostra casa, la boutique, era in fiamme, come la torre che avevo pescato dal mazzo di carte.

E noi lì davanti, in piedi, a bocca aperta.

Qualcuno aveva chiamato i pompieri, stavano arrivando, la sirena ululava sempre più vicina. E allora io, chissà perché, mi misi a correre, a correre, a correre come una disperata, senza nemmeno vedere la strada, senza pensare.

Tanto nessuno badava più a me.

EPILOGO

In contumacia

Venni a sapere della morte di Marie-France per via di una coincidenza fortuita; ma proprio lei mi aveva insegnato, molto tempo prima che quel giorno arrivasse, che non esiste nulla di meno fortuito delle coincidenze.

Anche quella mattina il cielo era blu e gli uccelli cantavano, come nel giorno dell'assedio. Solo che era l'autunno di un altro anno e *Joséphine* non esisteva più. Al suo posto, nei locali bonificati avevano aperto una paninoteca. Chi c'era quel giorno, ed era sopravvissuto, ormai aveva dimenticato. Tutti quanti avevano dimenticato, perché tutti erano sopravvissuti, avevano raccolto i cocci ed erano andati avanti per la strada che il destino aveva approntato per loro; solo io ero fuggita, e lavoravo come segretaria in uno studio legale, il mestiere più noioso che si potesse concepire, ma almeno non dovevo più pensare alla mia tesi sul corpo in Husserl, che naturalmente non avevo finito.

Dai giornali venne fuori che proprio nel giorno dell'attacco finale la ragazzina scomparsa era tornata a casa. Nessuno seppe mai cosa le fosse successo. Secondo qualcuno era il primo di una serie di misteriosi rapimenti destinati a sconvolgere la città e l'Italia intera; per fortuna, quando cominciarono i casi seri, la nostra boutique non esisteva più, altrimenti il sospetto ci si sarebbe appiccicato addosso per sempre. Cosa che, in un certo senso, accadde comunque: le illazioni sono indelebili, e ne fece le spese la tenda a cupola di *Joséphine*, finita a brandelli ben prima che qualcuno si decidesse a trasformare il negozio in paninoteca.

Secondo altri si era trattato di una fuga, semplicemente una piccola bravata di cui presto si era pentita. Alla ragazzina nessuno o quasi diede retta; lei sostenne che l'avevano convinta, un uomo in blu e un altro con grosse sopracciglia, a seguirli in una località di mare per fare delle fotografie per una campagna pubblicitaria di cosmetici. Lo raccontava con vergogna, protestava di essersi pentita. Ma le foto non saltarono mai fuori, i due uomini non si fecero più vedere e fortunatamente gli esami medici non rilevarono traumi sul corpo della ragazza.

Le sue amiche, probabilmente, trovarono altri negozi in cui sperperare soldi e pomeriggi.

Con Marie-France non avevo più parlato, e nemmeno con le ragazze. Ero andata a ritirare le mie cose dall'appartamento mentre erano ancora tutte e due in osservazione all'ospedale per qualche ferita superficiale dovuta alle schegge della vetrina, o forse per aver respirato gas tossici.

Ero venuta a sapere da Isa Cacioni – che, sfruttando le sue antiche conoscenze di giornalista, qualche tempo dopo l'assedio era riuscita a rintracciarmi al mio nuovo indirizzo e a farmi una telefonata a cui non diedi seguito – che il cane l'aveva ripreso Marie-France. *Le fa compagnia*, mi disse. Si era ritirata *a vita privata*; offriva consulenze personalizzate alle signore che volevano rinnovare il guardaroba. Giosuè era partito per Ibiza con un giovanotto con cui, lo scoprii solo allora, condivideva già da anni il suo appartamento da scapolo, le partite di tennis e una serie di abitudini tutto sommato felici.

La vita era andata avanti.

Micol comparve in un film che andai a vedere una sera in seconda visione, in un'arena estiva. Non la riconobbi subito, le avevano tinto i capelli di nero. Era una piccola parte, sotto le stelle del cinema all'aperto nessuno poteva sapere cos'avessimo vissuto insieme; ero una giovane donna seduta da sola, a masticare stringhe di liquirizia una dopo l'altra, portavo occhiali da vista con la montatura di tartaruga. Avevo cominciato a scomparire e ogni mattina, guardandomi allo specchio, pensavo a come mi avrebbe sgridata Marie-France per la poca cura che mi prendevo di me.

Ma come sempre, avevo la sensazione di non avere alternative.

Un giorno, qualche anno dopo l'esplosione, al mercato dei fiori di Prati vidi una ragazza con un passeggino, e nel passeggino un bebè tutto rotondo. Pensai che potesse essere Marta e mi affrettai a nascondermi dietro un enorme vaso di sterlizie. Non mi aveva vista.

Il tempo era passato come passa sempre, senza fare una piega. Ci si perde di vista, succede.

Finché non arrivò il giorno della morte di Marie-France, o meglio, il giorno successivo. Dato che il mio lavoro non solo era noioso, ma mi impegnava tutto il tempo, avevo assunto, perché venisse il martedì a dare una spolveratina alla casa in cui vivevo – un ultimo piano che l'agente immobiliare definiva attico ma era semplicemente una mansarda piena di spifferi e molto fredda –, una signora che faceva le pulizie anche al Salve Regina, casa di riposo per artiste, o così almeno raccontava lei: *incredibile*, mi diceva, *sapesse le vite che hanno avuto queste donne!* Io sorridevo e pensavo che le piacesse esagerare.

Un martedì ero già pronta per correre al lavoro, quando Dalia arrivò con gli occhi lucidi. Portava un braccialetto di perle di fiume, il che immediatamente mi colpì perché in diverse occasioni mi aveva detto che lei non indossava gioielli *per praticità*; e in effetti era una persona molto pratica. Le feci un complimento per il bracciale.

« Me l'ha regalato una signora del Regina... non più tardi di venerdì. Io le avevo detto che non era il caso, anche perché io i gioielli non li porto, sa, ma lei ha insistito. Ha detto che aveva tanta di quella roba che non sapeva più a chi darla. »

« Ha fatto bene a prenderlo! Anche perché, praticità o no, vedo che lo porta. »

« Certo, oggi per forza. È un ricordo. »

« In che senso, un ricordo? »

« La signora se n'è andata. Ieri sera. Ero stata nella sua stanza, l'avevo vista un po' sbattuta... mi ha detto, *Dalia, sono tanto stanca, guarda quanta roba c'è qui da mettere a posto, io non voglio saperne niente.* E tac! Mi hanno telefonato stamattina che se n'è andata nel sonno, e infatti da domani dobbiamo liberare la stanza. E c'è davvero tanta roba, in quella stanza! La signora aveva un mucchio di vestiti. »

« Oh, mi dispiace, Dalia... ma non faccia così, non pianga! »

« Piango perché mi ero affezionata, io mi affeziono, sa, a queste signore. Questa, poi, aveva anche un vecchio cane, adesso bisogna capire a chi darlo. Ma è decrepita, povera bestia! Se ci penso, che si muore così di punto in bianco, mi viene una rabbia, ma una rabbia... »

« Su, non faccia così! »

«Ma la signora mi diceva che non c'è niente di male ad arrabbiarsi per le ingiustizie della vita. Me l'ha detto proprio l'altro giorno, quando mi ha dato il bracciale: *Dalia*, ha detto, *anche le perle, sa, nascono dall'irritazione.*»

Telefonai immediatamente alla clinica per avere informazioni sul funerale. Sarebbe stato il giorno dopo, in una chiesa in cui probabilmente Marie-France non aveva mai messo piede, nel primo pomeriggio. Doveva essere così sola che nessun parente, nessun amico, aveva avuto modo di protestare per la scelta della chiesa. O forse avevano pensato che andasse bene così. Mi vestii di nero, come ai tempi della boutique. C'era il sole anche quel giorno.

Non trovai il coraggio di entrare in chiesa, rimasi in piedi dall'altra parte della strada in attesa che uscisse il corteo. Davanti al portale, fumando come una ciminiera, curva quasi che sulle sue spalle si fossero accumulati non quindici, ma cento anni, la Cacioni teneva al guinzaglio Elsa, che aveva il pelo bianco come se si fosse rotolata nello zucchero a velo, ma sembrava sempre la stessa. Isa la consolava, fra una sigaretta e l'altra, a piccoli colpetti di mano guantata sulla testa. Mi resi conto che uggiolava. Pensai che avesse capito – che piangesse, come avrei dovuto forse fare anch'io. Mi sarei potuta avvicinare: mi avrebbe fatto le feste? Ma no, probabilmente mi aveva dimenticata anche lei. Mi avevano dimenticata tutti; e come biasimarli. Ero stata abile, almeno a farmi dimenticare.

Le porte della chiesa si aprirono. Uscì Micol con i suoi nuovi capelli neri, avvolta in un paio di occhialoni da sole.

Marta spingeva un passeggino – *non ho potuto lasciarlo a casa*, disse, indicando alla Cacioni, che lo vezzeggiò soffiandogli in faccia una bella nuvola di fumo, un bimbo che poteva avere due anni. Giosuè era abbronzatissimo, al braccio di un ragazzo giovane e non meno abbronzato. Entrambi, appena usciti dalla chiesa, con identico gesto, si misero la kippah.

La bara bianca – ultimo atto di civetteria – fu issata sul carro che partì a passo d'uomo. E loro, piano piano, gli andarono dietro. Era il momento perfetto, un momento di commosso raccoglimento in cui mi sarei potuta avvicinare e sarei stata forse addirittura perdonata, abbracciata, cancellando gli anni del mio volontario esilio. Dalla chiesa erano uscite anche altre persone, una decina in tutto; riconobbi solo Dalia in mantiglia nera.

Tutti portavano, chi appuntato al cappello, chi all'occhiello della giacca, un fiore fresco di gardenia; Marie-France doveva aver pensato a mettere in piedi per tempo anche quell'ultima liturgia.

Dovevo semplicemente attraversare la strada, un movimento che avevo ripetuto milioni di volte, cosa ci voleva? E invece, come se fossi legata da un filo invisibile ai tronchi degli alberi che con le radici avevano divelto qua e là l'asfalto del marciapiede, cominciai a camminare al loro stesso passo, dall'altro lato del viale, lenta come se fossi anch'io parte del corteo; ma non lo ero. Quando arrivarono al semaforo vidi che avevano organizzato un piccolo trasferimento con un pulmino scalcagnato – era quello del fioraio che riforniva il negozio, lo riconobbi con sorpresa; e lo guidava, un po' rinsecchito in un completo nero di lana infeltrita, lo stesso signore che veniva allora a portarci le forniture floreali.

Salirono tutti, il furgoncino li inghiottì; dovevano aver sistemato delle panche nel bagagliaio, chissà, per poter arrivare tutti insieme al Verano.

Io rimanevo dall'altra parte della strada, dietro i tronchi dei platani. C'era talmente poco traffico che di nuovo mi parve di sentire Elsa uggiolare, tendendo il guinzaglio rosa shocking in mano a Isa, nel tentativo di slanciarsi verso di me. Ma è molto probabile che fosse solo un'impressione.

Nota dell'autrice

Questo romanzo è un'opera di fantasia, liberamente ispirata a un episodio avvenuto a Orléans nel 1969.

Nella primavera di quell'anno, si diffuse la voce che diverse giovani donne fossero state rapite dai camerini di alcuni negozi di abbigliamento della città (tutti di proprietà di ebrei) allo scopo di farle prostituire all'estero inserendole nella tratta delle bianche. Sulla diffusione della diceria Edgar Morin condusse insieme ad altri giovani sociologi un'inchiesta, che raccontò poi nel suo saggio *La Rumeur d'Orléans* (in italiano tradotto come *Medioevo moderno a Orléans*, Rai Libri 1991).

La storia dei rapimenti nei camerini circolò anche fuori dalla Francia, in forma di leggenda metropolitana. Negli anni Ottanta, riecheggiò a Roma – ne fa menzione Teresa Ciabatti nel suo romanzo *Sembrava bellezza* (Mondadori 2021).

La vicenda raccontata in queste pagine è frutto della mia immaginazione, suggestionata dalla tenacia della calunnia. Non credo che avrei potuto scrivere questo libro se non fosse stato per mio marito Guido, che mi conosce meglio di quanto mi conosca io stessa e un giorno di qualche anno fa mi regalò il saggio di Edgar Morin, perché sapeva che in quella storia lontana convergevano molte delle mie ossessioni.

Indice

Questo libro è stampato col sole

Azienda carbon-free

Certificato PEFC
Questo prodotto è realizzato con materia prima da foreste gestite in maniera sostenibile e da fonti controllate
PEFC/18-31-226
www.pefc.it

Fotocomposizione Editype S.r.l.
Agrate Brianza (MB)

Finito di stampare
nel mese di marzo 2024
per conto della Ugo Guanda S.r.l.
da Grafica Veneta S.p.A. di Trebaseleghe (PD)
Printed in Italy